（1844—1949）

外国人拍摄的
中国影像

张明　编著

中国摄影出版社

China Photographic Publishing House

图书在版编目（CIP）数据

外国人拍摄的中国影像：1844—1949 / 张明编著
. -- 北京：中国摄影出版社，2017.10
ISBN 978-7-5179-0704-6

Ⅰ．①外… Ⅱ．①张… Ⅲ．①中国历史－近代史－史料－1844-1949－摄影集 Ⅳ．① K250.6-64

中国版本图书馆 CIP 数据核字（2017）第 316284 号

外国人拍摄的中国影像——1844—1949

编　　著：张　明
出 品 人：赵迎新
责任编辑：刘　婷
策划编辑：郑丽君
封面设计：冯　卓
出　　版：中国摄影出版社
　　　　　地址：北京市东城区东四十二条 48 号　邮编：100007
　　　　　发行部：010-65136125 65280977
　　　　　网址：www.cpph.com
　　　　　邮箱：distribution@cpph.com
印　　刷：天津图文方嘉印刷有限公司
开　　本：16 开
印　　张：31.5
版　　次：2018年 1 月第 1 版
印　　次：2020年10月第 1 次印刷
ISBN 978-7-5179-0704-6
定　　价：128.00 元

序：旧中国的第三只眼睛

　　《外国人拍摄的中国影像——1844—1949》自 2008 年出版面世以来，得到了历史学家的广泛关注，因为它既是一部摄影史方面的专题研究专著，又是一部实用的近代史研究工具书，还是历史影像收藏家的案头必备之物。原书早已脱售，经过作者修订补充，即将以全新面貌再版发行。不久前，作者张明女士让我为书写几句话，或者称之为序，原因之一是我数年前在出版社工作时，当时是该书的第一读者，其次是作者的老朋友。作为一个对中国摄影史有过研究的人，我当然极其愿意再次把它推荐给广大读者。

　　人们常说，科学的发展使地球日益缩小。177 年前，摄影术的出现，改变了人类观察世界的角度，摄影被称为人类的"第三只眼睛"。中国自公元 17 世纪以来，逐步断绝了与外部世界的交往，国门紧锁。外国人对中国的了解也仅仅停留在一两部西方人的早期游记上。大清王朝经过鸦片战争后，国门被打开，西方摄影师的到来是必然结果。鸦片战争以后，最初来中国从事照相的外国摄影师，不仅仅带有探险性质，同时也是 20 世纪初西方探险考古学家"亚洲科考"的前期预演与试水。因此西方摄影家早期关于中国的传世影像类报道，无疑带有强烈的殖民主义政治色彩。然而，这些摄影家在短短不到一百年的时间内，已逐渐被大多数人所遗忘。

　　自摄影术传入中国以来，最早在中国港口城市定居下来的外国摄影师，靠照相和出售旅游明信片式的风光照片赚足了中国人和外国侨民的钱，清代诗人倪鸿曾用"五羊城里赁屋居，洋钱日获满一车"来形容最早出现于广东的这一现象。由于西方摄影师对中国的无限兴趣，中国可以称作世界上新摄影材料和新技术成果的试验场域，法国肯恩基金会 1909 年派出来华的摄影师就是很好的例证。和世界上的所有国家一样，旧中国在历史上经历的痛苦与贫困，都会原封不动地保留在历史照片中，然而这些正是中国的社会进程。目前来看，西方摄影师的作品为中国历史学家需要看到的场景提供了主要依据。

1840—1949 年间，外国来华摄影师的社会身份五花八门，包括各级外交官员、政府顾问、传教士、军人、汉学家、新闻记者、商人、"探险家"、科学家等等。可以看出，其中很多人具有很高的社会地位，他们既是中国文化的参与者，又是中国近代史的参与者，对那个科学手段和资讯尚属落后的时代来说，外国人的眼光或照片似乎观察得更为清澈。中国近代学者胡适曾给一本关于中国题材的摄影集题词说："觇国之道要在求了解，见怪不足怪，见可鄙薄亦不必嘲讽。要认清这都是供我们了解的资料，嘉华露君此册不但可助我们了解自己，又可助世人了解我们，故可宝贵。"以正向之理解，摄影作品比起文字叙述或文学作品来说，能够最大限度地限制创作者的立场、观点的主观表达，因而更能体现客观性，并具有文献的替代性，对于研究与中国历史有关的外国摄影者具有重要的学术意义。

本书的此次修订再版，使我想起了出版家钟叔河先生曾经策划过的一套丛书。1985 年《走向世界丛书》[1] 的出版，立即在学术界产生了广泛共鸣，形成中国改革开放后对清代"洋务运动"研究的一股学术热流，至今还是经常被关照和被引用的重要参考书。在此前后，相关学术领域还出版了诸如《近代来华外国人名词典》[2]、《传教士与近代中国》[3] 等重要著作。然而，对外国摄影师的研究及相关著作的出版，

1. 湖南人民出版社和岳麓书社出版，1980 年。
2. 中国社会科学出版社出版，1981 年。
3. 上海人民出版社出版，1881 年。

则长期存在空缺。当初制定的出版选题初衷，就是考虑到在研究摄影史的时候，经常会遇到外国摄影师与作品是谁的疑问，本书则是一部研究中国近代外国人来华的影像溯源必不可少的参考著作。

本书另一个值得赞赏的地方是，由于作者掌握了一定的国家博物馆馆藏图片的研究成果，又有社会各界和华辰拍卖公司的帮衬，使得本书进一步提高了其观赏价值。一般说来，对于历史学术著作而言这是最为理想的呈现方式。

本书作者张明，是中国国家博物馆资深研究员，长期从事历史照片的征集和研究，一直为中国的博物馆事业做着十分重要的基础工作。在摄影史学研究领域，她有着十分广泛的学术视野。从这部著作中，也能体现出她多年的文化积累和独特的学术见解。

对于这样一部需要花费大量时间和精力去查阅文献资料才能完成的著作，不言而喻，必是通过了日积月累的积淀。时至今日，尽管大多数国家的大学、公共图书馆和研究单位的收藏已经过了数字化处理，但在互联网平台上，历史学领域仍然是大数据的死角，所有要发掘的历史资料、著作所需要的内容在互联网上都很难查到，因此她的努力是具有开创性的，不同于一般现代意义的编撰。在修订版即将面世时，我知道任何所谓的序言之类，都不过是锦上添花。然而，作为一个对摄影史学感兴趣的人，我希望通过此文表达对作者的祝贺和敬意。

陈　申

2016 年 9 月于北京

前 言

中国早期的摄影史实际是"被摄影"的历史。

由于摄影是舶来品，早期关于中国的影像大都是外国人拍摄的。这些外国人携带着新发明的摄影器材，来到他们向往已久的神秘之地，对中国的人、事、景进行拍摄活动，甚或开设照相馆进行经营活动，从而留存了大量被外国人拍摄的中国影像。

摄影术传入中国的时间要追溯到170余年前。1839年8月，法国政府购买了科学家达盖尔发明的摄影技术——银版摄影术的发明权，并将它公布于世。很快，摄影术风靡了整个世界。史料表明：1844年，法国海关总检察官于勒·埃及尔（Jules Itier）最先将相机带入中国，并为中国人拍摄了第一张照片。随着通商口岸的开放，大批各种身份的洋人开始踏入中国土地，在带来侵略的同时，也沟通了摄影术传入中国的渠道。自此，摄影以不可比拟的、全新的记录手法见证了中国最苦难、最动荡的历史。百余年来，外国的摄影师们以摄影为手段，准确地再现历史，忠实地记录客观事物，用摄影这一朴实单纯的视觉语言，揭示不同历史时期的真相，给动荡的中国留下了今天难以寻觅的影像。因此，外国人在近代中国的摄影活动中起着不可忽视的作用。

此次再版的《外国人拍摄的中国影像——1844—1949》一书，共收录了近90位来华的外国摄影者。从鸦片战争爆发到清朝结束，再经过辛亥革命直到新中国成立前夕，百余年间来华的摄影师不计其数，本书列举的外国摄影师也只是冰山一角。这些摄影者以外交官、探险家、旅游者、商人、社会学家、作家或记者、国际友人等不同身份来华，他们来华的目的各不相同，拍摄内容及涵盖范围也不同，不仅包括中国的重大事件、历史人物、市井百态、自然风光等方面，也涉及社会经济和战争场景。这些外国摄影者对中国充满了强烈的好奇心，并从不同角度、不同层面审视中国正在发生的历史事件，审视中国的风云变幻，也对苦难动荡的中国给予了深层次的报道与关注。

纵观1844—1949年来华的外国摄影者，他们的摄影活动在反映中国百余年社会的发展进程、记录历史，以及帮助后人了解当时社会状况等方面都起到了积极的作用。他们在中国拍摄的影像，无意中留存了一部关于近代中国较完整的图像档案，为我们今天研究历史、了解过去提供了珍贵的史料佐证。同时，他们也在中国摄影的发展史上，留下了深深的、不可涂抹的痕迹。

张　明

2016年9月15日于北京

目 录

于勒·埃及尔：
第一个为中国人拍照的人

　　法国海关总检察官于勒·埃及尔（Jules Itier）在摄影术发明不久第一个将摄影带入中国，成为将摄影引入中国的第一人。他于1844年在澳门、广东拍摄的一组照片，是目前发现的自摄影术传入中国以来最早的摄影作品。于勒·埃及尔遂成为第一个为中国人拍照的人。

　　自1839年法国政府公布了达盖尔的银版摄影法以后，摄影术很快风靡世界。而第一个将摄影术带入中国的是法国海关总检察官于勒·埃及尔。

　　于勒·埃及尔，1802年4月出生于法国巴黎，是著名的地质学家及海关问题的专家。作为达盖尔摄影术的爱好者，他从1840年就开始学习摄影。1842年，埃及尔去塞内加尔时，就随身携带了一部相机拍照。1843年12月，于勒·埃及尔被法国政府任命为中国、印度及大洋洲地区的贸易谈判代表，同法国大使拉萼尼（Lagrene）乘坐"西来纳号"战舰，于1844年10月抵达澳门，后又换乘"阿基米德号"轮船来到黄埔港，参加中法间贸易条约的谈判工作。当时，中国正处在第一次鸦片战争后，英国的大炮刚刚将长期封闭的中国封建社会的大门轰开，一系列不平等条约随之签订。广州、福州、厦门、宁波、上海五个沿海城市随即对外开放，从而使摄影术有了它传入中国的先决条件。埃及尔正是在此时作为海关问题的专家来中国参加起草和签订中法《黄埔条约》的，并在这次外交活动中随身携带了照相所需的一切设备。当时参加条约签订的中方代表是在历史上被称为中国第一位"外交官"的耆英，法方代表为法国使臣拉萼尼。

　　耆英，清末满洲正蓝旗人，历任礼部、工部、户部、吏部尚书。1842年，他与英国签订了中国第一个不平等条约《南京条约》；之后，

两广总督耆英。广州黄埔港，1844 年。

澳门的庙宇。1844 年。

中法双方代表在"阿基米德号"轮船上签署《黄埔条约》时的合影。1844 年 10 月。

广州城的西部。1844 年。

又签订了《中英五口通商章程》、中美《望厦条约》等丧权辱国的条约。作为和洋人打交道的中国人，当埃及尔提出为他拍照时，耆英自然成了第一个被拍"小照"的中国人。这张使用银版摄影法拍摄的照片保留至今，画面虽已模糊，但耆英的面部图像还算清晰。这张被海内外众多摄影史学家及档案专家认定为有关中国题材现存最早的照片，目前保存在法国摄影博物馆。

关于拍摄《望厦条约》签字过程的情景，于勒·埃及尔曾在他的《中国之行日记》中这样描述："……我抓住了这个机会，用达盖尔相机为耆英特使、海军上将、第一秘书和翻译官拍摄了一张合影。接着，我又拍摄了两张肖像，一张是耆英，一张是黄彤恩。我打算保存起来，但我却愚蠢地向他们展示了。结果，一下子，从那一刻起，我就再也没有办法拒绝他们的恳求了。"

在澳门，埃及尔利用他全部的业余时间来考察当地的人文景观。他在日记中写道："我利用一天的时间，拿着达盖尔相机，从各种角度拍摄了澳门及其郊区。"在澳门，埃及尔拍摄了有圣·弗朗西斯哥尖顶的教堂和护墙，他说："这两天，我用随身带来的一架达盖尔银版相机拍摄，行人对我的拍摄要求每每非常配合。他们是世界上最友好的人，很多人愿意为我摆姿势；作为回报，应他们的要求，我会在拍照后向他们展示相机内部的构造以及抛光金属板上的影像。他们对此充满了惊奇，笑声不断。"[1]

中法《黄埔条约》签订后，埃及尔到广州应邀拜访了广州洋行买办、清朝一品大臣潘仕成。这位红顶花翎的官员要求看看埃及尔的相机。因为，他总听人们提起它。埃及尔给他拍摄了两张肖像，他看后兴致勃勃地要求埃及尔到他家里，给他的夫人也拍一张照片。埃及尔这样描述他在潘仕成家的经历："一见到我身上带的达盖尔相机，一家子人都惊动了，谁都想第一个来拍照……高官们也来仔细视察相机——（这一）令整个城市都在谈论的神奇的发明。"通过描述，我们了解到，

1.［英］泰瑞·贝内特：《中国摄影史 1842—1860》，徐婷婷译，北京：中国摄影出版社，2011 年 7 月第 1 版，第 3 页。

当埃及尔将相机带入中国时，上至清朝大臣，下到街头百姓，都对这一新奇的事物产生了极大的好奇，这也表明当时的中国人对摄影还是茫然无知的。

在这一时期，埃及尔曾到马尼拉补充了一些照相用的铜版，而后去了爪哇、加里曼丹岛和越南。1845 年 8 月，于勒·埃及尔回到中国后，又乘船去了新加坡、斯里兰卡、印度、埃及，沿途拍摄了大量的风景与人物。之后，埃及尔回到法国。在 1948 年埃及尔著的《中国之行日记》（*Journal d'un voyage en China*）中，刊登了有关他拍摄的澳门的照片。1877 年，于勒·埃及尔在法国去世，享年 75 岁。

于勒·埃及尔从中国带回了 40 余张银版照片。这批 1844 年在澳门、广东拍摄的达盖尔银版照片，是目前发现的自摄影术传入中国以来最早的中国影像。虽然这组照片的画面已经暗淡模糊，但并不影响它在中国摄影史及历史研究上的价值。这组照片留存的信息，仍能帮助我们了解当年中国沿海开放之初的人文景观。虽然埃及尔在中国的活动是短暂的，范围也不大，但他毕竟是把摄影术带到中国来的第一人。

2006 年 2 月，于勒·埃及尔 1844 年在中国拍摄的 8 张照片，于法国的一次拍卖会上被卖出。

丹尼斯·路易·李阁郎：
早期拍摄中国上海的外国商业摄影师

> 丹尼斯·路易·李阁郎（Dennis Louis Legrand）是早期来华的外国摄影师，他以上海为中心拍摄了一系列反映中国古塔建筑、园林、乡村自然面貌的照片。他的摄影作品追求画意，具有一定的艺术造诣。作为早期参与摄影实践活动的先驱，丹尼斯·路易·李阁郎在中国摄影历史上必将拥有他应得的地位。

丹尼斯·路易·李阁郎，生于 1820 年，卒年不详。他是法国雷米和史密斯公司（Remi，Schmidt & Cie）雇员，也是早期拍摄中国上海的外国摄影师之一。

《南京条约》签订后，上海成为通商口岸，并很快发展成为中国对外贸易的最大商埠。由于上海地理位置优越，很快吸引来了外国冒险家，大批西方传教士、商人、旅行者携带问世不久的相机进入了上海。"19 世纪 50 年代……一个叫李阁郎的法国人在上海专门给当地人拍摄肖像照片，成了一个小有名气的职业摄影师。"[1]

有资料表明，李阁郎到达上海的时间为 1856 年。"1857 年 8 月 15 日，他在《北华捷报》上刊登广告：L. 李阁郎，钟表工匠，毗邻史密斯市场，又及：拍摄照片，风格雅致拔头筹。"[2]

1859 年，李阁郎以上海为中心拍摄了一系列立体照片。从他拍摄的照片看，李阁郎似乎对古塔充满了兴趣，这在他的摄影作品中有所反映。法国国家图书馆就收藏了李阁郎·弗亥公司于 1859 年出版的

---

1. 陈申、胡志川、马运增、钱章表、彭永祥：《中国摄影史 1840—1937》，北京：中国摄影出版社，1990 年 2 月第 1 版，第 31 页。

2. [英] 泰瑞·贝内特：《中国摄影史 1842—1860》，徐婷婷译，北京：中国摄影出版社，2011 年 7 月第 1 版，第 30 页。

杭州雷峰塔残迹。1859 年。

杭州保俶塔附近的景致。1859 年。

发表在法国《画报》（L'Il lustration）杂志上的上海龙华塔木版画，根据李阁郎摄影作品制作。1859 年。

上海茶园中的桥。1859 年。

上海道台官邸。1859 年。

一套最完整的立体照片，约 80 张。其中，关于古塔内容的就有雷峰塔残迹、保俶塔附近、苏州虎丘塔、上海龙华塔以及上海城中的其他宝塔等。

雷峰塔，原名皇妃塔，又名西关砖塔，古人更多地称之为黄妃塔。它是北宋时期由吴越国王钱俶在西湖南岸夕照山上建造的佛塔，为的是祈求国泰民安。雷峰塔原拟建高十三层宝塔，由于财力不济，竣工时只造了五层。该塔结构为砖石内心，外建木构楼廊，内壁嵌有刻着《华严经》的条石。塔基底部辟有井穴式地宫，存放着数十件佛教珍贵文物和精美的供奉物品。古塔塔身上部的一些塔砖内，还秘藏雕版印刷的佛教经卷。北宋宣和二年（1120），雷峰塔遭遇战乱被严重损坏。南宋时期重修，建筑和陈设重现昔日金碧辉煌，特别是黄昏时，雷峰塔与落日相映生辉，有"雷峰夕照"之称。它和西湖边宝石山上的保俶塔遥相呼应，"湖上两浮屠，雷峰如老衲，保俶如美人"是明末杭州名士闻启祥对雷峰塔和保俶塔的评价。明嘉靖年间（1522—1566），倭寇侵入杭州，纵火焚烧雷峰塔的塔檐、平座、栏杆和塔顶，灾后古塔仅剩砖砌塔身。1924 年 9 月 25 日，年久失修的雷峰塔砖塔身轰然坍塌，"雷峰夕照"胜景从此名存实亡。现在人们看到的雷峰新塔是 2000 年 12 月 26 日奠基，2002 年 10 月 25 日重新落成的。新塔建造在雷峰塔原址上，五面八层，依山临湖，蔚然大观。

李阁郎拍摄的雷峰塔残迹是在 1859 年，古塔仅剩砖砌塔身，但却以裸露的砖砌塔身呈现出了其残缺的美，特别是夕阳照向残塔时，砖皆赤色，亭台金碧，美不胜收。

苏州虎丘塔是一座有着千年历史的建筑，位于苏州城西北郊，始建于五代后周显德六年（959），落成于北宋建隆二年（961）。砖身木檐，是 10 世纪长江流域砖塔的代表作。塔檐在 1860 年太平天国运动中被烧毁，而现存的唯一一张拍摄于 1860 年之前的苏州虎丘塔照片就是李阁郎拍摄的。

有研究者分析，李阁郎有可能是"第一位商业性出版发行上海、苏州和宁波照片的摄影师。……在他拍摄的年代，这些地方都未曾被西方文明沾染。他的作品有重要的历史价值。因为，他所拍摄的景观和名胜有很多在随即发生的太平天国运动中遭到了破坏"[3]。

李阁郎拍摄的另一张中国佛塔照片是上海龙华塔。龙华塔位于上海市徐汇区，相传是三国东吴孙权为孝敬他的母亲而建，故又名报恩塔，赐额"龙华"。该塔唐末毁于战火，北宋时重建。龙华塔高 40.4 米，砖木结构，七层八面，每层飞檐高翘，姿态雄奇，造型美观。1984 年，国家对宝塔进行了修葺。从塔檐角上发现的宋式檐拱额枋、砖拱上刻的宋式花纹及塔脚下的宋式瓦当，都证明古人造塔时在塔基下采用了垫木、垫石子等手段，以克服因土质疏松造成的沉陷，从而使龙华塔从宋代至今又屹立了千余年。

李阁郎另一个拍摄的兴趣点在中国的乡村和园林。在上海徐家汇，他拍摄了徐家汇河口船队的立体照片：蜿蜒的河道，排列整齐的船队。整个画面构图完美，用光讲究，充分呈现出静谧的水乡景色。

上海南翔古漪园、上海道台官邸是李阁郎拍摄的有关中国江南园林的代表作品。他醉心于中国园林的拍摄，追求画意审美，致力将孤山曲廊、翠林水榭、怪石阙亭、古朴素雅的中国古典园林胜景定格在他的影像作品中。

关于李阁郎于 1860 年第二次鸦片战争时期在中国北方的拍摄活动，1861 年 1 月 15 日出版的《英国摄影周刊》（*British Journal of Photography*）曾发表过文章说："在芝罘（今烟台）营中，还有一位李阁郎先生，一位在沪的法国摄影师。他不是什么一流的艺术家，不过向军队贩售酒水而已，为小酒杯放弃了人生理想。"[4] 李阁郎随军北上，可能想拍摄这场战争，但他为了卖酒却失去了这个难得的机会，在这场战争中也确实没有留下太多的照片。

3.［英］泰瑞·贝内特：《中国摄影史 1842—1860》，徐婷婷译，北京：中国摄影出版社，2011 年 7 月第 1 版，第 38 页。

4.［英］泰瑞·贝内特：《中国摄影史 1842—1860》，徐婷婷译，北京：中国摄影出版社，2011 年 7 月第 1 版，第 35 页。

上海附近的村庄。1859 年。

徐家汇河口的船队。1859 年。

上海总督的大花园。1859 年。

约翰·阿什顿·帕比隆：
英国皇家工程兵部队摄影师

英国皇家工程兵部队摄影师约翰·阿什顿·帕比隆（John Ashton Papillon）曾于1857年底被派往中国，后加入英法联军转战到中国北方。他留存的中国影像较多，也是较早的。

约翰·阿什顿·帕比隆，1838年11月出生，英国皇家工程兵部队摄影师。1855年4月，他在英国皇家工程兵部队晋升中尉衔。

1857年末，帕比隆被派往中国。最初他在广州活动，19世纪60年代加入英法联军转战到中国北方。帕比隆参加过1860年8月的大沽口战役和9月的八里桥战役。因身体原因，帕比隆没有跟随英法联军进入北京。1860年9月，帕比隆返回英国。之后，帕比隆又被派回到中国，直到1883年。1891年，帕比隆因病在马德拉群岛（Madeira）的桑盖特（Sandgate）去世。

约翰·阿什顿·帕比隆是英国皇家工程兵部队中拍摄中国影像较多的一位摄影师。1858年，他拍摄了广州城被英法联军攻占的场景，并拍摄了英法联军在大连湾扎营时的照片，1860年他拍摄了大沽口炮台。

他的摄影成绩是卓著的，留存的中国影像也是较多的。

广州海关税务司司长。1858—1859 年。

广州海关税务司司长之女。1858—1859 年。

广州城北城门。1858—1859 年。

皮埃尔·约瑟夫·罗西耶:
最早在欧洲发行中国题材商业照片的摄影师

> 皮埃尔·约瑟夫·罗西耶（Pierre Joseph Rossier）是一位在中国摄影史上有重要地位的外国摄影师。他用娴熟精湛的摄影技术，克服了在东亚拍摄过程中的重重困难，拍摄了中国及东亚的首批商业影像。皮埃尔·约瑟夫·罗西耶对摄影术在东亚的影响和传播起到了举足轻重的作用。

皮埃尔·约瑟夫·罗西耶，瑞士人，1829年7月16日生于瑞士弗里堡（Friborg）。其父母信奉天主教，膝下多子女，家庭收入微薄。1855年，罗西耶26岁时获得护照，允许前往法国和英国进行摄影实践，职业一栏标注为摄影师。罗西耶是目前已经知道的最早在欧洲发行中国题材的商业照片的摄影师。

1858年7月，皮埃尔·约瑟夫·罗西耶来到香港。当时，英国作家阿尔伯特·史密斯（Alert Smith）在香港和罗西耶会面，而后在日记中披露了罗西耶摄影活动的消息："与耐格雷蒂＆萨布拉公司（Negretti ＆ Zambra）的摄影师罗西耶先生会面。就我所知，他住的商业酒店似乎为雷恩与克劳福德公司（Lane and Crawford）所有。他对天气影响了药品抱怨不迭。"[1] 耐格雷蒂＆萨布拉公司曾是第一届世界博览会的官方指定摄影机构，是当时伦敦最有实力的摄影器材销售商和立体照片发行公司，也是第一家向中国派出摄影师的欧洲立体照片公司。

19世纪50年代，英国爱丁堡（Edinburgh）的戴维·布鲁斯特

1.［英］泰瑞·贝内特，《中国摄影史 1842—1860》，徐婷婷译，北京：中国摄影出版社，2011年7月第1版，第53页。

（David Brewster）和法国巴黎的儒勒·杜波斯克（Jules Duboscq）成功研制出了立体相机和双镜头立体观片镜。罗西耶此次东方之行的目的主要是拍摄立体照片，用来在欧洲和美国发行。

随着《中英五口通商章程》的实施，中国成为西方列强的商品倾销地，中国原有的经济结构也逐渐被破坏。作为中国的五个通商口岸之一，广州较早地实行了自由贸易。外国兵船可以自由出入中国通商口岸，外国商人、传教士、猎奇者不断涌入这座城市。西方各国在经济、文化上开始对中国产生了较大的影响。罗西耶正是在这种社会背景下，携带最先进的摄影器材，准备充分地来到中国。

在广州，罗西耶拍摄了一批立体照片，内容涵盖中国人像、城市风景及英法官兵。罗西耶拍摄的广州军需库渡口一景和广州城东南的民居照片是摄影师拍摄的极少的手工上色作品。此外，广州一带的建筑、广东官员的家庭、五百罗汉堂、贡院庭院、广州花塔、俯瞰财政街、广州长寿宫中神像前的烛台等都被罗西耶拍摄了下来。

《广州城南门》这张照片充分反映了当时的城门原貌。广州城早在春秋战国时已经建立。1647年，在新城以南修建了东西两翼城直到江边。明清两代老城的范围，东至越秀路，西至人民路，南至一德路、泰康路、万福路，北至越秀山。到1918年因老城城垣不适应现代城市的发展全部被拆除，并将城垣改为马路。自鸦片战争后，广州由于西方列强的入侵和社会经济的发展，其旧城改造与现代城市的建造速度比较快。清代末期，广州就建成了中国第一条现代马路——长堤路。

有资料显示，罗西耶曾出现在上海。"据1860年6月底《北华捷报》所刊消息，他住在礼查饭店（Astor House Hotel）。罗西耶到上海有可能是为了补充摄影药品。"[2] 之后，罗西耶去了日本和泰国。1861年10月26日，罗西耶返回上海。

2. [英] 泰瑞·贝内特，《中国摄影史 1842—1860》，徐婷婷译，北京：中国摄影出版社，2011年7月第1版，第61页。

从罗西耶拍摄的照片来看，他的摄影技术已相当全面，耐格雷蒂 & 萨布拉公司逐步增加了他拍摄照片的销售数量。作为摄影成果，1862 年 5 月，罗西耶将其于中国、日本、暹罗（今泰国）拍摄的玻璃立体照片在伦敦国际博览会上展出。

1898 年，罗西耶在巴黎去世。

广州城南门。1858—1859 年。

广州五层楼。1858—1859 年。

广州珠江景致。1858—1859 年。

广州官员家庭。1858—1859 年。

中国贵族女子与访客，即广州贵族妇女招待访客饮茶时的情景。1858—1859 年。

广州巡抚、一品大员柏贵与英国巴
夏礼公使及随从的合影。1858—
1859 年。

广州的苦力。1858—1859 年。

威廉·拿骚·乔斯林：
额尔金使团摄影师

> 英国外交使团的摄影师威廉·拿骚·乔斯林（William Nassau Jocelyn）于 1858 年 7 月随额尔金（Elgin）勋爵赴中国从事外交活动。这期间，他拍摄的清廷官员人像有极大的历史价值。乔斯林是较早来上海的外国摄影师，在中国摄影史上，他应该留下重要的一笔。

威廉·拿骚·乔斯林，1832 年出生于英格兰布莱顿（Brighton），曾在都柏林的尹顿和三一学院读书，1854 年开始从事外交工作，当年即成为出任英国赴德国汉诺威外交使团专员。1858 年，乔斯林任英国驻斯德哥尔摩领事馆专员；5 月，被临时任命为额尔金勋爵赴中国外交使团专员；7 月，乔斯林抵达香港，从罗伯特·马礼逊（Robert Morrison）[1] 手中接过相机和药品，承担了英国外交使团的摄影任务。

1858 年 7 月 28 日，乔斯林抵达上海，后去日本进行商务条约的谈判，再于同年 9 月 3 日抵达上海。这期间，乔斯林第一次有机会在中国拍摄。在上海外滩的英国领事馆，额尔金接待了中国的桂良等官员，并向中国特使表达了想为他们拍照的愿望，还告诉他们"乔斯林已经准备好为他们拍照"[2]。乔斯林认为，"桂良和花沙纳大人分别已有 75 岁和 78 岁高龄，何大人稍稍年轻些。……我给他们拍摄了照片，他们对这项技术很震惊"[3]。

1858 年 10 月 30 日，在上海英国领事馆，清廷的官员和英国特使

---

1. 1857 年额尔金勋爵率领的赴华使团中的第四外交专员，曾在中国拍摄照片。
2. [英] 泰瑞·贝内特：《中国摄影史 1842—1860》，徐婷婷译，北京：中国摄影出版社，2011 年 7 月第 1 版，第 133 页。
3. 同上。

清朝钦差大臣桂良（中）、花沙纳
（右）和何桂清。英国驻上海领事馆，
1858 年 10 月 30 日。

上海道台。英国驻上海领事馆，
1858 年 10 月 30 日。

上海天主教堂和外国人聚居区。约1858—1859年。

额尔金商谈赔款事宜，乔斯林为每个人都拍摄了照片。

1858年12月5日，额尔金使团到达汉口，乔斯林为湖广总督官文拍摄了照片，并提到官文"几乎强制性地让乔斯林做出最庄严的承诺：在回到上海后一定给他回寄一套照片"[4]。乔斯林为湖广总督官文及其随从拍摄的照片，是已知汉口最早的照片。

1859年2月，英国使团到达广州，3月离开中国返回英国。目前

4. [英]泰瑞·贝内特：《中国摄影史 1842—1860》，徐婷婷译，北京：中国摄影出版社，2011年7月第1版，第139页。

可以肯定的是，乔斯林随额尔金使团来华确实拍摄了为数不少的照片，特别是有关额尔金使团从事的外交活动和中英双方外交人员的照片。乔斯林是较早来上海的外国摄影师之一，他在上海所拍摄的中国使团和额尔金使团中的人像有极大的历史价值。

1862 年，乔斯林被提拔为英国驻柏林使馆二等秘书。1884 年，他获得巴斯爵士头衔。1892 年 11 月，乔斯林在达姆施塔特（Darmstadt）死于心脏病。

乔斯林仅仅是一位业余摄影师，他非常清楚自己所拍摄的照片在历史上的价值。在中国摄影史上，乔斯林留下了重要一笔。

贾科莫·卡内瓦:
以著名摄影师身份来华的摄影家

贾科莫·卡内瓦（Giacomo Caneva）1859年以著名摄影师身份来华。他在湖州拍摄的照片，是当地目前已知最早的影像。

贾科莫·卡内瓦，意大利人，1859年来到中国，受卡斯特朗尼与弗雷基斯（Castellani & Freschi）丝绸公司之托，前往印度和中国的杭州、湖州寻找桑蚕。1859年6月，卡内瓦去了日本，8月回到上海，10月返回意大利。

1813年7月，卡内瓦生于意大利。21岁时，他在威尼斯皇家艺术学院学习。19世纪40年代，卡内瓦的注意力开始转移到摄影上。1859年1月，他来到中国。这时，他已经是意大利出色的摄影师了。他在中国拍摄的照片版画曾出现在《艺术家》（L'Artista）等杂志上。1861年11月，法国《环球画报》发表了两幅根据他的照片制成的版画。其中，"中国瓷塔"系列照片现存于罗马的中央文献编目与登录中心（Central Institution for Cataloguing and Documentation）。另有16张照片存于意大利特雷维索的万泽拉收藏中心（Collezione Vanzella）。

贾科莫·卡内瓦是一位以著名摄影师身份来华的摄影家，他与李阁郎、乔斯林一起拍摄了上海和浙江的早期照片。他在湖州拍摄的照片，是当地目前已知最早的影像。

上海军事总督及官员。1859 年。

湖州中产阶级家庭的妇女。1859 年。

富庶养蚕人家。湖州，1859 年。

查尔斯·杜宾：
参与圆明园劫掠的法军摄影师

法国业余摄影师查尔斯·路易·德西蕾雷·杜宾（Charles Louis Desire Dupin）于第二次鸦片战争时期来到中国，拍摄了法国在中国的重要战役和清末北京、上海、烟台、天津等地的风光，为今天的研究提供了重要的史料。

查尔斯·路易·德西蕾雷·杜宾，法国军官，业余摄影师。目前，由法国人拍摄于第二次鸦片战争晚期的，且有日期可考的摄影作品均出自查尔斯·杜宾之手。他拍摄的地点包括上海、北京、烟台、天津等地。

1814 年 12 月，查尔斯·杜宾出生于法国南部的塔恩（Tarn），毕业于著名军事工程学校巴黎综合理工学院。1836 年 10 月，杜宾被授予第 66 步兵团二等中尉军衔；1842 年 12 月，升为二等上尉。他曾参与阿尔及利亚战争，曾被派往克里米亚的东方远征军。1855 年 9 月，杜宾晋升为陆军中校军衔。1859 年 11 月，杜宾任远征军地形测绘部负责人，后来到中国上海。不久，他即晋升为上校军衔。1868 年 10 月，杜宾在法国病逝。

查尔斯·杜宾在中国的摄影生涯活跃于第二次鸦片战争晚期。从 1859 年 11 月至 1861 年 1 月，他在中国拍摄的重要摄影作品约 30 幅，"包括纸质和玻璃材质的中国题材的立体照片"[1]，内容主要为中国风景和人像。现藏于大英图书馆的一份手稿表明：1861 年 1 月，英国赴华远征军总司令格兰特（Grant）写给维多利亚女王表兄弟坎布里奇（Cambridge）公爵的一封信中说："鄙人有幸受法国地形测绘部负

1.《影像》拍卖图录——2015 年华辰春季拍卖会，第 75 页。

北京城墙内。1860 年。

英法联军入侵北京，法军中负责地图测绘的查尔斯·杜宾上校在安定门附近的城墙上拍下了这张钟鼓楼的合影。这是目前已知最早的钟鼓楼照片。1860 年。

责人杜宾上校之托，谨向女王陛下呈上一些拍摄于北京的照片。"[2] 此外，还有很多资料可以证明杜宾在中国的摄影活动。

杜宾经历了第二次鸦片战争中法国在中国的重要战役，而且拍摄了照片，如 1860 年 8 月 14 日所拍摄的塘沽的大炮。从照片上可以清晰地看到多门战炮整齐地排列在塘沽阵地上；大炮后面，站立着法国军人。在《北京城墙内》这张照片中，我们依然可以看到宽阔的城墙上摆放着战炮，往日平和的京城充满了火药味。

1860 年，查尔斯·杜宾上校在安定门附近的城墙上拍下了一张北京钟鼓楼的合影。它是目前已知最早的钟鼓楼照片。

北京钟鼓楼始建于元至元九年（1272）。当时，钟鼓楼位于大都城（即今北京）的中心，后毁于大火。明永乐十八年（1420）钟鼓楼重建，并确立了其位于都城南北中轴线北端的位置，后相继毁于大火。现存钟鼓楼是清乾隆十年（1745）重建的。钟楼上悬挂着明永乐年间铸造的铜钟；鼓楼上有一面主更鼓和 24 面小鼓。鼓楼上现存的主鼓直径近两米，由整张牛皮蒙制。清朝时，钟鼓楼是北京城最重要的报时中心。钟鼓楼与周边的胡同、四合院承载着大量的历史人文信息，"晨钟暮鼓"现已成为北京老市民对老北京的记忆。

在北京，查尔斯·杜宾还拍摄了雍和宫、紫禁城等风光照片。此外，杜宾还拍摄了上海的园林风光、天津的街道等立体照片。

1860 年 10 月，英法联军洗劫了北京的皇家园林圆明园，杜宾也参与了劫掠，经历了圆明园被烧毁的全过程。1860 年 10 月 7 日，杜宾被委任为英法联军战利品分配委员会法军代表，并借机中饱私囊，这使他备受争议。

1861 年 1 月，杜宾和法国摄影师安东尼·方切里（Antoine Fauchery）前往日本，5 月返回巴黎。1862 年，杜宾在法国高调拍卖

2.［英］泰瑞·贝内特：《中国摄影史 1842—1860》，徐婷婷译，北京：中国摄影出版社，2011 年 7 月第 1 版，第 97 页。

北京城墙上的联军大炮。1860 年。

他从圆明园抢劫的珍宝。这引起军队高层的不满，使他原本在军队升迁的机会就此停止，并被停职观察。

查尔斯·路易·德西蕾雷·杜宾一生备受争议，但他毕竟是记录第二次鸦片战争实况的重要摄影师。他拍摄的北京、上海等地的早期影像，为今天的研究提供了重要帮助，也使他在中国摄影史上占有一席之地。

北京雍和宫万福阁。1860 年。

天津的大街。1860 年。

上海园林。1860 年。

上海茶园。1860 年。

J.C. 沃森少校：
"洋枪队"里的军官摄影师

> 沃森少校（Major J.C. Watson，华生少校）是位业余摄影师。太平天国运动期间，他曾为维护清廷的社会稳定做出了一定的贡献。作为一名业余摄影师，他还为宁波留下了一些珍贵的影像。

沃森少校，1834 年出生在英国，是位业余摄影师。

1859 年，沃森从澳大利亚的悉尼来到中国，在宁波一带从事了两三年的商业活动。由于中国的太平天国运动爆发，1862 年，他加入由美国人佛雷德里克·汤森德·华尔（Frederick Townsend Ward）组建的"常胜军"。在华尔的部队中，沃森任第四军团长官，在上海、宁波一带协助清政府镇压太平天国运动。后因战绩优异，沃森升为少校。华尔去世后，查尔斯·戈登（Charles Gordon）继任，沃森少校又成为戈登的卫队成员。

成功镇压太平天国运动后，他与库克上校（Colonel Cooke）留下来继续为清廷效力。他们领导的宁波"绿头勇"（带深绿色头巾）部队的人数曾达 1000 人，下辖"常安军"和"定胜军"。此外，沃森少校与库克还在宁波组建了由中英人员混编的洋枪队，且一直持续到1880 年。沃森少校之后成为宁波治安法官及警司司长。

因沃森少校对宁波城治安做出的贡献，1888 年，被清廷授予四品官衔。在 1895 年的中日甲午战争中，沃森少校同样为清政府维护了宁波当地的稳定，表现不凡。截至 1908 年，沃森少校为清廷效力 46 年。

1908 年，沃森少校在宁波去世，享年 74 岁。

沃森少校是一位军官。有趣的是，他还是一位业余摄影师。目前，我们只发现他在宁波地区拍摄的摄影作品。19 世纪 70 年代，沃森少

宁波的三板桥。19 世纪 70 年代。

校拍摄了《宁波的三板桥》，照片中三板桥的远方是太平桥，右侧是
三板桥庵。这些建筑位于原慈溪县城（今宁波市江北区慈城镇），现
已不存，故而此照为该建筑罕见的清末影像。《宁波余姚市风貌》这
张照片曾发表在 1877 年 7 月的《远东》（*The Far East*）杂志上。从
照片上可以清晰地看到宁波的古建筑、河流及民宅。反映洋枪队的照
片是沃森少校拍摄的有关清朝军事题材的影像。这支由中英人员混合
编制的军队，在沃森少校的率领下，武器先进，军容整齐。

　　作为一名在华外籍军官，沃森少校为帮助清廷维护社会稳定做出
了贡献，而且作为一名业余摄影师，他也为宁波留下了一些珍贵的影像。

中英混编洋枪队。宁波，1877年。

中英混编洋枪队。宁波，1877年。

宁波余姚市风貌。19 世纪 70 年代。

费利斯·比托：
备受瞩目的战地摄影师

　　英国战地摄影记者费利斯·比托（Felice Beato）在中国北方
拍摄了大量战争场景的照片。他是最早来到中国北方进行拍摄的
外国摄影师之一，也是第一位拍摄中国皇室成员的外国摄影师，
并在圆明园被焚之前拍摄了一张极其珍贵的皇家园林照片。他为
摄影术在中国北方的传播起到了积极的作用。

　　费利斯·比托，1832 年出生于意大利威尼斯（Venice），后加入
英国国籍。1860 年第二次鸦片战争期间，比托作为战地摄影记者随英
法联军来到中国，在中国北方拍摄了大量残酷的战争场景，记录了英
法联军攻占天津以及洗劫和烧毁北京皇家园林，曾被誉为"军事报道
摄影的先驱者之一"。作为为数不多的随军摄影师，他有机会接触并
拍摄了恭亲王奕䜣，有幸成为第一位拍摄中国皇室成员的外国摄影师。

　　来中国之前，比托曾和欧洲战地摄影师詹姆斯·罗伯逊（James
Robertson，也是比托的姐夫）一道采访过克里米亚战争，拍摄了塞瓦
斯托波尔（Sevastopol）要塞被攻陷的场景。1857 年至 1858 年，他
们又到了印度，拍摄了当时发生的印度民族大起义。此后，罗伯逊继续
留在印度，而费利斯·比托则来到中国。1862 年至 1877 年间，他在日
本工作。

　　根据曼努埃拉·霍尔特霍夫（Manuela Holthof）在《记录中华帝
国衰亡的图片》一文中介绍："当欧洲士兵由于中国人在鸦片战争（指
1840 年爆发的第一次鸦片战争）之后，拒绝加强通商的条约而对中国
人进行残忍报复的时候，一位徒步旅行的摄影师费利斯·比托正好在场。"[1]

1. 陈申、胡志川、马运增、钱章表、彭永祥：《中国摄影史 1840—1937》，北京：中国摄影出版社，1990 年
2 月第 1 版，第 47 页。

北塘要塞。1860 年。

塘沽北河口的大北炮台，炮台内有清兵的尸体。1860 年 8 月 21 日。

英法联军攻占天津城防。1860 年 8 月。

　　1860 年 8 月，英法联军以护送公使赴京师与清政府换约为名，先后攻占了大沽口要塞和天津，并直逼北京。而比托正是在这时跟随护送公使的英法联军来到中国北方的。在 1860 年以前，摄影在中国的传播和应用只限于南方沿海几省，中国北方由于不允许外国人进入，所以那里的人们对摄影一无所知。据美国发布的一份资料显示：直到 1860 年后，西方摄影者才获准能稍微自由一些地在这个古国的土地上

旅行，而在此以前他们的摄影活动是被禁止的。由此可见，比托作为对中国城市投以关注的西方摄影记者，是最早一批来到中国北方进行拍摄的外国摄影师，他跟随英法联军，拍摄了像堡垒一般的皇城和沿途堆尸的一些令人备感凄惨的照片。

比托在中国活动的时间仅有一年，但他却拍摄到许多具有历史价值的摄影作品。从他当年拍摄的照片中，我们看到被攻陷的大沽口炮台上趴着阵亡的中国士兵，旁边摆着他们使用的原始土炮和弓弩。清朝士兵尸首遍地的场景也充分表明了英法联军的野蛮屠城。北塘要塞，那是 1860 年 8 月英国军队从中国人手中夺得的。此时，英国军队将北塘要塞建成了他们的司令部。而要塞的废墟上，一门被摧毁的大炮仿佛诉说着不久前在此发生的激战。这门大炮原先是安放在木质炮架上的。照片上的英军士兵正在这个刚占领不久的阵地上休息。当年的北京古城墙和城门如今大多已不存在，但从比托那里，我们看到了一些记录北京老城墙和城门的摄影作品，如《北京的内城城门与城墙》，远处的朝阳门和城墙连为一体，将北京城的雄伟和宏大表现得淋漓尽致。这张照片构图讲究，线条流畅。

当英军占领安定门城楼之后，比托登上了城楼。他看到：清晰而厚实的城墙笔直地向前延伸，近处有五根高大的旗杆，旗杆下有零星的帐篷，那是驻扎在城墙上，试图建立临时炮台的英国皇家工兵。远处可见德胜门及其瓮城。而从城楼往东瞭望，可以看到清军的大炮和沮丧的清兵，不远处便是雍和宫雄伟的建筑群。从比托拍摄的照片看，城墙顶上确实十分宽阔，并且坚固，只可惜在清政府的腐朽统治下，这么坚固的城墙仍不能抵挡英法联军的野蛮侵略。

圆明园，这一融汇中外建筑艺术精华的万园之园，同样遭到了英法联军的洗劫。侵略者也不得不承认，"我们就这样以最野蛮的方式，摧毁了世界上最宝贵的财富……你想象不到这座宫殿有多么华美壮丽，更不能设想法军、英军把这个地方践踏成什么样子"[2]。圆明园被焚毁的时间是在 1860 年 10 月 18 日至 20 日，侵略者发动了三四千士兵分头焚烧，大火燃烧了整整 3 天，遮天蔽日的黑色浓烟长久地笼罩在整个北京城的上空。而比托恰恰是在 10 月 18 日圆明园被焚之前拍摄了一张极其珍贵的皇家园林照片，照片的背后有两行比托当时留下的记录，虽已暗淡，但仍能看出字迹，英文为"The great imperial

---

2.《中国摄影报》，2006 年 6 月 16 日。

北京的内城城门与城墙，远处为朝阳门。1860 年。

颐和园智慧海。1860 年。

北京鼓楼大街的店铺。1860 年。

北京致兰斋饭店。1860 年 10 月。

palace yuan ming yuan, before the burning, peking October 18th 1860"[3]。译成汉语为"伟大的帝王宫殿圆明园在烧毁之前（的一座建筑），北京，1860 年 10 月 18 日"。从照片上我们看到，这一建筑极其精美，为罕见的六角星形建筑。这张照片现藏于美国皮博迪·埃塞克斯博物馆（Peabody Essex Museum），罗哲文先生访问该博物馆时，被允许翻拍并发表介绍。目前，有学者认为这张照片中的建筑是清漪园昙花阁。

介绍费利斯·比托当年拍摄的照片，不能不关注 1860 年 11 月 2 日他给恭亲王奕訢拍摄的肖像照片。这是恭亲王奕訢在 10 月 24 日和 25 日连续与英国、法国签订中英《北京条约》和中法《北京条约》之后留下的影像。1860 年 10 月 24 日，在经历了英法联军占领安定门和火烧圆明园等一系列重大事件后，臭名昭著的中英《北京条约》签订仪式在北京皇城内的礼部大堂举行。当时，英方代表为英国特使额尔金勋爵，中方代表即为咸丰皇帝的弟弟恭亲王奕訢。作为随军为数不多的摄影师之一，比托来到签约的礼部大堂，随时准备用影像记录下这一历史时刻。有关比托在礼部大堂为恭亲王拍摄的具体过程，英法联军中的英国陆军司令克灵顿（Clinton）将军在其日记中这样描述："在条约签订仪式的过程中，那位不知疲倦的比托先生很想给'北京条约的签订'拍摄一张好照片，就把他的照相设备搬了进来，并把它放在大门正中，用偌大的镜头对准了脸色阴沉的恭亲王胸口。这位皇帝的兄弟惊恐地抬起头来，脸唰地一下就变得惨白，以为他对面的这门样式怪异的大炮会随时把他的头给轰掉——那架相机的模样确实有点像一门上了膛的大炮，准备将其炮弹射入他可怜的身体。人们急忙向他解释这并没有什么恶意。当他明白这是在给他拍肖像照时，他脸上惊恐的表情顿时转阴为晴。"《中国摄影史》中也对这次拍照进行了描述："中英《北京条约》签约仪式在礼部大堂举行。外国摄影师拍照时，

3. 罗哲文、杨永生：《失去的建筑》，北京：中国建筑工业出版社，2002 年 7 月第 1 版，第 56 页。

围观群众达一万多人。"清代文人刘毓楠记载拍照时的情况时说："大堂檐外设一架，上有方木盒，中有镜，覆以红毡，不知何物？"[4] 这说明在 19 世纪 60 年代初，北方地区上至王公贵族，下到平民百姓，对摄影从未接触过。但是，由于当时室内光线不好，比托这次拍摄恭亲王的照片并未成功。

11 月 2 日，恭亲王回访额尔金，费利斯·比托再次抓住时机，在额尔金勋爵的住处给恭亲王奕䜣补拍了一张肖像照片。据英军军医芮尼的描述：恭亲王那天身穿一件紫色绣有黄龙的锦缎官袍……他戴着一顶边缘上翘的官帽，除了在顶戴处有一个红绸做成的旋钮之外，并无其他任何装饰。这张照片拍摄得非常成功，此后被多次使用，成为恭亲王的标准像。从比托留下的影像中我们看到，恭亲王面容清癯，表情肃穆，双眉紧锁，悲凉而忧郁。这是目前我们可知的最早的皇室成员的照片，为研究政治史和摄影史提供了可靠的影像资料。此外，在拍摄战争场面之余，比托还拍摄了一些关于北京风土民情的照片，如鼓楼大街的店铺等。1867 年，比托来到苏州，也拍摄了一些照片。

1909 年 1 月 29 日，费利斯·比托在佛罗伦萨去世。

作为早期来到中国北方进行拍摄的外国摄影师，费利斯·比托留下的影像资料为我们研究第二次鸦片战争时期的历史提供了形象的、纪实的史实依据，而且比托的摄影活动也为摄影术在中国北方的传播起到了积极作用。

---

4. 陈申、胡志川、马运增、钱章表、彭永祥：《中国摄影史 1840—1937》，北京：中国摄影出版社，1990 年 2 月第 1 版，第 34 页。

北京皇家园林被焚烧之前的一座建筑。1860 年 10 月 18 日。

恭亲王奕訢。北京，1860 年 11 月 2 日。

弥尔顿·M. 米勒：
19 世纪的优秀肖像摄影师

弥尔顿·M. 米勒（Milton M. Miller）是早期在中国拍摄肖像的著名摄影师，活跃于香港、广州、上海等地。作为照相馆摄影师，他拍摄了大量中外人物肖像。

弥尔顿·M. 米勒，美国摄影师，名字通常缩写为弥尔顿·米勒。1830 年 4 月，米勒出生于美国佛蒙特州（Vermont）。米勒家在当地拥有田地，生活富足，他是家中幼子。

1856 年，米勒前往旧金山开始了他的职业摄影生涯。在 1860 年之前，米勒在旧金山万斯照相馆工作，曾和查尔斯·韦德（Charles Wade）合作。韦德去中国后，1860 年 5 月米勒也离开旧金山，于 7 月来到中国香港。

米勒来到中国，主要在广州、香港等地活动。在香港，米勒很快加入了韦德与霍华德的照相馆——这是中国较早的一间摄影工作室。在经营照相馆的业务的同时，米勒还到上海、澳门拍摄了照片。他的作品以表现中国人的日常生活为主，摄影对象大部分是中国的富有阶层，并且拍摄技巧成熟。在 19 世纪的中国，米勒堪称最优秀的肖像摄影师。

米勒的摄影以人物见长，他的摄影作品总能抓住被摄者的个性特点，对人物造型极具艺术创造力。中国顾客对他毫无戒心，表情非常放松，这在当时相对封闭的中国是十分难得的。米勒拍摄的人物非常广泛，包括商人、官员、军人、僧人、买办、贵妇、外交官等等，形形色色的人物涵盖了社会的各阶层。这些人物影像也将米勒作为肖像摄影大师的专业拍摄水平充分表现出来。

目前的资料显示，米勒在中国一共居住了 3 年，他的足迹大部分

身穿官服的贵妇。她胸前所绣的雉鸟图案，显示了她的丈夫是高级官员。广东，1860—1863 年。

中国商人的家庭合影。香港，1861—1863 年。

街头小饭馆。上海，1862 年前后。

在香港、广州，但也涉足了上海，甚至澳门。从他拍摄的《身穿官服的贵妇》这张照片中，我们看到官宦人家华丽的服装、烦琐的装饰，这和平民简朴的服饰形成了鲜明反差。

1862年前后，米勒在上海拍摄了《街头小饭馆》，从照片中人物的穿戴，我们可以清楚地了解当时上海一般民众的服装服饰。中国人的家庭，也是米勒比较关注的拍摄对象。他拍摄的《中国商人的家庭合影》，让我们看到了一个富有的家庭，男主人的面部表情充满自信，而女主人则衣着鲜亮，生活无忧。另外，米勒还拍摄了中国的女子、广州城鸟瞰、广州的一品大员等照片。

1899年1月，弥尔顿·M. 米勒在家乡去世，享年68岁。

米勒在中国只记录了少数城市中的生活景象，显然缺乏对中国社会更深入的感受和体会。1860年，他在香港时，中国只有少数几家照相馆。米勒能留给今人为数不少的中国影像，说明他的摄影技术是高超的，商业经营是成功的。在早期中国摄影史上，米勒占有重要的一席之地。

广东一品大员。1860—1863年。

广州衙门前的清朝文官和将领。1861—1863 年。

广州的官员及其友人。1861—1863 年。

广州的买办商人和其子。1861—1863 年。

侨务总督察。广州，1861—1863 年。

广州海关原翻译员。1861—1863 年。

威廉·托马斯·桑德斯:
上海照相业名家

英国摄影师威廉·托马斯·桑德斯（William Thomas Saunders）是一位活跃于上海滩的出色摄影师。他在中国拍摄了许多重大事件和当地风土人情的影像，而且流传甚广。这在客观上促进了东西方的视觉文化交流，使西方人更多地了解了清末的中国。

威廉·托马斯·桑德斯，英国摄影师。1862 年至 1887 年，他拍摄了许多当时发生在中国的重大事件和当地风土人情的照片，题材多样。桑德斯活跃于上海滩多年，是一位出色的摄影师。他的作品在当时流传甚广，不仅在西方有着不小的销量，在中国甚至有很多摄影同行也会购买他的摄影作品。

1832 年 8 月 27 日，威廉·托马斯·桑德斯出生于伦敦的伍尔维奇（Woolwich），父亲是造船工匠，桑德斯本人则是一名工程师。据资料记载，1860 年，桑德斯曾到过上海。初来中国，桑德斯子承父业，从事造船工作。不久，他返回英国学习摄影，从此开始了他的摄影生涯。

1862 年 1 月，桑德斯在上海开设了森泰照相馆，这是中国较早的商业摄影工作室。此后，他多次往返于伦敦、上海之间。截至 1888 年，桑德斯已离开中国，基本不再摄影。1892 年，桑德斯在旅行时再次抵达上海。因支气管炎恶化，他于 1892 年 12 月 30 日在上海去世，享年 60 岁。

桑德斯在当时是一位商业摄影师，同时，他对在中国发生的重大历史事件也产生了浓厚的兴趣。他来中国时，太平天国运动已经接近尾声，英军与法军也卷入战争来帮助清廷剿灭太平军。1862 年 5 月，英法联军和清军联合攻占宁波及上海郊区的青浦等地，而桑德斯恰好有机会随军前往青浦。在《伦敦新闻画报》（*Illustrated London*

News）和《远东》杂志上，刊载有桑德斯拍摄的有关太平天国运动时期的照片，以及由他的照片制成的木版画。

　　1842 年创刊的《伦敦新闻画报》是世界上第一份成功地以图片来报道新闻的周刊。1862 年 8 月，该画报曾记载："本刊感谢皇家海军军需官麦克阿瑟先生及常驻上海之摄影师桑德斯先生协助，特刊发宁波一役之版画若干。其中，三幅版画和撰文皆出自桑德斯先生之手……"[1] 在 1862 年 8 月 2 日的《伦敦新闻画报》上刊登了《宁波的城垣缺口》和《英法清军营地》两幅根据桑德斯拍摄的照片制作的木版画，表现的是攻占宁波时的情景，有宁波城垣上损毁的缺口，以及从距宁波 2 英里外的桥上眺望英法联军和清军的军营。

　　1863 年 11 月，太平军败退苏州，洋枪队首领戈登率部在苏州与太平军交战，这次战斗罕有照片留存。1864 年 3 月 12 日，《伦敦新闻画报》刊登了 8 幅以桑德斯拍摄的照片为母本制作的版画，内容就是戈登率部在苏州与太平军交战的情景。据英国摄影史学家泰瑞·贝内特（Terry Bennet）的研究资料表明：英国肯特的皇家工程兵博物馆存有 11 张桑德斯拍摄的反映这次战斗的照片。这组照片的拍摄环境相当险恶，所示内容包含清军在苏州城外所设的围栏（几位天王被斩首的地方）、坚固的桥、苏州太平天国忠王府入口、苏州太平天国庆王营地入口、苏州城内景、苏州的城墙及护城河等。这些照片拍摄的画面质量虽然不尽人意，但作为这一时期留存的极其珍稀的影像，对于想了解这次战斗情况的人来说，已是十分珍贵了。

　　作为一位商业摄影师，桑德斯可谓十分优秀。1862 年，桑德斯在上海的泰森照相馆开张，而且照相馆在上海持续经营了 25 年。桑德斯的经营模式是多样的，拍摄手段和内容也是丰富的。从目前流传的桑德斯的摄影作品中可以了解到，他是早期采用手工上色的摄影师。

1. [英]泰瑞·贝内特：《中国摄影史——西方摄影师 1861—1879》，徐婷婷译，北京：中国摄影出版社，2013 年 6 月第 1 版，第 88 页。

宁波的城垣缺口。1862 年。（根据桑德斯照片所作木版画）

中国太平天国运动，庆王营地入口。苏州，1863 年。（根据桑德斯照片所作木版画）

清军在苏州城外所设围桩，此地即太平天国几位天王被斩首行刑之处。1863 年。（照片被制作成石版画发表于 1864 年 3 月 12 日的《伦敦新闻画报》上）

小吃摊与正在吸鸦片的吸烟者。
上海，约 1870 年。

理发店。上海，约 1870 年。

轿夫。上海，约 1870 年。

他拍摄的生活场景和人物也是多样的，从其所拍照片的场景看，似乎又是精心设计的，如小贩、乞丐、囚犯、吸鸦片者、剃头匠、手工作坊、公堂、行刑时刻、粥铺，等等。这些照片虽然为了商业目的有可能是摆拍的，但桑德斯根据现实生活对中国百姓日常活动的描绘却是真实的。

威廉·托马斯·桑德斯来中国拍摄照片的年代是19世纪六七十年代，是"时称'黑魔法'的湿版摄影工艺"时代[2]，这一时期的摄影无论是在技术上还是仪器上，都无法与今天的水平相比。当时拍摄一张照片，需要长时间的准备工作，拍摄的感光时间也很长，要快速地抓拍一些真实场景几乎不可能。另外，在没有电的情况下，所有的拍摄都只能依赖自然光线，即便是要在真实的场景中拍摄，也一定要有很好的光线条件才能实现。在这种情况下，雇用模特摆拍，对于摄影师来说无疑是最好的选择。有学者认为，威廉·托马斯·桑德斯拍摄的砍头场景不应该是摆拍，因为几乎从未被模仿过。如果是摆拍，那么桑德斯要雇用60多个模特，这在当时很难有人能够驾驭得了这么多人的大场景。这并不是随便一位摄影师就可以做到的。笔者仔细观察了这张照片，认为这应该是一张摆拍的摄影作品。从画面上看，行刑者直立身体，举刀的手毫无力度，完全不似刀斧手行刑前的姿势状态。再者，周边围观的人们，多数将目光投向镜头，并没有看被行刑者。尽管如此，桑德斯拍摄的这些摄影作品在当时的确让世界范围内的人看到了中国的风土人情，反映了中国的传统文化和习俗，这些摄影作品也成为西方了解中国的一个重要渠道。

桑德斯拍摄的照片，许多都有很浓厚的生活气息，如理发摊、小吃摊、粥铺、家庭合影等。他的拍摄足迹也遍布北京、上海、天津、宁波、苏州、福州和日本。

2.［英］泰瑞·贝内特：《中国摄影史——西方摄影师 1861—1879》，徐婷婷译，北京：中国摄影出版社，2013年6月第1版，第87页。

行刑时刻。上海，约 1870 年。

独轮车。上海，约 1870 年。

上海第六马路。约 1870 年。

清军士兵。上海,
约1870年。

　　在上海的 25 年里，桑德斯将自己的摄影天赋和敏锐的市场洞察力
结合起来，在商业摄影竞争日趋激烈的上海，使自己始终立于不败之地。
桑德斯的摄影作品，无论是质量还是数量，皆代表了 19 世纪所拍摄的
关于中国的影像的最高水准，客观上也促进了东西方的视觉文化交流，
使西方人更多地了解了清末的中国，并影响深远。

朱利安·休·爱德华兹爵士：
第一位拍摄台湾的摄影师

朱利安·休·爱德华兹爵士（Sir Julian Hugh Edwards）是目前有记录可考的第一位拍摄台湾的摄影师。他在中国的厦门和台湾生活了 37 年，并较早地在厦门开始了摄影活动，是第一个将摄影术带到台湾的人。虽然他的一生备受争议，但他在中国摄影史上的贡献应当被肯定。

朱利安·休·爱德华兹爵士，1834 年 4 月出生于马六甲，是早期在中国从事摄影活动的著名外国摄影师。他的祖辈原是美国缅因州被解放的黑奴，也因此爱德华兹一直称他的父亲是美国人。他原名是西奥多·朱利安·爱德华兹爵士，但他从没有使用过"西奥多"这个名字。12 岁之后，爱德华兹在他的名字中加了"Hugh"（休）字。1861 年，爱德华兹来到厦门，并从厦门启程前往台湾。他是目前有记录可考的第一位拍摄台湾的摄影师。

朱利安·休·爱德华兹爵士的国籍一直存在争议，他的人生也经历颇多。由于他的母亲有葡萄牙血统，因此他经常被人认为是"欧亚混血"。1882 年，美国驻厦门领事曾对爱德华兹的国籍提出异议，他认为爱德华兹父亲的出生地是英属西印度群岛中的安提瓜岛（Antigua），应该是英国人而非美国人。他的父亲老爱德华兹曾在马六甲和新加坡从事律师职业，生前曾安排其子爱德华兹在新加坡接受教育。但 1861 年，24 岁的爱德华兹在新加坡因涉嫌财产欺诈被捕入狱，不久被保释，随即携妻子逃到厦门。1862 年 5 月 1 日，爱德华兹在厦门领事馆以美国人的身份注册登记，取得了在厦门的居住权。

1863 年至 1866 年，爱德华兹在船务洋行担任书记员。1866 年，他开始在西班牙领事馆工作。1867 年，美国驻厦门领事李仙德（Charles

厦门女子教会学校师生合影。约1880年。

厦门鼓浪屿西海滩风景。约1888年。

Le Gendre）证明爱德华兹向海外非法走私中国劳工，为此，他被关押在领事监狱一年，并被罚款 1000 美金。出狱后，爱德华兹重新回到西班牙领事馆工作。1873 年后，他和美国领事馆恢复往来，此后，他为美国领事馆工作了 10 年。

至于朱利安·休·爱德华兹爵士是什么时候开始摄影的，有资料显示，"在 1865 年 6 月前，爱德华兹已经开始了他的摄影活动"[1]。此时，爱德华兹已经开始了对台湾原住民排湾人的拍摄。英国驻台湾副领事郇和（Robert Swinhoe）曾在一封信中提到，"……6 月初，厦门的摄影师爱德华兹先生在附近山区拍摄了一些排湾人的照片，我已转发给地理学会。他还捕到了台湾蓝鹊，带回给我。据他说，这种蓝鹊在当地很常见，和台湾淡水一带的鸟很相似……"[2] 排湾人为台湾原住民，发源于北大武山，目前居住在海拔 1000 米以下的山区。他们以台湾南部为活动区域，人口约六七万，为台湾第三大原住民，拥有台湾原住民少有的贵族制度。郇和在研究台湾原住民的文章中曾说起他和爱德华兹一起拜访排湾人的经历，还提到爱德华兹为排湾人拍摄了照片。

过去，排湾人很难接近，爱德华兹于 1865 年在此拍摄前，台湾还没有使用相机拍摄活动的记载。因此，爱德华兹是目前已知的首位到台湾拍摄的摄影师。

19 世纪 70 年代，爱德华兹不止一次到台湾拍摄，照片内容包括台湾的原住民母子、台湾岛上的女子、台湾府、台湾的手工艺品、台湾原住民的小屋、台湾的糖厂和牛车、台湾高雄等。从他拍摄的台湾影像中，我们多少能了解一些 19 世纪六七十年代台湾百姓的生产、生活场景，以及台湾百姓的着装、居住的房屋及做工的场地等。

除了拍摄台湾，爱德华兹更多的是拍摄厦门。他开设了厦门第一家照相馆，似乎也与厦门的一些杂志社和报社有业务往来，经常撰写

1.［英］泰瑞·贝内特，《中国摄影史——西方摄影师 1861—1879》，徐婷婷译，北京：中国摄影出版社，2013 年 6 月第 1 版，第 158 页。
2. 同上。

厦门大悲阁。约1888年。

文章和发表照片。在厦门，爱德华兹的拍摄活动可谓非常丰富，拍摄
范围广泛，拍摄内容涵盖了家庭合影、建筑古迹、各界人物、鼓浪屿
风光、跑马场、海滩风景、海上渔船、亭台楼阁、教会学校师生、华
人牧师、客家土楼、城镇风貌、农田灌溉等。

　　1877年11月，《远东》杂志发表了爱德华兹拍摄的厦门和台湾
的照片，并亲切地称他是一位优秀的摄影师。1878年1月，该杂志再
次发表了他的摄影作品，称："感谢厦门的机敏的摄影师爱德华兹为
我们提供照片。他的作品将刊在本期和之后的几期杂志中。"[3]

3. [英] 泰瑞·贝内特：《中国摄影史——西方摄影师 1861—1879》，徐婷婷译，北京：中国摄影出版社，
2013年6月第1版，第165页。

厦门客家土楼的环形建筑。19 世纪 70 年代。

　　爱德华兹在中国经营照相馆生意长达 37 年，但摄影地点仅限于厦门和台湾。1903 年，爱德华兹在厦门去世。

　　他在中国的厦门和台湾生活了 37 年，较早地在厦门开始了摄影活动，并第一个将摄影术带到了台湾。在摄影术发明后的前 30 年内，存世的台湾影像极为稀少，爱德华兹拍摄的台湾是有记录可考的最早的台湾影像，弥足珍贵。朱利安·休·爱德华兹爵士是个备受争议的人，但他在中国摄影史上的贡献应当被肯定。

台湾岛上两位异族混血女子。19 世纪 70 年代。

台湾原住民和小屋。19 世纪 70 年代。

台湾的糖厂和牛车。19 世纪 70 年代。

约翰·汤姆逊:
卓越的"街头摄影师"

作为卓越的"街头摄影师",英国摄影师约翰·汤姆逊(John Thomson)可谓是第一个以整个社会为主题,反映社会各个阶层人物生存状态的在华外国纪实摄影师,为我们提供了全面的视觉影像。

摄影术诞生不久,大量的外国探险家及旅游者不断到中国进行拍摄活动,摄影术随之传入中国。而较早拍摄中国百姓日常生活和民俗的摄影师,莫过于被人们称为卓越的"街头摄影师"的约翰·汤姆逊,他是 19 世纪摄影领域的一座丰碑。

约翰·汤姆逊,1837 年 6 月出生于苏格兰爱丁堡,父亲是一位烟草商。1851 年,汤姆逊开始在一位光学和科学仪器制造商的手下当学徒,后又到著名的瓦特艺术学院学习。1858 年,汤姆逊在该学院取得学位。1862 年,经过 4 年的摄影实践,25 岁的汤姆逊开始到亚洲旅行。他漫游了印度、新加坡、柬埔寨、越南、泰国和中国,仔细考察了各地的风土人情,拍摄了大量民风民俗照片。1866 年,他回到英国。同年,英国皇家地理学会接受他为会员,爱丁堡摄影学会还为他举办了摄影展。

1868 年,汤姆逊再次来到中国,在香港皇后大道开设了一间摄影室,拍摄人像并出售香港风景照片。不久,他和一位船长的女儿伊莎贝尔·皮特里(lsabel Petrie)结婚。随后,汤姆逊从香港启程,深入中国沿海、内地和台湾,进行了为期 4 年、长达 8000 多公里的旅行摄影,去了四川、贵州、福建、台湾,以及广州、汕头、厦门、上海、宁波、南京、武汉、天津和北京,他的足迹遍布半个中国。在大多数西方人尚未涉足的地方,汤姆逊拍摄了大量记录中国百姓生活

广州繁华的药店一条街。1869 年。

广州的当地居民。约 1869—1870 年。

珠江上的棚户人家。约 1869—1870 年。

状态及自然风景的照片。1872 年，汤姆逊结束了在中国的旅行，经香港回到英国。翌年，他出版了《福州和闽江》（*Foochow and the River Min*），随后又出版了《中国与中国人影像》（*Illustrations of China and It's people*）。1899 年，汤姆逊出版了又一部回忆录《携带相机走遍中国》（*Through China With A Camera*）。在这些著作中，汤姆逊不仅将他在中国所拍摄的大量照片集中发表，且配有详细的文字说明，将他的所见所闻做了详尽叙述。

从汤姆逊拍摄的照片上我们发现，他的拍摄兴趣更多地放在这个东方古国百姓的生存状态、风俗习惯、生产生活、社会秩序等与普通百姓生活密切相关的场景。汤姆逊的足迹遍布大街小巷，在湿版摄影时代，携带着笨重的摄影器材去捕捉当地的民风民俗，实在不易。有时，汤姆逊需雇用 8 名搬运工才能保证拍摄工作顺利完成。汤姆逊曾说："相机一直陪伴着我的旅行，成为唯一准确描述我沿途见到的一切有趣之物，以及所接触的各个民族的工具。因此，它使我在任何时候都能向我的读者提供真实再现当时情景而无可争议的图片。"[1] 汤姆逊用写实的手法，传达着他在中国晚清时期的所见所闻，传递着上至王公贵胄，下到平民百姓的平凡生活信息。通过镜头里帝王及其臣民的服饰、表情及环境，将统治者与被统治者之间的巨大差异充分显示出来。他的这种拍摄角度与风格，注定了其作为"街头摄影先驱"的不可动摇的历史地位。

在世界摄影史上，约翰·汤姆逊被誉为"第一个以整个社会为主题"[2] 的摄影家。他在中国拍摄的照片，既包含了名胜古迹、城市风貌，又包含了大量的社会风俗。在题材的选择上，他力求反映中国社会的各个方面，拍摄内容涉及社会的各个阶层：有清代的亲王权贵、文武大臣，有富贵人家的成群姬妾，有街头的乞丐，有剃头匠、修脚工、拉洋片

---

1. 孙京涛：《纪实摄影——风格与探索》，济南：山东画报出版社，2004 年 6 月第 1 版，第 34 页。
2. 孙京涛：《纪实摄影——风格与探索》，济南：山东画报出版社，2004 年 6 月第 1 版，第 36 页。

的艺人，有花街柳巷的妓女，有店铺的街景，有吸鸦片的瘾君子，等等。

在广州，汤姆逊拍摄了一系列纪实性照片。早在秦汉时期，广州就是重要的出海口，是中国最早的对外贸易港口。作为中国最早开放的通商口岸，广州有其特殊的历史地位。即使在 1757 年清政府实行"海禁"时，仍保留了广州海关，到鸦片战争前，广州是中国唯一的通商口岸。因此，在相当长的一段时间里，广州就是新思想、新文化、新事物的传播地。汤姆逊到达广州是在第二次鸦片战争后，此时广州的这一特殊地位已经被上海所取代。但从汤姆逊拍摄的照片上，我们仍然能感受到这座昔日开放的港口城市的繁华。广州店铺林立的药店一条街，林林总总的招牌沿古老的街道延伸，使人有置身于那个年代的感觉。珠江上，船只聚集，桅杆林立，将昔日通商口岸繁忙的运输情景呈现在我们面前。

在福州，汤姆逊拍摄了大量反映当地风情的照片。1870 年末，汤姆逊从福州启程，沿闽江拍了堪称其最有力度的摄影作品。美国传教士卢公明（Justus Doolittle）曾陪同汤姆逊游历闽江，并对汤姆逊的拍摄给予肯定："汤姆逊先生是位艺术家。他边旅行边拍摄，一共拍了 60 多张照片，涵盖了当地最绚丽的景色。……汤姆逊非常擅长拍摄风景。"[3] 在 1873 年出版的《福州和闽江》一书中，汤姆逊将当地的所见所闻详尽描述。在描写福州城区时，汤姆逊这样写道："在福州的主要街道上，你会发现一家挨一家的鱼摊，摊上的牡蛎吸引着顾客。这些牡蛎成群地生长在竹竿里。在适当的季节，它们待在河床上，当成熟时会爬到竹竿里，以现在这种形式在市场上出售。"由此可见，汤姆逊对中国社会各阶层的生活状况及普通事务观察得非常细致。

在北京，汤姆逊在拍摄这座自元代以来历经了几百年风雨的帝都时，他不仅全方位地摄取了北京百姓的民俗生活及风光，包括满族的

---

3. ［英］泰瑞·贝内特：《中国摄影史——西方摄影师 1861—1879》，徐婷婷译，北京：中国摄影出版社，2013 年 6 月第 1 版，第 230 页。

广州的捡茶妇人。19 世纪 70 年代。

北京商人杨昉的府邸。1871 年。

满族新娘。北京，1871—1872 年。

拉洋片。北京，1871—1872 年。

新娘、街头的小商贩、考场、贡院，以及城墙、城门、园林建筑等景象，而且通过京师同文馆总教习丁韪良的介绍，有机会接触在京的王公贵胄及朝廷官员。在《携带相机走遍中国》一书中，汤姆逊回忆了他进入总理衙门，为恭亲王奕䜣和其他大臣拍摄照片的经过。他回忆道："我有幸结识了恭亲王和清政府中其他一些著名官员。而他们也乘我拜访总理衙门的机会，让我给他们拍了一些肖像照片。恭亲王亲切地跟我交谈了几分钟，询问了我的旅程和摄影情况，特别对摄影过程表现出相当的兴趣。"[4] 从同治十年（1871）汤姆逊在北京恭王府花园蝠厅前邀月台的假山旁为奕䜣拍摄的照片看，恭亲王体态清瘦、目光敏锐，静坐时脸上流露出一种异常坚定的神情。在北京，汤姆逊还接触了清朝的重要官员，如文祥、宝鋆、沈桂芬、董恂、毛昶熙、成林等。汤姆逊深知这些人的分量，他们是清同治和光绪朝前期政府中最重要的官员。所以，在拍摄时，他使用了当时携带的最大规格的底片。在《总理各国事务衙门的大臣》这张照片中，是三位身份显赫的朝廷重臣，一位是知名的力主禁烟者、军机大臣沈桂芬（左），一位是总理各国事务衙门大臣董恂（中），一位是工部尚书毛昶熙（右）。照片中的三人略显老态，而正是他们当时左右着中国千百万人民的命运。

在北京，汤姆逊还拍摄了许多深宅大院中贵族家庭生活的照片。其中，有一位商人杨昉，家中有 6 位妻妾。他竟然被汤姆逊说服，允许他拍摄自己内眷原本绝不可以示人的"三寸金莲"，可能是杨昉对西方科技和摄影感兴趣的缘故，他家里就拥有一间放着各种仪器及化学药品的实验室。

1873 年到 1874 年间，伦敦的桑普森·洛（Sampson Low）出版公司出版了约翰·汤姆逊最知名的作品《中国与中国人影像》，这套 4 卷本书籍收录了 200 张照片，并附有文字说明。

---

4. 南无哀：《东方照相记——近代以来西方重要摄影家在中国》，北京：生活·读书·新知三联书店，2016 年 1 月第 1 版，第 45 页。

总理各国事务衙门的大臣。
北京，1872 年。

作为英国皇家地理学会会员，约翰·汤姆逊游历了世界许多国家，而亚洲之行和在中国的拍摄活动，则深深地影响了他的艺术风格和创作道路。可以说，是古老的中国给了他更多的创作灵感，促使他把镜头更多地对准处在社会底层的人民，更多地表现劳苦大众的生活实境。他用令人无可置疑的真实场景，再现了中国晚清时期的世间百态，将被时光悄悄带走的人物、风情再一次呈现在人们的眼前，为后人提供了有价值且丰富而全面的视觉影像。

1921 年 9 月，约翰·汤姆逊在伦敦与世长辞，享年 84 岁。

恭亲王奕訢。北京，1872 年。

西尔维斯特·达顿和文森特·迈克尔斯：
拍摄搭档

作为第二次鸦片战争后活跃于广州地区的摄影师，西尔维斯特·达顿（Sylvester Dutton）和文森特·迈克尔斯（Vicent Michaels）曾在中国摄影史上"失踪"多年。他们存世的摄影作品非常罕见，在中国摄影史上的地位和知名度也有待提高。

本文之所以将达顿和迈克尔斯放在一起介绍，是因为这两位美国摄影师在中国广州合伙开设了一家照相馆。在摄影作品上，两位摄影师多在底片的右下边缘联合签名。在中国摄影史的书籍和华辰拍卖有限公司的拍卖图录中，皆将二人一并介绍。

西尔维斯特·达顿，1824 年出生于美国佛蒙特州的达默斯顿（Dummerston），曾经的职业是"银版摄影师"。著名的摄影师弥尔顿·米勒也出生在美国佛蒙特州的达默斯顿，二人早有交往，而且在旧金山还合作过一段时间。

文森特·迈克尔斯，1832 年出生于美国印第安纳州。早在 1857 年，迈克尔斯在美国加州的内华达市就与大卫·霍姆斯·伍兹（David Holmes Woods）合作开设过照相馆，并称"摄影技术很全面，对新技术很感兴趣"[1]。两人还拥有一架巨型相机，"能用新技术拍摄巨幅底片"[2]。迈克尔斯和伍兹的合作到 1859 年结束。

1863 年春，达顿和迈克尔斯从旧金山启程，于 4 月 17 日抵达中国香港。之后移居广州，并合伙创办了自己的照相馆。他们的经营方式与众不同：他们邀请当地人参与经营，并与当地照相馆合作，以便

---

1. ［英］泰瑞·贝内特：《中国摄影史——西方摄影师 1861—1879》，徐婷婷译，北京：中国摄影出版社，2013 年 6 月第 1 版，第 189 页。
2. 同上。

广州花塔。约 1863 年。

广州镇海楼。约 1863 年。

迅速打开中国市场，从而达到扩展业务的目的。这是否是达顿的好友弥尔顿·米勒向他们传授的经验，我们不得而知。但米勒回美国后，他在广州的照相馆生意一直由达顿和迈克尔斯接替经营。

遗憾的是，达顿和迈克尔斯在 3 年内相继去世。1864 年 7 月，迈克尔斯在广东去世。这对达顿来说，无疑是致命的打击。他独自经营着照相馆的生意。然而，令人惋惜的是，1866 年 7 月，达顿也在广东撒手人寰。

2012 年春季，北京华辰拍卖有限公司拍卖了一张达顿和迈克尔斯

停泊在广州的船只——"铁王子号"。1863 年。

于 1863 年拍摄的《广州花塔》照片。广州花塔位于广州古刹六榕寺内，自北宋年间始建，至今已经有 900 余年的历史。这张照片完整记录了清朝时的花塔旧貌，也是达顿和迈克尔斯的代表作，为欧美各大博物馆和图书馆收藏。

在广东，达顿和迈克尔斯还拍摄了广州镇海楼、广东的清兵阵容，以及停泊于广东的船舶等照片。

在两位摄影师现存的照片中，达顿和迈克尔斯喜欢在底片的右下边缘联合签名，写日期。因此，他们拍摄的作品是共同的，是一个整体，不分彼此。

作为第二次鸦片战争后活跃于广东的摄影师，他们曾在中国摄影史上"失踪"多年。他们存世的摄影作品非常罕见，在中国摄影史上的地位和知名度也有待提高。虽然他们在中国停留的时间很短，但拍摄的照片价值却较高。只是由于二人英年早逝，我们对他们的这些摄影作品了解不多。

约翰·德贞：
《脱影奇观》的著述者和实践者

　　本文重点阐述约翰·德贞（John Dudgeon）医生对摄影术在
中国的传播所做的贡献。他用中文出版了四卷本的摄影专著《脱
影奇观》，是中国迄今为止第一部中文摄影艺术图书专著。同时，
本文对他在中国的摄影活动也进行了梳理。

　　约翰·德贞，1837 年 4 月出生于英国苏格兰埃尔夏郡（Ayrshire）
的高尔斯顿（Galston），他是一名教会医生，同时也是一位卓越的汉
学家。1862 年，德贞获英国格拉斯哥大学外科学硕士。1863 年，他
在格拉斯哥与玛丽·克拉克（Mary Clark）结婚后即受伦敦教会派遣
来华行医传教，任伦敦教会驻京医生。在北京，德贞居住了 35 年，期
间只有几次返回英国本土。由于出色的医术，他得以从容地游走于各
派显要权贵家中，并和清廷关系密切。1901 年 2 月，德贞在北京去世。

　　本文想重点介绍的是德贞医生对摄影术在中国的传播所做出的不
容忽视的贡献。他于 1873 年编著、翻译出版的《脱影奇观》一书，在
中国摄影史上是无论如何都绕不过去的。

　　关于德贞在中国的摄影活动，相关资料记载较少，但他留下的摄
影书籍是"他拍摄能力的最有力证明"[1]。1872 年，德贞负责编写卢公
明传教士在福州出版的《中国语言词汇手册》中关于"摄影"的词条。
1873 年，他用中文出版了四卷本的《脱影奇观》，教人们摄影，对摄
影的原理和实践做了详细介绍。

1.［英］泰瑞·贝内特，《中国摄影史——西方摄影师 1861—1879》，徐婷婷译，北京，中国摄影出版社，
2013 年 6 月第 1 版，第 48 页。

北京冬季的蒙古驼队。约 1868—1872 年。

法国驻京公使馆内。约 1868—1872 年。

这部《脱影奇观》，是中国迄今为止第一部中文摄影艺术图书专著，其著述之艰难可以想见。德贞在《脱影奇观》的序文中说道："昔在敝国于咸丰三四年间（1853—1854），初试照影，以为博戏之事。后攻读医学兼明化学之理，因照相旁及光学之事。"[2]他认为中国的画师"每至写影传神，虽极力描摹，而总不如脱影之逼真肖似也，抑思脱影虽佳，而照大不易，由观灯戏，一夕豁然，顿悟出灯影镜套大之法"[3]。全书分理学、艺术、法则三部分，卷首刊印：脱影源流一书为德博士继译而成，书中刻印当时西洋流行使用的各种照相器材样式插图。他在北京工作时，前来拜访和就诊的人很多，当大家知道他会照相，而且还有照相器材之后，就纷纷请他照相。其中，不少人想学摄影，并时常向他讨教，这使他应接不暇。缘于此，德贞决定将脱影（照相）之事，译出华文并编著成书，以酬友道。这就是他在行医之余，要译著出版《脱影奇观》的原因。

从现有资料来看，约翰·德贞的摄影作品是比较丰富的。英国的尼克·皮尔斯（Nick Pearce）从对德贞生平的研究中发现，德贞的拍摄活动大部分在北京。尼克对德贞拍摄的照片进行了考证，并将其拍摄的照片"收录在《北京照片》（*Photographs of Peking*，2005年，第24—35页）一书中"[4]。

在北京，德贞不仅拍摄了皇家园林、寺庙，也拍摄了风光、商队、百姓，甚至对他的病人也有拍摄留影。他拍摄了京郊的八大处，法国、英国驻北京公使馆，在北京的蒙古驼队，北京的灵光寺、万寿山、玉泉山、圆明园、南口、居庸关等影像。特别让我们感兴趣的是，德贞和当时在京的西方摄影师都有来往。其中，有两位重要的西方摄影师，一位是19世纪七八十年代在北京的著名外国摄影师托马斯·查尔德

2. 陈申、胡志川、马运增、钱章表、彭永祥：《中国摄影史 1840—1937》，北京：中国摄影出版社，1990年2月第1版，第65页。
3. 《脱影奇观》原序。
4. [英]泰瑞·贝内特：《中国摄影史——西方摄影师 1861—1879》，徐婷婷译，北京：中国摄影出版社，2013年6月第1版，第40页。

（Thomas Child），另一位是被摄影界称为卓越的"街头摄影师"的约翰·汤姆逊。

托马斯·查尔德的日记中曾记录了他与德贞于 1872 年 9 月 21 日在北京与商人杨昉共进晚餐的事情，"晚宴持续了 4 个小时，足有 100 多道菜，让人目不暇接"[5]。

据说德贞拍摄了清漪园被毁后第一张大报恩延寿寺的照片。大报恩延寺是清乾隆时期著名的"三山五园"之一的清漪园的重点建筑，始建于 1750 年，1860 年被英法联军烧毁。但大报恩延寺的石狮、"转轮藏"等幸免于难。1888 年，慈禧利用海军军费重修清漪园，并改称颐和园，大报恩延寺遗址也改建成了排云殿。从目前资料来看，德贞确实拍摄过圆明园，也拍摄过清漪园的万寿山"转轮藏"。约翰·汤姆逊曾在《马六甲海峡、印度支那与中国》（*The Straits of Malacca, Indo-China and China*，1875 年，第 525 页）中写道：1871 年"10 月 18 日，我与两位好友一起游览了距离京城大约 8 英里的夏宫圆明园。陪同前往的还有工部的王大人……德贞医生与我骑马前行"[6]。德贞曾拍摄过圆明园的远景、圆明园的石拱桥、万寿山的"转轮藏"等照片，这是不争的事实，其拍摄时间是 1870 年前后。而清漪园被毁后的第一张大报恩延寿寺全景照片是从正面拍摄的，将大报恩延寺的石狮、"转轮藏"、石碑、宝云阁铜亭、"众香界"牌坊等建筑全部收入镜头。这张《清漪园大报恩延寿寺全景照》是否出自德贞之手，还有待进一步研究。

德贞的拍摄活动并不局限在北京。他于 1868 年 4 月起曾外出疗养，拍摄足迹到达过天津、厦门、烟台、宁波、九江和汉口，曾拍摄了宁波天童山一带的古塔、杭州沿途的风景等。

5.［英］泰瑞·贝内特：《中国摄影史——西方摄影师 1861—1879》，徐婷婷译，北京：中国摄影出版社，2013 年 6 月第 1 版，第 70 页。
6.［英］泰瑞·贝内特：《中国摄影史——西方摄影师 1861—1879》，徐婷婷译，北京：中国摄影出版社，2013 年 6 月第 1 版，第 57 页。

清漪园大报恩延寿寺全景照。1867—1869 年。

在 19 世纪活跃于中国大地上的传教士中，德贞学识超群、信仰坚定、嫉恶如仇。他著作等身，成就斐然。更为重要的是，德贞医生对摄影术在中国的传播起到了推动作用。有研究者认为：尽管有邹伯奇的《摄影之器记》问世在前（此材料在 1869 年邹伯奇去世后由其家属整理流传），但德贞的《脱影奇观》是第一套翻译版的摄影艺术图书专著。

　　德贞的摄影技术无疑是娴熟的，从他对北京风光和人物的拍摄上就可看出，画面清晰，用光讲究。他的摄影作品大部分收藏在国外的一些机构，如美国的皮博迪埃塞克斯博物馆（Peabody Essex Museum）就存有两本德贞拍摄的摄影画册。他的摄影作品也应该引起今天人们更多的关注。

约翰·雷迪·布莱克：
《远东》杂志的创办者

自 1870 年 5 月至 1878 年 12 月，约翰·雷迪·布莱克（John Reddie Black）创办发行了《远东》杂志，并亲自担任主编，向东西方读者展示了大量关于中国百姓生活、风景建筑、市井民俗和历史人物的照片和文章。这本杂志是研究早期亚洲摄影史的重要刊物。

约翰·雷迪·布莱克于 1870 年 5 月在日本创办了《远东》杂志，并亲自担任主编。至 1878 年 12 月停刊时，该杂志共发表了 20 多位摄影师的 750 余张原版照片。杂志最初为双周刊，1873 年 7 月改为月刊。

1826 年 1 月，约翰·雷迪·布莱克出生于苏格兰，就读于伦敦基督教医学院。由于拥有一副好嗓子，他曾有过歌唱生涯。1864 年 3 月，布莱克抵达中国香港举办他的首场演唱会。1864 年 7 月，他又奔赴日本横滨继续他的演艺生涯。从 1865 年开始，布莱克将视线转移到出版业。经过几年的探索，1870 年 5 月 30 日，布莱克出版了第一期《远东》杂志。

《远东》杂志是 19 世纪中叶在亚洲出版，并广泛流传于在华外国人社区的一本英文刊物。作为当年主要的东西方文化交流的出版物，《远东》的办刊初衷是围绕历史、文化、社会习俗等内容，将远东国家和世界连接起来。目前，许多留存的《远东》杂志多保存在欧美各大博物馆和图书馆中，是研究早期亚洲摄影史的重要刊物。

《远东》杂志于 1870 年 5 月至 1875 年 10 月在日本横滨出版发行。虽然主编布莱克当时就有刊载中国地区照片的愿望，甚至计划派遣杂志助理兼摄影师迈克尔·莫泽（Mchael Moser）赴中国拍摄，可惜最后因故未能如愿。故而，这时期在日本发行的《远东》杂志里没有关

上海城西门（上海仪凤门）及城墙。19 世纪 70 年代。

于中国的内容。

　　1875 年 10 月至 1876 年 7 月，《远东》杂志曾休刊近一年。1876 年 7 月，移居上海的布莱克重新出版《远东》杂志。至 1878 年 12 月停刊，这个时期的杂志共计发行 25 期，其中刊登了大量关于中国百姓生活、风景建筑、市井民俗和历史人物的照片和文章，涉及北京、天津、香港、厦门、宁波和广东等地，"所刊登的中国题材的照片占据照片总数的百分之九十左右"[1]。《远东》刊载的影像成为西方人了解中国历史、传统文化的重要途径，杂志受到对华感兴趣的西方人的欢迎。1877 年至 1878 年间的高峰期，其发行量曾达到了 1000 份。

<hr>

1.［英］泰瑞·贝内特，《中国摄影史——西方摄影师 1861—1879》，徐婷婷译，北京：中国摄影出版社，2013 年 6 月第 1 版，第 139 页。

1879 年 4 月，布莱克在上海开始出版《文汇报》，该报发行了 40 年。6 月，由于健康原因，布莱克抵达日本横滨疗养。1880 年 6 月 11 日，布莱克因中风在日本去世。

《远东》杂志自发行以来，不仅发表了洛伦佐·费斯勒（Lorenzo F. Fisler）、威廉·桑德斯、托马斯·查尔德、朱利安·爱德华兹爵士及华生少校等著名摄影师拍摄的中国影像，也曾经发表过主编约翰·雷迪·布莱克本人拍摄的中国照片。2012 年春，北京华辰拍卖有限公司拍卖了《远东》杂志新系列卷一、卷二（1876 年 7 月至 1877 年 6 月）的精装合订本，两册书籍共计收录了包括布莱克等摄影师在内的 19 世纪有关中国题材的原版蛋白照片 82 张。其中，中国题材照片 61 张，日本题材照片 21 张。

虽然约翰·雷迪·布莱克在中国经营报刊业，但他本人也是一位出色的摄影师，经常在《远东》杂志上发表自己拍摄的影像作品。他的作品大多不署名，但从现有资料及《远东》杂志上刊载的介绍照片拍摄情况的文章分析，布莱克的摄影作品数量应该不少。上海城的西门和城墙、上海的庙宇和上海的传教士合影等摄影作品均出自约翰·雷迪·布莱克之手。

对于中国摄影史研究来说，《远东》杂志记录了一个时代的知名摄影师及他们的摄影活动。除此之外，杂志也刊登了中国摄影师的作品。遗憾的是，绝大多数中国摄影师的照片是以佚名方式刊载的。

约翰·雷迪·布莱克创办的《远东》杂志，是清末图文并茂的期刊典范，也是西方世界了解中国的重要渠道，深受东西方读者的欢迎。这本杂志造就了布莱克本人在中国摄影史上的重要地位。《远东》杂志在世界各地均有收藏，是研究中国摄影史不可多得的珍贵史料。

威廉·普莱尔·弗洛伊德:
远东著名摄影师

> 19世纪六七十年代，英国摄影师威廉·普莱尔·弗洛伊德（William Pryor Floyd）在中国拍摄了数量众多的照片，涉及香港、澳门、广州、厦门和福州等地。他不仅擅长室内肖像摄影，还拍摄了很多精彩的风景照片。而他在中国的摄影成果，也使他跻身于远东著名摄影师的行列。

　　威廉·普莱尔·弗洛伊德，英国摄影师，1834年出生于英国康沃尔郡的费拉克（Felak）地区。1864年，他担任上海香浓照相馆的摄影助理。1865年，弗洛伊德即在中国澳门开设照相馆。1866年至1867年，弗洛伊德加盟位于香港的西尔维拉照相馆。不久，他就成了该照相馆的拥有者，并雇用西尔维拉为其效力。他将新接管的西尔维拉照相馆开设在香港皇后大道62号，名为"辉来影相"。

　　早期的照相业，在当时因具有相当高的技术含量，对很多人来说还有些神秘色彩。19世纪60年代初期以前，虽然香港、广州、上海等地已有外国人开设的屈指可数的几家照相馆，但顾客基本是侨居的外籍人士，"本土主流人群，鲜有主动登门求摄者，摄影术和天朝子民的真正交集还远远没有展开"[1]。清末，当第一个走出国门的斌椿使团和蒲安臣使团考察了国外照相业的发展后，中国照相业才得以蓬勃发展。香港作为中国早期照相馆的策源地，自然吸引着国人和外国商人在此开办照相业务。这时的弗洛伊德已经在香港站稳了脚跟，并和英国著名摄影师约翰·汤姆逊进行商业竞争。而中国广东人温棣南创办的缤纶照相馆和中国著名摄影师赖阿芳创办的照相馆，此时也已在香港经营起来了。

---

1. 仝冰雪：《中国照相馆史》，北京：中国摄影出版社，2016年1月第1版，第18页。

位于香港中环皇后大街 62 号的弗洛伊德所经营的"辉来影相"照相馆。约 1867 年。

岸边的中国小船。香港，约 1867—1868 年。

香港的道格拉斯城堡。约1868年。

香港的水池巷。约1868年。

弗洛伊德曾称自己的照相馆是"东方信誉最佳、库存最大之照相馆"[2]。这时期，照相馆拍摄的主体基本是人物。从弗洛伊德拍摄的人物肖像上分析，被拍摄的中国人物大都中规中矩，基本是全身照。尤其给中国贵妇拍照时，"她们或坐或站，听其尊便。摄影师上去动手矫正姿势这是万万不许可的"[3]。另外，他还拍摄了女乐师、挑拣茶叶的女子、清末戏装人物照等。这些人物神态生动，衣着整洁华丽。《广东水师副提督坐像》，是一张人物表情自然、画面表现丰富的肖像摄影作品，弗洛伊德的影像将清朝官员的服饰风格呈现在今人面前。

随着人像拍摄生意的竞争日趋激烈，威廉·普莱尔·弗洛伊德逐步将精力转移到风景照片的拍摄和销售上。1870年前后，弗洛伊德拍摄了广州著名的五层楼（镇海楼）建筑。此楼为明洪武十三年（1380），永嘉侯朱亮祖扩建广州城时，把北城墙扩展到越秀山上，同时在山上修筑的一座五层楼。镇海楼在历史上曾五毁五建，现今建筑是1928年重修时由木构架改建而成，1929年成为广州市市立博物馆，1950年改名广州博物馆。弗洛伊德拍摄的五层楼（镇海楼），依然可以看出其木质结构，并且建筑完整。弗洛伊德曾记录：1857年英军占领广州后，五层楼（镇海楼）一直被用作英军宿舍。

前文《岸边的中国小船》这张照片拍摄于1867—1868年间，照片里的船舶、岩石及海岸呈现清晰。有评论文章认为：这是一张艺术感最强的照片，其构图、用光不仅具有艺术性，而且画面完美，充满了画意。《香港的水池巷》是弗洛伊德约1868年拍摄的，虽然是黑白照片，但摄影师将线条、光线运用得恰到好处。约1868年，弗洛伊德拍摄了《香港的道格拉斯城堡》和《雍仁会馆》。从两张照片上看，光影效果十分完美，堪称弗洛伊德拍摄的非常成功的建筑摄影作品。此外，他还拍摄了香港跑马场、香港太平山、香港的教堂、广州全景、广州花塔等。

2. ［英］泰瑞·贝内特：《中国摄影史——西方摄影师 1861—1879》，徐婷婷译，北京：中国摄影出版社，2013年6月第1版，第14页。
3. 仝冰雪：《中国照相馆史》，北京：中国摄影出版社，2016年1月第1版，第11页。

广州五层楼（镇海楼）。约 1870 年。

　　1873 年，弗洛伊德在香港出版发行了《1873，弗洛伊德之中国南方相册》（*Floyd's China Southern Album, 1873*），这是一组中国南部城市的风景照片。相册内含照片 50 张，内容包括香港总督府、澳门全景、广州五层楼（镇海楼）等。该相册在中国摄影史上有较重要的地位，极具研究及参考价值。

　　威廉·普莱尔·弗洛伊德是西方在华较为重要的一位商业摄影师，其成功的商业模式主要依靠制作和销售原版摄影画册。他注重捕捉人物的神态，善于发现中国的风景之美，加之技法高超，并附有文字介绍，拍摄的照片自然十分精美。虽然我们对他晚年的生活状况知之甚少，但他在中国的摄影经历已经使他跻身于 19 世纪六七十年代远东著名摄影师的行列。

朝廷大员与九龙总兵合影。香港，19 世纪 70 年代。

水师副提督坐像。广东，1860 年。

中国贵妇。广东，约 1870 年。

东南沿海地区女子肖像。19 世纪 70 年代。

洛伦佐·F. 菲斯勒：
潜入紫禁城的摄影师

　　洛伦佐·F. 菲斯勒（Lorenzo Fisler）是 19 世纪来华的西方摄影师中成就较高的一位。他来中国经营照相业 20 年，在中国的上海、北京、天津等地都拍摄过照片。特别是他拍摄的清廷重要人物的肖像照片弥足珍贵。

　　洛伦佐·F. 菲斯勒，1841 年出生于美国新泽西州的卡姆登（Camden），父亲是当地一位著名的医生和历史学家。菲斯勒是 19 世纪来华西方摄影师中成就较高的一位。有很长一段时间，在中国上海的照相馆行业中，他和著名摄影师威廉·桑德斯的成绩不相上下。在上海，桑德斯的照相馆经营时间是从 1862 年到 1887 年，而菲斯勒的照相馆经营时间是从 1864 年到 1884 年。

　　1861 年 7 月，菲斯勒在美国费城申请了护照，而他的姐夫瓦尔特·丁摩尔（Walter Dinmore）也在同一天申请了护照。我们有理由推断他们是一起来到中国经营照相业的。1863 年 3 月，菲斯勒乘美国轮船启程。不巧，出海后船遇海盗。结果，菲斯勒除了一身衣服外，所有行装，包括他准备到中国从事摄影的照相器材均被洗劫一空。

　　1864 年 7 月至 8 月间，菲斯勒终于抵达中国上海，开始了其照相馆行业的经营。从菲斯勒在上海拍摄的照片看，他似乎善于拍摄人物肖像，特别是女子肖像，手工上色后销售。

　　手工上色照片是摄影发展过程中很重要的一个技术环节，"早在 1842 年，英国人理查德·贝尔德（Richard Beard）发明了为照片着色的技术，并申请了专利保护"[1]。上色分为水彩和油彩两种，都是在

---

1. 仝冰雪：《中国照相馆史》，北京：中国摄影出版社，2016 年 1 月第 1 版，第 183 页。

照片洗印出来之后，再在照片上面涂上颜色。上色类似于绘画。中国著名老照片收藏者和研究者仝冰雪认为：中国的手工上色也有很多不同的类型。在当时较大的城市，如广州那边就有很多技法很高的画师，他们使用水粉、水彩等植物性颜料以使画面非常细腻，具有水彩的透明感。但在很多内陆省份，比如山西，则是使用一种油性颜料，这种颜料通常会让画面显得呆板、匠气。上色不一定是由摄影师本人完成，但从作品上看非常有艺术的感觉。

油彩是用工具蘸上各色颜料，在照片上慢慢揉色；水彩则是用毛笔在照片上着色，人物的服装、肤色都力求逼真。因为是后期上色，所以衣服的颜色可以由顾客挑选。比如，照相时穿的是红色衣服，不喜欢的话可以让上色师傅染成黄色。水彩显得通透、平滑，油彩则色实且表面有微粒，而且油彩的色彩保存时间也比水彩的长。

菲斯勒先后在中国生活了20年。从他的拍摄足迹分析，他不仅在上海开设过照相馆拍摄人物肖像，还在北京、天津等地拍摄过照片。1877年，菲斯勒拍摄了在上海召开的第一届传教士大会的精彩合影照片，也拍摄了外侨喜爱的旅游胜地——普陀山。英国摄影史学家泰瑞·贝内特认为："在19世纪中国老照片中，普陀山的照片非常罕见。"

菲斯勒在中国常居住的地方是上海。他与清廷官员及各色人等都有接触。1876年，菲斯勒在天津为当时中国最有实权的李鸿章拍摄了肖像照。他认为，李鸿章很有权势，且对皇帝非常不信任。清政府对李鸿章有不满，但顾忌到他手下的军队势力，不敢对他轻举妄动。据说，菲斯勒曾有机会拍摄光绪皇帝，遗憾的是最终没能实现。

菲斯勒曾到访过北京，并和好友潜入紫禁城，拍下了两张坤宁宫的照片。在菲斯勒回美国后的1896年，他将这次经历进行了细致的描述，并撰写文章发表在《洛杉矶时报》上。菲斯勒描述：北京的紫禁城不对外开放，比世界各地的宗教圣地还要神秘，即使是各国领事和外交使臣也不允许随便入内。菲斯勒说，他和好友邓肯一直策划潜入皇宫。终于，他们躲在垃圾车中混入了紫禁城，并进入了后宫。菲斯

中国女子坐像。手工上色，上海，约 1875 年。　　对镜端详的中国女子。手工上色，上海，约 1875 年。

勒描述：一座座宫殿耸立在眼前，令人应接不暇，连绵的宫宇、宝塔、汉白玉石阶、假山和湖泊，都代表了中国建筑成就的顶峰。菲斯勒来到了乾清宫，拍摄了天子号令文武百官的这座巍峨雄伟的宫殿。接着，他们匍匐前进来到了坤宁宫。菲斯勒描述这里：宫殿建在小山上，四周都是花园，景色非常美。他们拍摄了两张非常棒的坤宁宫的照片。菲斯勒认为，这是第一张在宫里拍摄的照片。

　　菲斯勒在中国拍摄的照片曾发表在知名杂志《远东》上。

执扇的中国女子坐像。手工上色，上海，约
1875 年。

中国戏剧演员。手工上色，上海，约 1875 年。

李鸿章坐像。天津，1875 年。

　　1884 年，菲斯勒返回美国，同行的是他的中国妻子，来自苏州的一户殷实人家。一个中国女子嫁给美国人为妻，这在当时还是非常少见的事情。当时菲斯勒 43 岁，而他的中国太太只有 22 岁，两人在美国新泽西州的卡姆登定居，菲斯勒依旧以摄影为生。1918 年 11 月，洛伦佐·F. 菲斯勒在卡姆登去世，享年 77 岁。

　　无疑，菲斯勒在中国的摄影成绩是显著的，特别是他在 19 世纪 70 年代进入紫禁城拍摄的照片弥足珍贵。目前，虽然他的许多摄影作品和众多佚名的中国影像混在一起，难以分辨，但这并不影响他在中国摄影史上的重要地位。

查尔斯·兰登·戴维斯：
《中国杂志》的创办者

> 查尔斯·兰登·戴维斯（Charles Langdon Davies）之于中国摄影史的贡献不在于他拍摄了多少中国题材的照片，而在于他创办了目前已知远东地区最早的用蛋白照片刊载入册的出版物——《中国杂志》（*The China Magazine*），这在中国早期的摄影历史中非常重要。

查尔斯·兰登·戴维斯，19 世纪 40 年代出生于英国的布里斯托（Bristol）。至少在 1865 年，戴维斯已经来到香港，并在香港铸币厂工作，任金块办公室主管。1867 年，戴维斯离开铸币厂从事社会活动。1871 年，戴维斯回到英国。有资料显示，1901 年，戴维斯居住在伦敦的肯辛顿，职业是电力工程师。

1868 年 3 月，查尔斯·兰登·戴维斯创办《中国杂志》，并亲任主编，至 1870 年停刊，共出版 4 卷。该刊初为周刊，后改为月刊，杂志中裱有原版照片，这在远东各杂志中为首创，同时也是中国题材的影像善本中最为稀缺的一种。1868 年 3 月 7 日，《德臣西报》（*The China Mail*）首次对《中国杂志》创刊号作介绍。

据泰瑞·贝内特在《中国摄影史——西方摄影师 1861—1879》中记载，目前可查证的收藏机构中只有美国康奈尔大学卡尔·A.柯罗克图书馆藏有完整的一套《中国杂志》，其他收藏机构，如伯明翰公立图书馆、苏格兰国家图书馆、剑桥大学图书馆、耶鲁大学图书馆等都只有部分单册。

《中国杂志》的珍贵之处在于，它收录了在中国摄影史上早期来华的重要摄影名家及其作品，如费利斯·比托、弥尔顿·米勒、约翰·汤姆逊、亨利·坎米奇（Henry Cammidge）等，代表性影像如弥尔顿·米勒拍摄的广州城和人物肖像，亨利·坎米奇拍摄的上海及其周边，费利斯·比托拍摄的北京等。当然，查尔斯·兰登·戴维斯本人也极有可能在中国拍摄过照片并发表在《中国杂志》上，只是没有署名而已。值得关注的是，约翰·雷迪·布莱克于 1870 年创办的《远东》杂志更是受到《中国杂志》的直接启发和影响。

《中国杂志》是 19 世纪中国早期摄影史研究的重要实物，也是摄影收藏品中不可多得的珍品。它开创了使用原版蛋白照片刊载入册的先河，为当下的摄影史研究和影像资料的使用，提供了珍贵的佐证。尽管目前我们还未发现有查尔斯·兰登·戴维斯署名的影像作品，但在中国摄影史上，戴维斯是使用原版蛋白照片进行出版的先驱，是值得书写一笔并值得纪念的人物。

《中国杂志》第 3 卷中的摄影作品。1869 年。

保罗·尚皮翁:
武汉三镇的重要记录者

保罗·尚皮翁（Paul Champion）是法国著名摄影师。1865年至1866年间，他来到中国和日本，曾在北京、上海、汉口、宁波和长崎等地进行拍摄活动。这是他一生中唯一一次远东之行。

保罗·尚皮翁，1838年出生于巴黎，法国著名摄影师，化学工程师。其父西奥多·尚皮翁（Theodore Champion）是一位成功的商人。1860年，保罗·尚皮翁加入法国摄影协会，1872年任协会秘书长。1864年，保罗加入法国皇家公园协会。1865年3月，他受皇家公园协会的资助前往中国和日本，采集远东地区的动植物标本。同时，他还担任着考察远东化学工业革命的职责，为法国与东亚地区的未来贸易做铺垫工作。1867年，他此行所拍摄的照片和带回的植物标本在巴黎世界博览会上获得铜奖。1884年，保罗·尚皮翁因病去世，年仅46岁。

保罗·尚皮翁在化学领域有许多研究成果，但他没有把所有精力局限在化学领域。"在他短暂的一生中，曾长途跋涉到中国和日本，几乎走遍了那里的每一个省份。他的摄影技术好，带回了很多有价值的照片"[1]。

1865年至1866年间，保罗·尚皮翁来到中国和日本，在北京、上海、汉口、宁波和长崎等地进行拍摄活动。这是他一生中唯一一次远东之行。

近年来，保罗在中国拍摄的照片正在引起人们的高度重视。这些照片分别拍摄了北京的皇家园林、古塔、街道、市场及百姓。拍摄题材也很繁多，如商贩、鞋匠、轿夫、农夫、苦力、上海的"鸦片窝"、

1．［英］泰瑞·贝内特：《中国摄影史——西方摄影师 1861—1879》，徐婷婷译，北京：中国摄影出版社，2013年6月第1版，第201页。

汉阳晴川阁。1865 年。   汉口英租界。1865—1866 年。

宁波的中式墓葬等。特别是在武汉，保罗拍摄了汉口的《帆船》《远眺的武昌城》《汉阳晴川阁》《汉口的英租界》《手工织布机》等。其中，照片《汉口英租界》还被制作成了立体照片，于 1867 年在巴黎世博会上展出。

让我们看看保罗·尚皮翁当年在武汉拍摄的照片：晴川阁高大挺拔，是当时武汉三镇长江边最醒目的地标建筑；汉口龙王庙码头一带的船舶如织、建筑林立；汉口江西会馆（万寿宫）的殿堂高大醒目；汉口沿江的汉口英租界建筑为两层洋楼，看上去刚建好，建筑风格为四面回廊式；汉口的手工织布机则反映了近代机器工业时代到来前的汉口，仍在延续古老的手工生产方式。有学者认为，这几张照片反映了武汉三镇在近代早期的城市景观。

在保罗·尚皮翁拍摄的较早反映武汉风貌的照片中，引人注目的应该是《武昌城远眺》这张照片。蛇山西端突入江中的黄鹄矶上本该是黄鹤楼的位置却空空荡荡，这与历史记载的清代黄鹤楼 1856 年毁于战火，1868年才重建的记载相吻合，证明这张照片摄于 1868 年以前。

黄鹤楼是武汉的标志景观，史称"天下第一楼"。黄鹤楼始建于三国时期，诞生之时是武昌城的前身——孙吴夏口城的一个敌楼。明代城墙修

北京皇家园林清漪园建筑。1865—1866 年。

中国的乐师。1865—1866 年。

建后，沿江段的城墙也从黄鹄矶下蜿蜒而过，于黄鹤楼北面开辟了离江岸最近的一座城门——汉阳门。在清代，黄鹤楼屡毁屡建，曾于顺治、康熙、雍正年间多次重修或扩建。乾隆四十四年（1779），皇帝南巡时曾在武昌游览黄鹤楼，还御笔题写了"江汉仙踪"匾。在嘉庆、道光年间，黄鹤楼也多次得到修缮和加固。由于太平天国运动，黄鹤楼再次被毁，保罗·尚皮翁 1865 年造访武汉时尚未重建。

1868 年，清政府重修了一座木结构的黄鹤楼，但这座黄鹤楼仅仅存在了 15 年——1884 年秋天毁于火灾。民国时期，也曾有过多次重建黄鹤楼的计划，但都成了泡影。

从三国时期直到清代，黄鹤楼的位置都在武昌蛇山西端临近长江边的黄鹄矶上。体量高大，又筑于高台之上，当时的黄鹤楼无疑是武昌城十分醒目的地标性景观。

今天，呈现在世人面前的"黄鹤楼"，并不是历史上的黄鹤楼。1983 年，政府重修黄鹤楼，由于其原址已被武汉长江大桥武昌桥头和通车纪念碑占用，新黄鹤楼的选址向东移动了约 1 公里，移到了距离江岸相对较远而地势较高的蛇山顶上。而长江边桥头堡下的黄鹤楼故址，已经看不出黄鹤楼的任何遗迹。

最早拍下武汉城市影像的摄影师保罗·尚皮翁，在 1865 年来到武汉。从他在汉口长江边所拍的照片中，可以看到对岸武昌城的远景，却看不到黄鹤楼的身影。1871 年，英国著名旅行家约翰·汤姆逊来到武汉，爬上了距离黄鹤楼最近的汉阳门，在城门的瓮城墙上拍下了黄鹤楼北面的影像。此时，这座黄鹤楼落成仅 3 年，看上去还很新。1874 年，俄罗斯摄影师鲍耶尔斯基（Adolf Erazmovich Boiarskii）在行进于长江的船上，拍下了一张黄鹤楼的远景照片。照片中的黄鹤楼异常醒目，体量巨大，屹立在蛇山黄鹄矶上，仿佛长江边一座巨大的灯塔，成为来往船只辨识武昌城的地标。百余年来，我们只能借助留存于影像中的黄鹤楼，来观察这座千年古城的变迁与转型。

此外，保罗·尚皮翁还在中国的宁波、北京、天津、上海等地拍摄了一系列反映百姓生活的中国影像。保罗曾描述他在中国的旅行："我们在天津时，在白河边收集了一些地衣的标本。……在汉口时，我们旅行参观了当地一家造钟厂，他们还锻造其他钢铁产品。……我们在中国停留了很长时间，特别是在上海专门观察了中国人的造墨工厂、江西九江的制茶厂。在北京，我们还现场观看了一件小型景泰蓝工艺品的制作过程……"[2]

保罗·尚皮翁在中国拍摄时，干版摄影术刚发明不久，他曾多次尝试使用新技术，但都失败了，最终还是使用了传统的湿版摄影法。他认为，摄影师如果没有掌握专门的化学知识，很难在如此恶劣的条件下顺利工作。保罗·尚皮翁的这些照片，是摄影术传入中国后，较早地记录北京、汉口、宁波等地风景、民俗的珍贵影像，能流传至今，实属不易。

保罗·尚皮翁回国后发行了一套立体照片，还将 1865 年至 1866 年间在中国拍摄的照片发表在法国摄影刊物《光》（Light）上，并列出目录，"这些照片中有 49 张在中国拍摄，其余在日本拍摄"[3]。

作为摄影师中的佼佼者，保罗·尚皮翁的摄影作品水准很高。他给今天的我们留下了不可多得且又真实的影像记录。

2.［英］泰瑞·贝内特：《中国摄影史——西方摄影师 1861—1879》，徐婷婷译，北京：中国摄影出版社，2013 年 6 月第 1 版，第 206 页。

3.［英］泰瑞·贝内特：《中国摄影史——西方摄影师 1861—1879》，徐婷婷译，北京：中国摄影出版社，2013 年 6 月第 1 版，第 355 页。

休憩的轿夫。1865 年。

街头理发师。1865 年。

亨利·查尔斯·坎米奇：
太平天国运动的主要记录者

亨利·查尔斯·坎米奇（Henry Charles Cammidge）在中国拍摄的影像作品集中于清朝太平天国运动时的摄影活动，他留下的反映太平天国运动时期的珍贵影像颇具价值。

亨利·查尔斯·坎米奇，1839 年出生于英国的约克郡（Yorkshire），父亲是裁缝店的领班。根据《中国名录》（*China Directory*）记载，1867 年坎米奇在上海工作，任海关稽查员。坎米奇在频繁的官司和繁重的债务危机中不堪重负，1874 年 5 月 30 日在上海去世，年仅 35 岁。

虽然坎米奇英年早逝，在上海的拍摄活动也只有短短的几年，但他拍摄的照片不少都流传了下来。在 1870 年 2 月的《中国杂志》上就有这样一则广告："H.C. 坎米奇福州路 28 号中国上海风景照价目表 10 英寸 ×12 英寸一套 100 张 40 美金……上海侨界全景照，9 美金……备有大宗照片备选，立体照片、名人小照、本地人像等，内容、风格多样，价格公道……"[1] 除了在上海经营照相生意外，坎米奇也是《中国杂志》的照片供稿人。该杂志在 1869 年夏季刊中刊登了坎米奇拍摄的 5 张照片，在 1870 年 1 月和 2 月又刊出了他的两张照片，这是对他拍摄水平的肯定和对他拍摄内容的欣赏。

值得关注的是，1877 年 10 月，《远东》杂志发表了坎米奇拍摄的关于昆山水门的照片。1878 年 10 月，《远东》杂志又发表了坎米奇拍摄的《宁波的"常胜军"》照片。这两张照片拍摄于 1863 年，正是清军与太平天国军队在江南激战的年头。整个中国的南部，尤其是

---

1. [英]泰瑞·贝内特：《中国摄影史——西方摄影师 1861—1879》，徐婷婷译，北京：中国摄影出版社，2013 年 6 月第 1 版，第 126 页。

戈登部队侵占后的昆山水门。1863 年。

上海周边的桥。19 世纪 70 年代。

宁波的"常胜军"。1863 年。

宁郡卫安勇炮兵队。19 世纪 70 年代。

长江中下游地区，包括上海港附近区域，驻防的清军都遭到了太平军的武装对抗。清政府为镇压太平军，不惜借用洋人的势力。在太平军围困上海时，由上海道台吴煦筹集粮饷，从上海租界的酒吧里招募了数百名西洋盲流组建军队，后称"洋枪队"。洋枪队首任大队长是美国人华尔，曾经效力于法国外籍军团，参加过克里米亚战争，有一定的军事素养。他曾招募了 1000 名菲律宾雇佣军和大约 3000 名中国年轻人，组成了三个团，着西式军服，以西法操练，帮助清政府剿灭了围攻上海的太平军，华尔也被清政府誉为"常胜将军"。1863 年 3 月，英国人戈登在松江接任洋枪队指挥，后与淮军联合西进，攻占太仓、昆山、吴江，并将总部迁至昆山。1864 年 5 月，在洋枪队攻占常州后，清军在苏南的胜利已成定局。至此，戈登协助清军镇压了太平天国运动，成为清廷的大功臣，被授予提督衔、赐黄马褂、孔雀花翎等。坎米奇拍摄于 1863 年的照片不仅有署名，而且还标注照片拍摄于"戈登部队侵占后"[2]。

坎米奇拍摄的照片内容有上海的英租界、海关、湖心亭、古桥，昆山的水门、东城门，苏州的北寺塔、虎丘塔、虎丘山，宁波的"常胜军"等。从坎米奇拍摄的照片中我们发现了一些在太平天国运动时期被损坏的建筑和景物，如虎丘山的云岩寺塔、在战斗中被损坏的上海昆山水门旁的城墙等。特别是《宁波的"常胜军"》这张照片，使我们看到了城墙边排列整齐的洋枪队，拉着炮车，严阵以待，随时准备攻击目标。

作为清朝的海关工作人员，亨利·查尔斯·坎米奇至少在 1863 年前就开始了他的摄影生涯，并有机会拍摄戈登领导的洋枪队，也有可能拍摄过太平天国运动。虽然坎米奇英年早逝，但他留下了很多上海、苏州、宁波等地的风景照片。更加难得的是，他留下了反映太平天国运动时期的珍贵影像。

---

2. [英] 泰瑞·贝内特：《中国摄影史——西方摄影师 1861—1879》，徐婷婷译，北京：中国摄影出版社，2013 年 6 月第 1 版，第 128 页。

虎丘山。苏州，约 1865 年。

太平天国运动时被损坏的虎丘云岩寺塔。苏州，19 世纪六七十年代。

尼古拉·米哈伊洛维奇·普尔热瓦尔斯基：
进入中国探险的先行者

俄国探险家尼古拉·米哈伊洛维奇·普尔热瓦尔斯基（Nikolai Mikhaylovich Przhevalsky）是进入中国探险的先行者，他曾有 4 次来华考察的经历。

纵观人类的探险史，你会从中发现探险家的动机、目的和时机各不相同，但单纯从他们留下的影像资料、考察报告、日记及研究成果而言，探险无疑是对人类社会的进步有益的。从 19 世纪后半叶开始，一批批外国探险队接踵而来，他们的足迹遍布中国的大江南北、长城内外。从人口稠密的繁华都市到人迹罕至的边陲险境，到处都留有他们的足迹。在这些探险者当中，俄国探险家普尔热瓦尔斯基可说是进入中国探险的先行者。

尼古拉·米哈伊洛维奇·普尔热瓦尔斯基，1839 年出生在俄罗斯西部斯摩棱斯克（Smolenskaya）的一个庄园主家庭，幼时受叔父影响，喜欢打猎和采集标本，1855 年中学毕业后自愿应征入伍成为一名军人。1861 年，他进入圣彼得堡军事学院学习。1864 年，他从该学院毕业后，被派往华沙军官学校担任历史和地理教官。然而，旅行考察一直是他的梦想。1867 年初，经普尔热瓦尔斯基申请，他终于被调到西伯利亚地区，对原本是中国领土的乌苏里江以东地区进行考察。从此，他以"第一个中央亚细亚考察家"的名头在俄国和国外享有盛名，曾被誉为中亚探险三巨头——普尔热瓦尔斯基、斯文·赫定（Sven Hedin）、斯坦因（Marc Aurel Stein）之一。俄国人所谓的"中央亚细亚"是根据德国地理学家李希霍芬（Richthofen）的定义，是指包括中国的内蒙古、宁夏、甘肃、新疆、青藏高原以及蒙古国在内的大约 600 万平方公里的地区，而普氏的考察即是针对中国西部和北部边疆。

正在造大车的蒙古人。19 世纪 80
年代。

蒙古族牧民在搭毡房。19 世纪 80 年代。

野牦牛。19 世纪 80 年代。

拾粪的蒙古族妇女。19
世纪 80 年代。

新疆且末绿洲的妇女儿
童。19 世纪 80 年代。

从 1870 年到 1888 年，普尔热瓦尔斯基倾注全部精力于"中央亚细亚考察"，前后达 18 年之久。他先后亲自领导并实施了 4 次来华考察：第一次是蒙古（今中国内蒙古、蒙古国）探险，持续 3 年之久（1870—1873）；第二次是罗布泊探险，历时 1 年零 8 个月（1876—1878）；第三次是西藏探险，历时 7 个月（1879—1880）；第四次是青藏高原探险，历时两年（1883—1885）。在 4 次考察活动中，他先后在中国西部、北部边疆度过了 9 年多的时间，行程 3.2 万公里，拍摄了大量照片资料，考察并校正了许多地点的相对地理位置。他的 4 次考察共带走鸟类标本 5000 余个，哺乳动物、爬行动物、鱼类标本近 2400 个，为当时亚洲内陆的地理学、动物学及植物学研究做出了一定贡献。

普尔热瓦尔斯基在中国考察期间，并不满足单纯地理学上的考察，而是尽可能地搜集一些民风、民俗等方面的资料，这一点从他第四次考察后留下的影像资料中就得以体现。我们从他拍摄的照片中，看到了中国西部地区少数民族的生活状况，从蒙古族人的生产生活到新疆地区的民族服饰，从粗壮的男人到柔弱的妇女，从美丽的风光到雄野的牦牛，从居民的毡房到用夯土建成的地窝子，这些场景一一被普尔热瓦尔斯基定格在他的镜头里，留存至今。

普尔热瓦尔斯基的探险活动始于 19 世纪中期。沙皇俄国的扩张思想在普氏的脑海中根深蒂固，为沙俄效力是他义不容辞的责任。作为一名俄国军官，他是为沙俄对华侵略扩张服务的殖民主义者，他的 4 次中亚考察，均由俄国政府批准并得到资金、物质的大力支持。但作为一位地理学家，普氏也留下了大量著作（包括考察报告、旅行记、报道、书信、日记等）、地图、照片、绘画和为数众多的各类实物，为地理学、中国边疆史、中俄关系史以及中国边疆地区少数民族自然变迁的研究，提供了不可缺少的丰富资料。

1888 年，当普尔热瓦尔斯基筹备第五次中亚内陆探险时，突患伤寒性肠炎病，于伊塞克湖边的卡拉科尔（Каракол）不治身亡，21 年的探险生涯从此结束。为纪念这位探险家，俄国沙皇亚历山大三世将卡拉科尔更名为普尔热瓦尔斯基。

恩斯特·奥尔末：
圆明园欧式宫殿残迹的最早拍摄者

圆明园被英法联军焚毁后，德国人恩斯特·奥尔末（Ernst Ohlmer）拍摄了一批迄今为止我们发现的最早且最有价值的圆明园欧式宫殿残迹的照片。

近年来，中外学者一直对圆明园被焚毁后的早期影像十分关注，曾有许多学者认为英国摄影师费利斯·比托于 1860 年 10 月 18 日圆明园被焚之前拍摄了一张极其珍贵的照片。有研究资料显示，当年比托标注为圆明园的建筑是"为大火焚烧前的清漪园昙花阁"[1]，清漪园即为今天的颐和园。目前资料显示，1860 年的圆明园，特别是圆明园的西洋楼在被焚毁前并没有照片存世。目前已知最早的一批圆明园西洋楼的照片是在圆明园被焚毁后 10 余年的 1873 年，由恩斯特·奥尔末拍摄的。

恩斯特·奥尔末，1847 年出生于汉诺威王国（今属德国），父亲是一位旅馆老板。1867 年左右，奥尔末在中国厦门开设了一家照相馆。从 1868 年 5 月开始，奥尔末进入清朝海关工作，其中文名字叫阿理文，在中国的海关系统供职 40 余年。从厦门到北京、广州、青岛等地，其职位不断提升，曾任海关总税务司赫德的私人秘书。1898 年后，奥尔末赴青岛组建青岛海关。1914 年日本占领青岛后，奥尔末退休离开中国回到德国希尔德斯海姆（Hildesheim）。1927 年，恩斯特·奥尔末去世。

奥尔末本人对东方艺术有着浓厚的兴趣，尤其喜欢收藏中国的古

---

1. 中华世纪坛世界艺术馆、泰风老照片馆编著：《残园惊梦——奥尔末与圆明园历史影像》，桂林：广西师范大学出版社，2010 年 8 月第 1 版，第 21 页。

谐奇趣南侧。北京，1873 年。

谐奇趣全景。北京，1873 年。

谐奇趣音乐亭。北京，1873 年。

谐奇趣主楼东侧。北京，1873 年。

玩瓷器。1872 年 8 月到 1880 年 4 月，奥尔末在北京海关任职，这时的圆明园已经被英法联军焚毁。最迟在 1873 年，奥尔末游历了这座曾经是万园之园的皇家园林，并拍摄了一批圆明园欧式宫殿残迹的照片。

恩斯特·奥尔末去世后，他的夫人将底片赠给柏林工科大学专攻中国建筑研究的恩斯特·柏石曼（Ernst Boerschmann）教授。1931 年，居住在柏林的滕固先生得知这一消息，随即请使馆准备函件前往拜访，布氏（柏石曼）果然出示了照片 12 张和平面图 1 幅，内容为圆明园东长春园毁后不久所拍摄。滕固意识到这批照片的重要价值，"乃请于布氏（柏石曼）借摄一份。初布氏有难色，并谓余曰：余正从事关于此项材料之著书，待著作发刊后允君之请可也，余不禁丧然。而后与布氏往返日密，再三固请，卒获借底片重印"[2]。随着德国在第二次世界大战中的失败，柏林遭到了毁灭性轰炸，很多人以为柏石曼保存的当年奥尔末夫人赠给他的底片也遗失了。多年来，滕固"获借底片"印制的原版照片，一直被认为是圆明园被毁后最早拍摄的照片孤品。据台湾的研究人员证实，柏石曼一直细心保管着这批底片，直至去世。1987 年，他的孙子将这批底片出售。2010 年，台湾的秦风先生斥巨资将这 12 张底片收入。

关于奥尔末是否是最早拍摄圆明园欧式宫殿残迹影像的人，研究人员一直在考证。1933 年 10 月，滕固编辑的《圆明园欧式宫殿残迹》由商务印书馆出版发行，这组珍贵的照片刊行其中，印刷精美，图片清晰。滕固当时就考证了其他同类照片的拍摄年代，认为"未有较前于奥氏之物者"。1912 年出版的《中国美术史》中也有一张照片，称来自柏林大学中国学教授佛兰恺（Otto Franke）。滕固曾函询佛氏摄影年代，佛氏谓 35 年前于北京购得。天主教北京主教法维哀（A.Favier）所著的《北京》一书中也有几张圆明园欧式建筑的照片，拍摄时间至早不超过奥尔末拍摄的照片。因此，滕固认为："仅就摄影之年代而论，

---

2. 中华世纪坛世界艺术馆、秦风老照片馆编著：《残园惊梦——奥尔末与圆明园历史影像》，桂林：广西师范大学出版社，2010 年 8 月第 1 版，第 23 页。

谐奇趣主楼北侧。北京，1873 年。

花园门（圆明园迷宫黄花阵大门）。北京，1873 年。

海晏堂一角。北京，1873 年。

远瀛观南侧。北京，1873 年。

布氏所藏照片,恐在现存物中已属最古,其具有特殊历史价值于焉可知。"

从 1861 年至奥尔末于 1880 年回国前,一些在京外国人有可能拍摄过圆明园,其中包括理查德·香浓(Richard Shannon)、约翰·德贞、约翰·汤姆逊、威廉·桑德斯等。目前,可以确定拍摄过圆明园西洋楼的外国摄影师有托马斯·查尔德和帛黎(A.Théophile Piry),但他们都比奥尔末拍摄的时间晚。

从奥尔末拍摄的谐奇趣主楼北侧照片中,我们可以看到 1873 年时北侧楼梯的栏杆基本完好,门前的小喷泉池也还在。托马斯·查尔德也拍摄了谐奇趣主楼北侧的照片,但那时谐奇趣主楼北侧楼梯的栏杆已经损毁。帛黎拍摄的则是谐奇趣主楼南侧的全景照片,其时间也比奥尔末拍摄的时间晚。因为在帛黎的照片上谐奇趣主楼南侧的栏杆已经损毁,而奥尔末拍摄谐奇趣南侧全景照片时楼梯栏杆基本完好。因此,目前的研究资料显示,恩斯特·奥尔末是最早拍摄圆明园欧式宫殿残迹影像的人。

圆明园初具规模于康熙四十六年(1707),至 1809 年基本建成,历时一个多世纪,此后的嘉庆、道光、咸丰三代屡有修缮扩建。它由圆明、长春、绮春三园组成,占地 3.5 平方公里(5200 余亩),是清朝帝王历经 150 余年创建和经营的一座大型皇家宫苑,1860 年遭到英法联军焚毁。从当年奥尔末拍摄的照片中可以看到,圆明园的西洋建筑虽然遭到大火的焚烧,但宏大的设计,中西合璧且具古典意蕴的建筑群依然反映着昔日的荣耀。"远瀛观"这座圆明园遗址上的建筑,是今人再熟悉不过的,它几乎成了圆明园的象征。那精美的雕花石柱、规整严谨的柱顶,仿佛向我们诉说着它曾有过的辉煌和所经历的磨难。今天已不复存在的门楣,在奥尔末拍摄的照片中依然完好如初,玲珑别透、精美绝伦,门楣上的雕花也极其精致,使人一见难忘。"谐奇趣"上汉白玉的古典壁柱、繁复精美的石雕、华丽的装饰、宽大的楼梯,都彰显着这座皇家园林往日的辉煌。"花园门"这座典型欧式风格的大门,有着穹隆式的亭顶、中国式的短檐,构造极为精美。该门是在几个并不熟悉中式建筑的洋教士指导下，由一些并不熟悉西洋建筑的中国工匠修造的。"大水法"和"观水法"，其残迹似乎与我们今天看到的遗迹差别不大，但当年焚毁后留存的许多石雕装饰早已不翼而飞。

据史料记载，圆明园在经历了 1860 年英法联军的"火劫"之后，又在八国联军侵华与民国政权的频繁更迭中历经了"木劫"、"石劫"和"土劫"。1900 年八国联军入侵北京，趁火打劫的人大肆砍伐园中的树木，使满园的古树杂木荡然无存。1919 年内务府步军统领衙门函稿称："本园西大墙现在仍有军人拆毁，拉运砖块，随意售卖。"[3] 园中的太湖石、西洋楼的石料、远瀛观的石栏杆等，凡能做建筑材料的，都不断被运往军阀、官僚修建的宅邸和新的建设项目中，就连园中祖庙安佑宫门前两对精美的华表也未能幸免。现在，一对华表竖立在北京大学西门的教学楼前，另一对则成了民国时修建的仿古式图书馆门前的装饰。另外，从宣统末年开始，百姓在园中随意建造房屋，大量开垦土地。至此，昔日的万园之园已是满目疮痍、面目皆非。

今天，我们除了从郎世宁（Giuseppe Castiglione，意大利传教士，康熙末年来到中国，以绘画技能任职于宫廷）当年绘制的圆明园西洋建筑图样中可以看到当时这座皇家园林的景色外，恩斯特·奥尔末拍摄的照片也生动地记录下 1870 年前后圆明园的景象——"虽蔓草断砾，荒凉满目，而福山寿海，尚有无数亭殿"[4]。奥尔末拍摄的照片不仅构图讲究，而且忠实记录了当时还较为完整的圆明园西洋建筑的残迹。往昔的荣耀不堪追忆，而镜头留给后人的是无限的思量。

另外，1898 年，德国希尔德斯海姆的罗默博物馆出版了《圆明园旧影与中国瓷器》，介绍了中国瓷器、圆明园的建筑影像及恩斯特·奥尔末的相关收藏。该书图文并茂，珂罗版印刷，是清末中国文物流失海外的重要佐证。

3.《老照片》第四辑，济南：山东画报出版社，1997 年 10 月第 1 版，第 38 页。
4.《老照片》第四辑，济南：山东画报出版社，1997 年 10 月第 1 版，第 37 页。

方外观。北京，1873 年。

海晏堂西侧。北京，1873 年。

大水法。北京，1873 年。

观水法石屏风。北京，1873 年。

威廉·伯格：
短暂在华的优秀拍摄者

> 威廉·伯格（Wilhelm Burger）在中国摄影史上占有一定的地位，虽然他在中国只有短短几个月的时间，但他拍摄了一些质量较高的中国影像，他的艺术天赋和摄影技术有目共睹。

威廉·伯格，1844 年出生于维也纳（Vienna），年少时接受欧洲古典文化教育，并学习绘画艺术。1855 年至 1860 年，威廉·伯格在维也纳美术学院学习。结束学业后，伯格到慕尼黑（München）居住，期间对摄影产生了浓厚的兴趣。1863 年，威廉·伯格返回维也纳，在维也纳大学学习摄影。1868 年至 1871 年，威廉·伯格出任奥匈帝国赴暹罗、中国、日本和南美远征军的官方摄影师。

1869 年，威廉·伯格来到中国，在香港、上海和广东等地拍摄了一批质量极高的摄影作品，内容包括港口、城市、街景、商贩等市井百态，表现力度极佳。

1869 年 9 月，威廉·伯格由上海赴日本长崎。1870 年 3 月，威廉·伯格返回奥地利。

威廉·伯格在中国只有短短几个月的时间，但他拍摄了一些质量较高的中国影像，如广州江边的船只、香港的绅士和乐师、上海的匠人等。在北京、南京等地，威廉·伯格还拍摄了中国的景泰蓝工艺品。

虽然威廉·伯格留存的中国影像并不太多，但他的艺术天赋和摄影技术有目共睹。1870 年，威廉·伯格发表了"中国"系列立体照片，但由于威廉·伯格在拍摄时没有使用立体相机，因此这批照片都没有立体效果。

1920 年，威廉·伯格去世。

广东港口及船只。
1869 年。

香港街头抬轿。
1869 年。

香港赌钱。1869 年。

香港的妇人。1869 年。

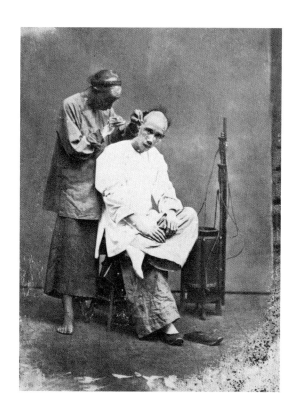

上海挖耳匠。1869 年。

上海修补匠。1869 年。

上海苦力。1869 年。

托马斯·查尔德：
驻足北京的商业摄影师

英国人托马斯·查尔德（Thomas Child）拍摄的照片，记录了19世纪七八十年代北京的名胜古迹及城市建筑，为我们保留了这一时期北京的影像。这些照片对研究北京的城市风貌及文物古迹有重要的参考价值。

托马斯·查尔德，英国摄影师，1841年1月出生于英国什罗普郡的寇布鲁克戴尔（Coalbrookdale），父亲约翰·查尔德（John Child）是一名工程师，也是一名虔诚的卫理公会教徒和戒酒协会的会员。子承父业，托马斯很早就参加了英国的戒酒运动。

1870年5月，他被大清海关雇用负责设计北京地区军事管辖区的煤气系统，合同期为5年。1870年6月，查尔德带着他的摄影器材，经直布罗陀海峡、马耳他、斯里兰卡、新加坡，于8月9日抵达香港，14日抵达上海，27日到达北京。

1874年，在北京站稳脚跟的查尔德将他的妻子和3个孩子接到北京。查尔德在北京旅居近20年，于1889年和家人回到英格兰。1890年，查尔德在海关正式退休。回国后，查尔德在工程机械方面的才能得到进一步认可，还曾担任过英国汽车公司的总监。1898年5月27日，托马斯·查尔德因马车事故意外死亡，享年57岁。

查尔德在中国工作生活了近20年，在中国拍摄的影像作品数量多，质量高。在中国摄影史上，查尔德是一位值得特别书写的人物。尽管他是早期来华的外国摄影师中的优秀者，但其拍摄地点仅限于北京，并没有其在中国其他地区拍摄过的记录。据记载，查尔德在北京拍摄了200多张照片，而且销路很好。

查尔德曾学习过早期摄影技术，并痴迷于摄影。他的摄影作品无

中国贵族家的仆人合影。北京，1876 年。

新娘和新郎。北京，1877 年。

紫禁城（右）与景山之间护城河及两边的建筑。北京，1870—1880 年。

北京天坛。1870—1880 年。

论是从构图、光线运用还是蛋白照片的印制水平，在当时都已达到很高的水平。他拍摄的北京名胜古迹及城市建筑的照片，成了这一时期北京城市状况的形象资料。更珍贵的是，查尔德的照片全有亲笔签名，这在早期摄影师中是不多见的。他在工作之余，还兼顾拍摄人像和销售摄影耗材等商业活动。

英国摄影史学家泰瑞·贝内特曾介绍，"科林·奥斯曼先生（Colin Osman）在晚年曾耗时多年寻找托马斯·查尔德的相关资料，对其生平和摄影生涯进行考证"[1]。这为我们了解查尔德提供了帮助。

1871 年，在初到北京时，查尔德即开始了他的摄影活动。此时的北京还没有商业照相馆存在，而查尔德凭借他娴熟的摄影技术和灵活的经营模式，很快就将照相业务卓有成效地开展起来。如果不是他在大清海关有份工作，查尔德应该是首位进驻北京的商业摄影师。由于工作繁忙和约翰·汤姆逊等摄影师进驻北京，查尔德的商业摄影日渐衰落，但这正激发了他实现拍摄一套北京风光景物照片的计划。

查尔德在北京拍摄的照片很多，主要涉及风景和人物，内容涵盖了北京的城门城墙、街道景象、百姓生活、古迹风貌等方方面面。他拍摄的照片，场面宏大，构图较为完整，特别是他在 1886 年拍摄的一张北京北海风景的照片。该照片使用了拼接技术，这在 1880 年以前是极为少见的。由于拍摄每一张照片的曝光时间较长，拼接用的两张照片前后时差不一，因此两张照片的曝光薄厚是有差别的。尽管如此，拼接照片在当时仍是十分稀有的，对我们来说也是弥足珍贵的。他拍摄的北京古观象台、玉泉山华藏海石塔等古迹照片，画面清晰，成像精美。查尔德还曾写过《世界最古老之观象台》（*The World's Oldest Observatory*）的文章，后发表在 1898 年的《皮尔森杂志》（*Pearson's Magazine*）上。在伦敦艺术学会的会刊上，查尔德也发

1.［英］泰瑞·贝内特：《中国摄影史——西方摄影师 1861—1879》，徐婷婷译，北京：中国摄影出版社，2013 年 6 月第 1 版，第 60 页。

表过文章，并几次提到了在北京拍摄雍和宫等照片的艰难。1877 年前后，他拍摄的八达岭风景，是我们非常熟悉的场景，许多摄影家都从这一角度拍摄过八达岭长城。

北京的颐和园和圆明园是查尔德多次光顾的地方。他在 1871 年 12 月 14 日的日记中写道："周日，我去了颐和园。那离我住的地方大概有 12 英里远。"[2] 在 1872 年 10 月 12 日的日记中又写道："从周二开始，我一直陪着一个上海来的摄影师。第一天，我们去了颐和园万寿山……我们拍了一些很棒的照片。……周四（10 月 10 日），我们一同去拍摄孔庙和国子监。周五，又去拍了紫禁城里的汉白玉石桥。皇家花园里有一常备外国人进出的门设在主路上，我们乘马车向此门行进。马车进去后，随着一声高喝，大门立即关闭。"[3]

与德国人恩斯特·奥尔末一样，查尔德同样拍摄了圆明园欧式宫殿残迹的照片，所不同的是拍摄年代。从现有资料考证，奥尔末拍摄在先，最迟在 1873 年以前就完成了对圆明园欧式宫殿残迹的拍摄。而查尔德的拍摄时间为 1877 年至 1878 年，因为查尔德在他拍摄的照片上大都会注明拍摄年代。从拍摄画面上的景物分析：奥尔末和查尔德都拍摄了谐奇趣主楼的北侧，奥尔末拍摄时，北侧栏杆是完好的（见"恩斯特·奥尔末"篇）；到查尔德拍摄时，栏杆已损毁。此外，奥尔末和查尔德都拍摄了远瀛观正门，奥尔末拍摄时，大门上方的钟形琉璃装饰还存在（见"恩斯特·奥尔末"篇）；到查尔德拍摄时，这一钟形装饰已荡然无存。

查尔德在北京还拍摄了各个阶层的人物，如王爷、官员、平民、乞丐、商人、匠人、仆人、苦力，等等。他对人物的观察细致入微，善于捕捉人物的面部表情。而且，查尔德还善于拍摄人物合影，如中国贵族

2. ［英］泰瑞·贝内特：《中国摄影史——西方摄影师 1861—1879》，徐婷婷译，北京：中国摄影出版社，2013 年 6 月第 1 版，第 66 页。

3. ［英］泰瑞·贝内特：《中国摄影史——西方摄影师 1861—1879》，徐婷婷译，北京：中国摄影出版社，2013 年 6 月第 1 版，第 70 页。

居庸关大理石门。北京，1870—1880 年。

家的仆人合影、中国乞丐合影及家庭成员合影等。

　　托马斯·查尔德来中国旅居近 20 年，是 19 世纪七八十年代京城最具影响力的外国摄影师。他的拍摄经历充满艰辛，但其留下的影像资料却很丰富，对研究北京的城市风貌及文物古迹有重要的参考价值。

北京古观象台。约 1875 年。

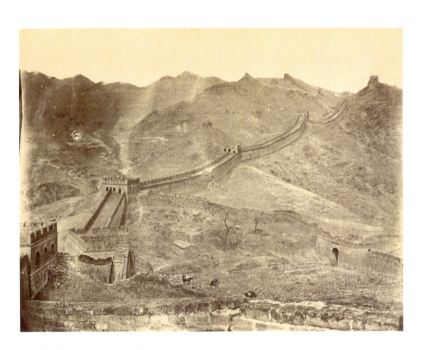

八达岭长城。北京，1877 年前后。

圆明园谐奇趣主楼南侧。北京，1877 年。

圆明园谐奇趣主楼北侧。北京，1877 年。

埃米尔·瑞斯菲尔德:
香港影像楼的主人

丹麦摄影师埃米尔·瑞斯菲尔德(Emil Riisfeldt)于19世纪
70年代在中国拍摄了一些早期的中国影像,记录了清末中国传统
的居家陈设状况。虽然他留存的影像不多,却是中国摄影史上一
位值得进一步研究的摄影师。

埃米尔·瑞斯菲尔德,丹麦摄影师,1846年4月出生于丹麦腓特
烈堡的赫尔辛格(Helsingør)。1855年赫尔辛格人口普查时,瑞斯
菲尔德与父母及他的两个兄弟共同居住。

19世纪70年代初,瑞斯菲尔德曾在香港与中国摄影师赖阿芳合作,
赖阿芳曾评价瑞斯菲尔德是"技艺卓越之艺术家"[1]。

1872年4月,香港影像楼(Hongkong Photographic Rooms)
在香港《德臣西报》上首次亮相,掌柜即是瑞斯菲尔德。《德臣西报》,
又名《中国邮报》《德臣报》等,是香港的第二份报纸,也是香港发
行时间最长、影响力最大的英文报纸,早期社址位于惠灵顿街附近。
该报于1845年2月20日由英国资深出版商肖锐德和英国商人德臣创
办,于1974年停刊,前后发行了129年。该报的中文名称乃得名于
报纸的第二任主编德臣。

1872年7月,瑞斯菲尔德将香港影像楼搬迁至原威廉·弗洛伊德
经营的照相馆处。极有可能的是,瑞斯菲尔德收购了弗洛伊德照相馆
的全部设备。据英国摄影史学家泰瑞·贝内特的研究发现,弗洛伊德
于1872年6月27日宣布拍卖其位于香港云咸街和惠灵顿街转角的号

1.[英]泰瑞·贝内特:《中国摄影史——西方摄影师 1861—1879》,徐婷婷译,北京:中国摄影出版社,
2013年6月第1版,第25页。

香港影像楼旧址。1872—1873 年。

中国客厅。19 世纪 70 年代。

女乐师。19 世纪 70 年代。

称"东方最大之照相馆"。1872年7月2日，瑞斯菲尔德就在《德臣西报》上刊登广告称："香港影像楼即日起迁至原弗洛伊德照相馆处，地点在云咸街和惠灵顿街转角。"[2]

1873年12月，瑞斯菲尔德从墨尔本（Melbourne）乘船前往悉尼（Sydney）。在赴澳洲之前，他将香港的生意转卖，香港影像楼也更名为香港影像公司。1876年，瑞斯菲尔德在悉尼定居。1893年，瑞斯菲尔德在新南威尔士（New South Wales）去世。

埃米尔·瑞斯菲尔德在香港停留时间很短，流传下来的拍摄中国的摄影作品也不多。而且，有学者还对署名于他的中国影像作品存有疑问。近年来，北京华辰拍卖有限公司多次拍卖署名埃米尔·瑞斯菲尔德关于中国的摄影作品。其中，作品《中国客厅》目前被业界公认为是瑞斯菲尔德的摄影作品，拍摄于19世纪70年代。这是一幅非常著名的早期中国影像，记录了清末中国传统的居家陈设状况。

《女乐师》，拍摄于19世纪70年代，这幅摄影作品同样被公认为是瑞斯菲尔德所拍摄的，且在清末民初被多本介绍中国的西方书籍所采用。照片中，4位由摄影师雇用的女模特手执中国传统乐器，拟作演奏状；画面中央的几案上分别放置着执扇、线装书、西洋钟和西式盆景。照片画面清晰，虽为摆拍，但女子表情较为自然，服饰整洁。

19世纪70年代，瑞斯菲尔德在广东、福建等地拍摄了部分女性照片，这些都是该地区在清末时期罕见的女性人物肖像组照。

埃米尔·瑞斯菲尔德是中国摄影史上一位值得进一步研究的摄影家，其在香港开设的影像楼经营范围较广，不仅拍摄人像，还出售风光照片，而且拍摄地点也不仅限于香港。虽然瑞斯菲尔德在中国停留的时间不长，但口碑良好，以至于中国著名摄影师赖阿芳认为，能与技艺超群的艺术家瑞斯菲尔德合作良处颇多，人像拍摄多仰仗于他。

---

2. ［英］泰瑞·贝内特：《中国摄影史——西方摄影师 1861—1879》，徐婷婷译，北京：中国摄影出版社，2013年6月第1版，第22页。

大卫·诺克斯·格里菲斯：
香港鼠疫的掠影者

大卫·诺克斯·格里菲斯（David Knox Griffith）在华20余年，不仅拍摄了北京、天津、香港等地的人文景观，还拍摄了长江地区的自然风貌，特别是1894年香港的鼠疫灾难场景。作为一名经验丰富的摄影师，他有大量的摄影作品存世。

大卫·诺克斯·格里菲斯，约1841年出生，英国商业摄影师。1869年，格里菲斯在诺福克郡（Norfolk）开设了工作室，职业是艺术家兼摄影师。

至少在1872年，格里菲斯已经来华，并且曾作为助手在桑德斯开于上海的照相馆工作。当时，格里菲斯已是一名经验丰富的摄影师，并强调了在中国拍摄的种种困难。他认为，在大城市，中国人普遍对外国人很敌视，但农村人要热情许多。

格里菲斯在上海的森泰照相馆站稳脚跟后，职务也升至照相馆经理。在此期间，他曾数次到北京及周边旅行并拍摄照片，内容包括紫禁城、天坛、外国公使馆、蒙古驼队、碧云寺、卧佛寺及长城等场景。在天津，他拍摄了天主教堂、孤儿院等内容。格里菲斯曾在他的文章里描述了他在天津、北京的拍摄经历："我心中焦急，盼望着能早日到白河，拍下大沽炮台，但炮台实在其貌不扬。……即便是天气好，也难拍成好照片。……我住进一家中国客栈，一路上被人称作'洋鬼子'，还有很多人好奇地跟着我到了房间。……远远看到了北京的城墙。城墙宏伟，我猜想城里必定富饶……骑马从护城河桥上走过，穿过城门，一路烟尘滚滚，炙热难耐。我就这样进入了北京城。"[1] 格里菲斯认为，

1. [英] 泰瑞·贝内特：《中国摄影史——西方摄影师 1861—1879》，徐婷婷译，北京：中国摄影出版社，2013年6月第1版，第406—407页。

清末香港学堂。19世纪末。

清末基督教开设的女子学堂。香港，19世纪末。

江苏镇江口岸。约 1873 年。

香港鼠疫灾难时防疫人员消毒房屋。1894 年。

中国人讲究务实，在做生意上很有领悟力，每日经营皆有所获，渴求富贵，衣锦还乡。

但有些麻烦的是，格里菲斯的摄影作品和桑德斯在北京拍摄的摄影作品后来混在一起，难以分辨。

1873 年夏，格里菲斯拍摄了长江中上游地区，包括汉口、宜昌等地的风景，记录了当地百姓的日常生活和茶农劳作的场景。他将此行拍摄的照片结集成册，发行销售。也大约是在此时，格里菲斯离开了森泰照相馆。

至少在 1878 年，格里菲斯已经来到香港，加入阿芳照相馆。除此之外，他还和伦敦惠灵顿街的汽水厂有合作。约 1883 年，格里菲斯在香港开设了自己的照相馆。

在香港，格里菲斯拍摄了《清末基督教开设的女子学堂》的照片，反映的是清末基督教会开设的女子学堂中的情景：墙上悬挂着歌颂耶稣的对联和当时的世界地图，学堂中的女子正在学习女红（针线）。

值得关注的是，1894 年 5 月，香港爆发鼠疫，短时间内就夺走了 2500 多人的生命。而格里菲斯此时恰恰在香港，并对这次突如其来的瘟疫灾难进行了拍摄。很快，格里菲斯拍摄的关于鼠疫的照片就被制成版画发表在《伦敦新闻画报》上。格里菲斯当年拍摄的照片，真实反映了鼠疫爆发时的一些场景，如防疫人员对百姓房屋消毒、香港东华医院里席地而卧的病人及运送尸体的马车等。

英国商业摄影师大卫·诺克斯·格里菲斯在中国从业长达 20 余年之久，是早期在中国从事拍摄活动的一位重要外国摄影师。格里菲斯来中国时，中国的摄影活动除了几处通商口岸外，刚刚进入内陆地区。他在中国以拍摄肖像和风景著称，并关注中国和西方文化的差异。因此，他的作品也多在表现中国文化和西方文化的不同。作为一名经验丰富的摄影师，他有大量摄影作品存世，值得研究者重新关注。

香港东华医院席地而卧的病人。1894 年。

香港鼠疫灾难时，去世者的尸体经船运往沙湾掩埋。1894 年。

雷蒙德·冯·斯蒂尔弗莱德－拉特尼兹：
手工上色专家

奥地利摄影师雷蒙德·冯·斯蒂尔弗莱德－拉特尼兹男爵（Baron Raimund von Stillfried-Ratenicz）是东亚早期摄影史中极为重要的摄影师。他以拍摄人物肖像并手工上色而见长，其摄影技术可以说代表了当时摄影界的高水平。

雷蒙德·冯·斯蒂尔弗莱德－拉特尼兹，1839年出生于现捷克共和国霍穆托夫（Chomutov）的一个贵族家庭，本人是男爵。

斯蒂尔弗莱德多才多艺，身兼数职，身份包括贵族、士兵、外交官、企业家、世界旅行家、画家及摄影师。斯蒂尔弗莱德少时参军，曾就读于意大利里雅斯特（Trieste）港的皇家海军学院。在校时，他已经显露出卓越的艺术才能，也有过一定的美术训练。1863年，他以海军中尉军衔从学校毕业，开始了海上航行。他一生的足迹遍及世界各地，所到之地包括南美洲、北美洲，以及亚洲的中国和日本。在长崎，他结识了著名画家爱德华·希尔德布兰特（Eduard Hildebraandt），并拜师学习了一些绘画课程。

1865年，斯蒂尔弗莱德在墨西哥加入皇家军队，服役到1867年6月。1870年，由于掌握了一些摄影技术，斯蒂尔弗莱德在东京开设了一家摄影器材店，经营进口摄影器材。也就是在那时，他决定做一名摄影师，并师从著名的英国摄影师费利斯·比托。不久，斯蒂尔弗莱德在横滨开设了自己的照相馆。此后，他长期在东京、横滨、长崎进行摄影活动，开办Stillfried & Co照相馆。1875年后，该照相馆与Andersen照相馆合并，称为Stillfried & Andersen照相馆，业务经营得很成功。1877年，费利斯·比托将自己的底片转卖给斯蒂尔弗莱德。《远东》杂志的主编布莱克也和他有交往，并对他拍摄的日本风景照片赞赏有加。有研究者认为，斯蒂尔弗莱德的摄影技术最早学自约翰·布莱克，比托的摄影风格对其也产生过很大影响。

1875年3月和1876年4月，斯蒂尔弗莱德先后两次到中国拍摄照片，以拍摄人物肖像并手工上色而见长。他于19世纪70年代拍摄的一位回族老者，"着色工艺细致柔和，品相完好"[1]，是摄影史上的经典人物肖像照。在广州，他拍摄了一张女子肖像照，并手工上色。在这张照片上，人物神态自然、发丝清晰、色彩细腻、用光讲究，可见他在同时期的摄影师中具有较高的水平。斯蒂尔弗莱德曾为一名清朝男子拍摄过一张肖像照，从照片上看，男子目光炯炯有神，神态中透着威严。从男子的服装上分析，他似乎是一名清兵。此外，斯蒂尔弗莱德还拍摄了《上海外滩的船舶》等照片。这些照片均为手工上色，质量上乘。

1881年12月，香港总督轩尼诗（Hennessy）爵士邀请斯蒂尔弗莱德来香港拍摄到访的阿尔伯特和乔治亲王。轩尼诗爵士的孙子詹姆士曾提到斯蒂尔弗莱德最初的要价是1000英镑，轩尼诗自己也曾认为，"'对如此高的花费感到自责'。但同时，他也强调'照片的趣味性和质量都达到了当时的最高水平'"[2]。轩尼诗认为，能邀请到像斯蒂尔弗莱德这样卓越的摄影师来港，还是合算的，因为他能将香港的建筑、风貌用一流的技术拍摄下来。由此可见，斯蒂尔弗莱德的摄影技术代表了当时摄影界的高水平。

自1881年5月以后，斯蒂尔弗莱德还到过许多国家和地区并传播摄影术，地点包括暹罗以及海参崴、香港等地。他在这些地方都开设过照相馆或进行过摄影活动。

1883年，斯蒂尔弗莱德回到奥地利维也纳。晚年的他，除了画画，还教授一些摄影课程。1911年，斯蒂尔弗莱德在维也纳去世，享年72岁。

奥地利摄影师斯蒂尔弗莱德是东亚早期摄影史中极为重要的摄影师，也是中国摄影史上值得研究的一位外国摄影师。

1.《影像》拍卖图录——2013年华辰春季拍卖会912号。
2. [英]泰瑞·贝内特，《中国摄影史——西方摄影师 1861—1879》，徐婷婷译，北京：中国摄影出版社，2013年6月第1版，第268页。

回族老者。19 世纪 70 年代。

清朝男子肖像。19 世纪 70 年代。

广州女子肖像。19 世纪 70 年代。

上海外滩的船舶。19 世纪 70 年代。

伊莎贝拉·伯德：
行走中的女探险家

　　伊莎贝拉·伯德（Isabella Lucy Bird）是英国著名的女探险家、作家、摄影师和博物学家。从 1878 到 1899 年，伊莎贝拉先后到达中国的广东、东北及中西部地区，期间不仅拍摄了大量照片，还出版了十余本著作。1898 年出版的《扬子江游记》（The YANGTZE Valley and Beyond）可算是西方世界最早了解中国西南腹地的重要文献。

　　伊莎贝拉·伯德，1831 年出生于英格兰约克郡，19 世纪末英国著名女探险家、作家、摄影师和博物学家。伊莎贝拉·伯德从 23 岁开始探险旅行，在随后的 25 年时间里，她的足迹遍布落基山脉、库尔德斯坦、朝鲜、日本、马来半岛等。从 1878 到 1899 年，伊莎贝拉先后到达中国的广东、东北及中西部地区。期间，她所经历的旅行艰难与领略的异国风情，皆记录在十余本著作之中。

　　伊莎贝拉·伯德是一位在中产阶级家庭长大的特立独行的女性。她虽然生活在维多利亚时代，但勇于挑战社会规范。伊莎贝拉非常热爱写作，在英国皇家地理学会秘书长约翰·斯科特·凯尔蒂（John Scott Keltie）和先驱摄影师约翰·汤姆逊的鼓励和教导下，她最终成长为非常成功的作家，也成了一名杰出的旅行摄影师，而且是早期加入英国皇家地理学会的女性成员。她一生漂泊，但意志坚定，虽然生来体弱，常常被疾病所困扰，却并没有妨碍其对于旅行和探险的渴望。

　　1878 年 12 月，伊莎贝拉·伯德首次来到中国香港。关于她的这次游历，除了《德臣西报》航运版块的一段极为简短的鸣谢文字表示她即将动身去新加坡外，并无正式的官方报道。1880 年，在伊莎贝拉·伯德从香港返家后不久，妹妹亨丽埃塔（Henrietta）便死于伤寒症。伊莎贝拉·伯德在居丧期间嫁给了妹妹的医生约翰·毕晓普（John Bishop）。因此，人们又称伊莎贝拉·伯德为毕晓普夫人。然而，约翰·毕晓普在1886年3月便过早离世了。

1894年，她由加拿大出发开始东亚之旅。1895年，伊莎贝拉·伯德重返香港。当时，这方土地正被黑死病的巨大阴影笼罩着。伊莎贝拉的中国游历，从未像上层阶级那样享受过豪华游轮的头等舱，而是选择以廉价的交通方式从日本来到中国香港。她曾描述过周边的恶劣环境是令人难以忍受的大蒸笼，船上潮湿、昏暗、肮脏、破旧、寒冷。

1895年，伊莎贝拉·伯德在64岁高龄之际，毅然开始了自己在中国内地的第二次探险，这也是她的游历生涯中最具挑战性的一段旅程。她乘船沿江一路西行，穿过成都平原，最终到达西藏，算是循着扬子江完成了她3年史诗般的旅程，这也是这位令人敬畏的女性在亚洲的最后一次旅行。伊莎贝拉·伯德是最早进入四川西部的西方女性探险家，她曾坦言自己不愿离开亚洲去大不列颠国做那些沉闷的差事。

伊莎贝拉·伯德此次来中国时，已身患心脏病、肺部感染、痛风等多种疾病，在这种情况下，她仍然完成了中国之行的人生壮举。她曾先后出版了多部游记，十分畅销，1898年出版的《扬子江游记》就是其一。在那个时代，能够真正目睹中国这个东方古国真实面貌的西方女性并不太多，正是伊莎贝拉·伯德这位不屈不挠的女性开拓了英国历任首相及国王们看中国的视野。

晚年的伊莎贝拉·伯德还曾到过北非地区，不过由于极差的健康状况，最后她还是病倒了。据说，1904年10月7日在爱丁堡弥留之际，伊莎贝拉·伯德的相机就躺在她伦敦的行李里，静静地等待着她的又一次启程。

在伊莎贝拉一生所著的书目之中，有3本是关于中国的——《西藏人》（*The Tibetans*）、《照相中国》（*Chinese Pictures: Notes on photographs made in China*）及《扬子江游记》。其中，《扬子江游记》最引人关注。这本书记录了她由上海出发，沿长江溯流而上，

香港太平山市场附近的一条街道。1895 年。

筹边楼。四川，1895—1896 年。

梭磨土司官寨及碉楼。四川，
1895—1896 年。

昔日保宁府的秀美风光。四川，
1895—1896 年。

扬子江上纤夫们在河船上吃饭
的场景。1895 年。

三峡景色。1895 年。

经历众多的港口、村庄与城市，直到川藏地区进行实地考察的见闻，以及沿途的风光古迹和民风民俗。全书共 39 章，其中含插图照片 100 多张。她的考察记录细腻、准确、真实，笔触具有鲜明的文学色彩，为我们娓娓道来清末时期长江流域一系列的动人故事，是西方世界最早了解中国西南腹地的重要文献。

扬子江原本仅指长江中下游部分，但由于这是西方传教士最先听到的名字，因此扬子江在外国人眼中也就代表了整条长江。而伊莎贝拉·伯德生命中的许多时间都是在船舶上度过的，这使得她能够撰写出品质卓越的《扬子江游记》。她远渡扬子江的经历可谓惊心动魄。最初，她乘坐的是一只河船，仅有纤夫担负着领航、划船和拉纤的工作，与汹涌的激流抗争着。纤夫们是一群从事繁重体力劳动的人，他们通常衣不蔽体。在船上，伊莎贝拉·伯德与他们中间仅隔着一层薄薄的劣质布帘。伊莎贝拉·伯德对纤夫们表现出充分的钦佩与尊重，曾形容：当纤夫们蹒跚在扬子江边的陡峭岩壁上时，随时都有失足的危险。伊莎贝拉·伯德还曾为纤夫们拍了一张非常不错的照片，展现了他们弯腰弓背在河船上吃饭的场景。伊莎贝拉在《扬子江游记》中曾这样描述："事实上，他们（纤夫）的行为举止确实比较粗鲁。不过，一路走来，他们的诚实、勇敢、吃苦耐劳、刚毅、沉着、善良打动了我，我开始有些钦佩他们了。"

在四川阆中，伊莎贝拉·伯德拍摄了保宁府的秀美风光，她觉得保宁府的风光和它的环境，在温和的下午阳光中最是迷人。她还对保宁府进行了细致的考察，曾描述：保宁府三面被河的弯道所包围，这座重要城市有舒适宜人的天气，商业气氛既不浓厚，也不寡淡。18 吨以上的帆船，一年的多数时间可以上溯到保宁，丝绸贸易有一定程度的活跃。保宁府有一个道台、一个知府、一个县令，有许多美丽的"郊外别墅"。城市的外貌被桃花、李花、杏花和樱花产生的粉红色彩弄得如同梦境。除了已荒废的城门外，保宁府还有 4 道城门。

在四川西北部，伊莎贝拉·伯德拍摄了独特的筹边楼照片。它坐落于现阿坝藏族羌族自治州的理县，楼通高18米，底楼为正方形。筹边楼是唐朝时任剑南西川节度使的李德裕为平息唐朝和吐蕃边境战事，加强战备、筹措边事而在当地修建的。筹边楼建成后，李德裕并没有将其作为纯粹的军事要塞，而是将此楼作为交际场所，与少数民族首领勾兑关系，联络感情。因此，李德裕在任上的两年间，唐朝与吐蕃在川西相安无事。从伊莎贝拉的照片中可以清晰地看到，此楼为正方形二层重檐木结构建筑，楼体雄伟壮观，楼外建石栏杆一周，而石栏杆、桩、条栏均为方形，柱顶为须弥座上托莲花瓣石珠。筹边楼是唐蕃对峙的历史见证。在四川西部，伊莎贝拉拍摄了摩梭人独特的石砌房屋和碉楼建筑，还到嘉绒藏族的女土司官寨（现马尔康县境内）探访当地的风俗民情。

在杭州，伊莎贝拉拍下了一张《杭州西城门》的照片，杭州的老城墙共有3座西门，分别为钱塘门、涌金门和清波门。据有关资料显示，伊莎贝拉拍摄的这座西门是钱塘门。

伊莎贝拉·伯德对广州的印象更为深刻，她认为广州是最引人入胜、最迷人和最令人惊叹的城市。到过广州，伊莎贝拉觉得此生无憾。

出生在殖民主义国家的伊莎贝拉有其自身的局限性和世界观，她是一位骄傲的大英帝国殖民主义者和拥护者，但她的摄影作品中又充满了人道主义的情怀，风格也轻松明快。有研究人员认为，很难为伊莎贝拉·伯德定性。作家黛博拉·爱尔兰（Deborah Irish）认为，伊莎贝拉充满人道主义精神的观察视角是很多探险家所不具备的，她总是对沿途的旅伴们敞开怀抱，而她的《扬子江游记》也将真实的中国介绍给欧洲的人们。伊莎贝拉还曾表示反对殖民主义者在中国通商口岸的欧洲殖民地范围内对中国的恶意诋毁。她认为，中国人勤奋、节俭，并富于智慧，她的摄影作品也表现了中国繁忙的港口、众多的船只和辛勤劳作的中国人。同时，伊莎贝拉还曾表示她非常喜欢生活在社会底层的中国妇女的面孔，并对她们的生存状况表示同情和担忧。在伊莎贝拉·伯德的人生中，一直都怀有这种强烈的人道主义情感。

杭州西城门。1895年。

　　作家黛博拉·爱尔兰认为，伊莎贝拉·伯德是一位非常了不起的女性。她60岁才开始学习摄影，在大部分人即将退休的年纪，她却进入了一个新的职业领域。她在摄影方面有着很高的艺术造诣，或许尚不及约翰·汤姆逊，但已经属于世界知名的摄影大师。

　　一百多年过去了，伊莎贝拉·伯德所写的中国旅行日记，已经成为新一代旅行者们的中国旅行参考录。同时，这些旅行日记也为中国的同胞们提供了一幅生动的历史风俗画卷，值得我们去回味与体会。

奥古斯特·弗朗索瓦：
中国西南地区的拍摄者

19世纪末，奥古斯特·弗朗索瓦（Auguste Francois）在中国西南地区拍摄了大量照片，包括各阶层人物的形象及风景地貌、民族风情等。这是目前已知亚洲最早、最完整地记录一个国家某一地区社会面貌的纪实性照片。

奥古斯特·弗朗索瓦（中文名字方苏雅，文中统称方苏雅），1857年8月20日生于法国洛林地区吕内维尔（Lunéville）一个殷实的呢绒商人家庭，祖父和外祖父都是朴实的地主，父亲经商，有一间呢绒店。15岁时，一系列的家庭变故使方苏雅成为孤儿，在完全孤独的状态下他开始独立生活。在继承了父亲遗留的产业，并经过3年的商业活动后，他提前服兵役，成为重骑兵。1885年，方苏雅到法国外交部工作。1886年，他被派往中国山西省出任法国第一任常驻外交代表。方苏雅曾在日记中写道："此事正符合我的性格。我年轻，几乎是在无监管下去治理一块广袤的领地，要去镇压、去安抚，掌握令人惧怕的生杀大权。这些都引人注目。"据有关资料介绍，方苏雅喜欢摄影、游历、考察，"他游历时准备了12只箩筐来运玻璃底片，还要用油纸黏上牛血来包装，以防被雨淋湿"[1]。1895年12月23日，方苏雅再次被派往中国广西（龙州），任法国驻龙州领事。在龙州时，他结识了抗法名将苏元春，他们交往甚密，后结为兄弟。"方苏雅"这个名字就是由苏元春所起。"方"来自"弗朗索瓦"，"苏"来自"苏元春"，"雅"自然取风雅之意。1899年12月15日，方苏雅出任法

1.［法］方苏雅：《黑镜头——昆明晚清绝照》，阿夏、肖桐编译，北京：中国文联出版社，1999年5月第1版，第30页。

昆明拓东城池。1896 年。

广西提督苏元春。昆明，1896 年。

锔碗匠。昆明，1896 年。

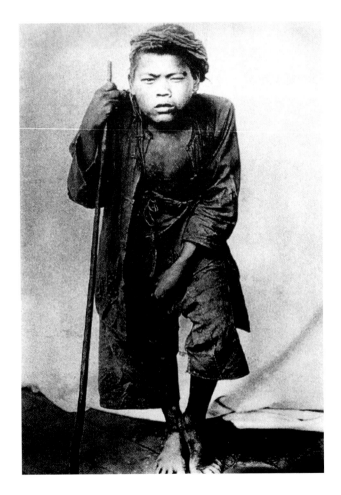

患佝偻病的男孩。昆明，1900 年

国驻云南府（昆明）名誉总领事兼法国驻云南铁路委员会代表；1900 年 3 月，兼任法国驻云南蒙自领事；1903 年 9 月，兼任法国驻云南省代表；1904 年，任满回国。

方苏雅在中国期间，先后游历并考察了贵州的安顺、贵阳等地，并涉足险峻的茶马古道，由昆明经楚雄，从元谋沿金沙江而上，进入大小凉山，穿越泸定桥至康定，再到川藏交界。所到之处，他对当地的人文景观及民风民俗进行了深入研究，并做了大量的文字记录，绘制了沿途的地形图。与此同时，这位 40 余岁的法国人携带了 7 部相机和大量刚刚问世不久的玻璃底片，对中国西南地区进行了细致的考察，拍摄了大量照片。

1900 年，中国爆发了义和团运动，最初从山东兴起，后扩展到华北、东北地区，最后发展到全中国。在昆明，由于积蓄已久的排外情绪，最终导致了"昆明教案"的爆发。当时，法国政府驻越南总督杜美，在中越边境密陈重兵，广置炮垒，虎视眈眈，准备随时入侵云南；而作为法国政府外交部的代表，方苏雅则赶到越南面见杜美。鉴于当时云南强烈的反法情绪，方苏雅在返回昆明时以自卫为由携带了 40 余驮军械和 100 余名士兵秘密入滇。1900 年 5 月抵达昆明时，"南关厘金局在行李中搜出枪弹 32 箱，便扣留在局内。方苏雅亲自带领数十人闯入厘金局，将枪弹抢回领事馆。消息传出，昆明部分官绅民众义愤填膺，包围领事馆达 9 日之久，直到 5 月 20 日在云南官府的干涉下解围"[2]。6 月 12 日，民众再次包围领事馆，投掷石块，捣毁领事馆侧的住宅，哄抢方苏雅撤离时携带的财物，致使方苏雅几年来在云南拍摄的千余张照片、玻璃底片和旅游笔记、地图等散失。方苏雅在 1900 年 6 月 14 日的日记中写道："在最后时刻，骡马队要求预付高昂的费用，我不愿引起新的争议而付了。运输队终于在下午 3 点钟走在我们轿子的

2. [法] 方苏雅：《黑镜头——昆明晚清绝照》，阿夏、肖桐编译，北京：中国文联出版社，1999 年 5 月第 1 版，第 197 页。

前面，穿城而去。我坚持要走在前头，肩上扛着步枪，手里拿着左轮枪。我们每个人都如此装备，开始在密集的人群中穿过小胡同。还没走出300米，我们的21顶轿子尚未来得及拉开距离，苏（元春）将军惊慌失措地跑来，要我赶快退回院内。他说我们要经过的南门已发生暴乱，甭想继续前进。我们不得不往回走，苦力们急忙抬回我们的轿子，便逃跑了，逃时还顺手牵羊，拿了不少东西。瞬间，我们的运输队被抢了，轿子烂在泥潭里。我们什么也没有了。"所幸的是，在这之前，方苏雅洗印出的部分照片被保留下来。方苏雅和21名法国传教士、法侨，后在云贵总督丁振铎的保护下才得以脱身，于7月5日返抵北部湾。昆明人民的反帝斗争，因布政使李经羲带兵镇压而告失败，慈禧则谕知军机大臣："以协理教案，赏法国驻滇总领事方苏雅、副领事威伯宝等。"[3]1903年，"昆明教案"以允许英法合办兴隆公司开发云南七府矿产，在昆明建白龙潭天主教堂，向法国人赔款白银12万两而告终。

1904年，方苏雅回国后，将在中国拍摄的绝版照片隐藏起来，秘不示人。他将在中国期间收藏的物品和110幅玻璃底片、1000余张照片及31分钟16毫米的纪录片留给了他的夫人马尔芒（Marmand）女士。1935年，方苏雅病逝。1997年，方苏雅的侄子皮埃尔·塞都（Pierre Seduo）将其叔父拍摄的绝版照片在中国的使用权交给了中国公民殷晓俊、罗庆昌。至此，百余年前的昆明影像资料终于回家了。

在方苏雅的镜头里，中国西南地区各阶层人物的形象及风景地貌、建筑城池、婚丧礼仪、民族风情等都得到充分的体现。从正襟危坐的官员到背碳运茶的苦力，从衣着华丽的贵妇到衣衫褴褛的乞丐，从吸食鸦片的百姓到坐以待毙的犯人，从一身戎装的将军到习武操练的士兵，以及茶馆、轿行、丝绸铺、药材铺，等等。他的摄影题材之广、视野之开阔、内容之丰富，令人震惊。

3.［法］方苏雅：《黑镜头——昆明晚清绝照》，阿夏、肖桐编译，北京：中国文联出版社，1999年5月第1版，第199页。

"裹小脚"的滇戏男角。
昆明，1900 年。

押解囚犯。攀枝花地区，
1900 年。

彝族男人。1903 年。

　　这些影像不仅涉及各阶层的人，也包括琐碎的生活细节，具有很强的生命力和诠释历史画面的感召力。方苏雅拍摄的人物面容清晰直观，或麻木，或赢弱，或沧桑；拍摄的风景，或场面宏大，或细腻清晰。他的每张照片都是对历史的解读。

　　有这样一张照片，表现的是广西提督苏元春将军。他一身铠甲，身上佩戴着沉重的刀剑，面容老迈。面对这样一张照片，不禁使人联想到古老而文明灿烂的中国曾经有过的辉煌历史。中国的先人们发明了火药，却被洋人制造的洋枪、洋炮打开了国门，而中国人对付洋人的武器只是冷兵器的大刀、长矛；中国的先人们发明了造纸术，而腐败的清政府却用纸和洋人签订了一个又一个丧权辱国的不平等条约。除了感叹、震惊，我们更多的希望是中国国富民强。乞丐和贫民是方苏雅比较关注的群体，从照片上我们能看到那饥愁的面容、褴褛的衣衫、行乞时的无奈及疾病给他们带来的痛苦。当时，昆明也与中国其他地方一样遭到霍乱、疟疾、麻风等疾病的威胁，贫穷与疾病将百姓置于悲惨的境地。

　　方苏雅是殖民者派出的代表，他用纪实手法拍摄的照片留给今人更直观的感受，也成为今人凭吊历史的凭证。这些照片虽然具有殖民色彩，但也真实、完整、全面、形象地记录了一百年前中国西南地区的政治、经济、文化及社会风貌。拍摄者用独特的视角、真实的光影效果，记录了中国晚清的历史沧桑，弥补了文字记载历史的不足。这些摄影作品不仅是一百年前西南地区社会风貌的真实写照，同时也是中国晚清社会的缩影。人类可以有很多记述历史的方法，但影像是最直观且最能使记忆复活的手段。方苏雅拍摄的照片是亚洲最早、最完整地记录一个国家某一地区社会面貌的纪实性照片。史树青（中国国家博物馆研究员，当代著名学者、史学家、文物鉴定家）先生认为，这批照片的发现，"从我们考古的人看来，从近代史文献看来，并不亚于敦煌文献的发现"。

　　时隔百年，这些照片带我们穿越时空隧道回到从前。凝固的历史、不容篡改的形象语言使我们正视过去——什么是民族的耻辱，什么是民族的自豪，这值得今人思考。

新军操练。昆明，1903 年。

泸定到康定的运茶人。19 世纪末 20 世纪初。

乔治·拉比：
关注中国风情的法国旅行家

　　法国人乔治·拉比（Georges Labit）在一百多年前拍摄的发生在中国人生活中的一些场景，以及在照相制版技术尚未发明时将其发表在画报上，都为我们的研究提供了翔实的参考资料。

　　一百多年前，照相制版技术尚未发明，人们要想发表照片，需先将照片绘制成图后再印刷发表。在法国第4大城市图卢兹（Toulouse），有一座小型的东方艺术博物馆，名为乔治·拉比博物馆，该馆至今仍保存着几张经绘画后发表的中国照（图）片，拍摄者为乔治·拉比。

　　乔治·拉比，1864年出生在法国的图卢兹，酷爱旅行，是著名的旅行家。1889年，25岁的乔治第一次来到中国时就被这个古老的东方帝国所吸引。1892年，乔治再次来到中国。在中国旅行期间，他不仅购买了大量的中国艺术品，而且拍摄了不少反映中国社会风情的照片。1893年，乔治将自己的别墅开辟为东方艺术博物馆，并将他带回来的中国、泰国、日本等大量东方文物保存其间，供公众参观。1899年，35岁的乔治·拉比在图卢兹死于情杀。

　　在乔治·拉比博物馆保存的一本1891年出版的法文画报上，有几张乔治当年在中国拍摄的照（图）片。从画面上我们看到一幅穷人上吊自杀的场景，拍摄地点是北京通州某面粉街。从乔治·拉比当年留下的文字介绍中得知，自杀者姓张，因无力偿还债务而自杀。乔治介绍："那天早上，有许多人来围观，但都不敢碰他，不知是死是活。然后，差役来了，把围观的人赶走。10点钟，一个官员来了，但并不把尸体解下来，而是用席子裹上捆好。"[1] 乔治就是在此时拍下了这张照片。

1.《老照片》第四辑，济南：山东画报出版社，1997年10月第1版，第87页。

穷人上吊自杀场景。北京通州，19世纪末。

西方传教士在教授中国精神病人学习纺织。天津，19世纪末。

当时在中国，有西方传教士教授一些中国的精神病人学习纺织。在乔治·拉比博物馆，就存有一张在天津的传教士做慈善活动时有纺织情景的影像。画面上，传教士们身穿中国服装，手摇纺车，在教授纺织方法。

一百多年前，在大多数人没有照相设备的情况下，乔治·拉比巧遇时机，拍摄了发生在中国人生活中的一些稀有场景，并在照相制版技术尚未发明时将其发表在画报上，使我们看到早期照相制版技术发展过程中的一个环节。这对摄影史和印刷史而言，无疑是非常珍贵的史料佐证。

阿绮波德·立德:
中国"天足运动"的发起者

作为早期在华拍摄的为数不多的外国女性摄影师之一，阿绮波德·立德（Archibald Little）在中国的考察内容、范围及成果相较旅行家伊莎贝拉·伯德的拍摄更具温柔的女性视角，加之大量的文字描述，更使其成为我们研究晚清历史和中国文化不可或缺的重要资料。不仅如此，她还是中国"天足运动"的重要发起者。

阿绮波德·立德，英国在华著名商人立德之妻，称立德夫人。她跟随在华经商的丈夫在中国生活了整整 20 年，足迹几乎遍布了中国南方的所有通商港口，著有《在中国的婚事》（*A Marriage in China*，1899）、《熟悉的中国》（*Intimate China*，1899）、《穿蓝色长袍的国度》（*The Land of the Blue Gown*，1901）、《李鸿章，他的生平和时代》（*Li Hung-Chang: His Life and Times*，1903）、《北京我家花园的周围》（*Round About My Peking Garden*，1905）等作品。在这些作品中，立德夫人将她在中国北京、烟台、上海、宁波、芜湖、宜昌、丰都等地的所见所闻做了大量纪实性的记录。这些记录不仅内容广泛、行文流畅，而且更珍贵的是，立德夫人将在中国拍摄的照片刊录其中，从而留存了 19 世纪末中国城乡风土人情和百姓生活的照片，成为我们研究晚清历史和中国文化不可或缺的重要资料。

在中国，立德夫人在所到之处都会拍摄一些影像。

在北京，立德夫人感到这座城市的总体规划宏伟，特别是站在钟楼拍鼓楼，或站在鼓楼拍钟楼，其透视和比例的安排极佳，既有距离感又有细节度。她在建国门上拍摄的北京古观象台，画面清晰，气势壮观。

在上海，形形色色的中国人及百姓日常的生活习俗都是立德夫人观察和拍摄的对象，从她留下的大烟馆、茶楼、小贩等影像资料中，我们可以对当年上海的民风民俗有大致的了解。

在宁波，立德夫人被宁波春天的美丽所吸引，且第一次在古老的雪窦寺观看了寺庙的宗教仪式，还将寺里和尚们的祭祀活动拍摄了下来，这对她来说是非常新奇且具有吸引力的事情。

在重庆，立德夫人不仅用笔记录下了当地农村生活的快乐与痛苦，而且用镜头记录下了农民日常的生产活动，如纺纱织布。此外，也记录了有钱人家的生活。特别是立德夫人当年用自己的相机拍下了重庆东水门城门，正是这张保存至今的老照片，成了今天东水门修复工作的重要依据。2005 年，政府有关部门对东水门城门及城墙进行了修复，使它呈现出昔日的繁华。当然，立德夫人还从一些外国旅行家那里了解到中国边远地区少数民族的生活情况，并将这些信息做了详尽描述。在立德夫人看来，中国是个"穿蓝色长袍的国度"。当然，她说的是百年前的中国，那个苦难深重被列强瓜分的中国。

尤其值得我们关注的是 20 世纪初，立德夫人在中国南方发动了"天足运动"，并成立了"天足会"。她几乎走遍了中国南方，包括武昌、汉阳、广州、香港、澳门、汕头、厦门、福州、杭州和苏州等地。对于一名外国妇女来说，这的确需要极大的勇气。在《穿蓝色长袍的国度》一书中，她详细描述了在清末中国的"反对裹足之行"。她写道："如果你还记得小时候第一次踏进冰冷的海水时的感觉，那么你就能体会到我现在动身去中国南方宣传反对裹足时的心情。我对那里十分陌生，而裹足是中国最古老、最根深蒂固的风俗之一。"为获得政府高层支持，她拜会了李鸿章和张之洞，借助他们的威望与支持开展放足运动。在汉口和汉阳，她在宣传集会上大力宣传放足，许多男人和女人当场捐款参加天足会，表示自己不缠足，也要劝别的女子不再缠足。当然，中国妇女不缠足并非是立德夫人一人之力，但作为欧洲妇女，她能够这样做，是值得称道的。这一行为甚至直接影响了慈禧太后。1902 年2 月 1 日，慈禧太后发布谕令，虽未明言仿照立德夫人"借官吏声望，

光绪皇帝。1874 年。同治皇帝病死，由于他
无子嗣，着奕譞之子载湉入承大统，成为光绪
皇帝。北京，19 世纪末 20 世纪初。

身穿朝服的李鸿章夫人。北京，19 世纪末
20 世纪初。

戒妇女缠足"的做法，但要求各省官员首先以身作则，继而劝止妇女
缠足。以后的天足运动虽仍有曲折，但已是势不可挡。

　　当年，立德夫人用异域人的眼光观察着古老中国的芸芸众生，用
亲身经历与亲见亲闻，撰写了大量著作，将中国的文化、政治、社会
生活及民风民俗等方面的情况介绍给西方世界。今天，当面对一百年
前在西方人眼中并不美妙的中国形象时，我们无须回避。现在，自强
自立的中华民族已有足够的勇气正视这一历史事实。反省过去，不断
完善自己，才能更好地自我定位，不断强大。

纺纱的妇女。19世纪末20世纪初。

母亲和孩子都是天主教徒，她们的脚裹得很紧。19世纪末20世纪初。

北京观象台。19世纪末20世纪初。

斯文·赫定：
楼兰古城的发现者

作为世界著名地理学家、地形学家、探险家，斯文·赫定（Sven Hedin）多次深入中亚和中国的新疆、西藏一带考察，搜集了大量有关地质、古生物、动物、气象等方面的资料和情报。他用撰写游记、绘制地图、拍摄照片、速写绘画等方式记录了自己毕生的探险活动。

斯文·赫定，瑞典人，1865年2月19日诞生于瑞典首都的一个中产阶级家庭，是世界著名的地理学家、探险家、旅行家及作家。他从16岁开始从事探险活动，在清朝末年多次深入中亚和中国的新疆、西藏一带考察，搜集了大量有关地质、古生物、动物、气象等方面的资料和情报。他对人类的重要贡献是发现楼兰古城和填补地图上西藏的大片空白。此外，他还发现了喜马拉雅山脉，雅鲁藏布江、印度河和象泉河的发源地，罗布泊及塔里木盆地沙漠中的墓穴和长城，这也证明长城曾经延伸到新疆。1952年11月26日，斯文·赫定去世，而他去世后出版的中亚地图集是他毕生工作的结晶。

1890年12月，斯文·赫定由沙皇俄国进入中国新疆，抵达中亚名城喀什。1891年1月初，斯文·赫定返回瑞典。1894年5月1日，斯文·赫定又一次离开故乡前往亚洲，抵达喀什，开始了对新疆的考察。1895年2月17日，斯文·赫定离开喀什噶尔，向塔克拉玛干大沙漠前进。由于遇到沙暴，条件恶劣，这次探险遭遇了灭顶之灾。他们最终丧失了全部骆驼，牺牲了两名驭夫。驼队放弃了绝大部分辎重，整理了必须携带的物品，如记事本、地图、仪器、军械、食品等，"至于书籍，只带了一本袖珍《圣经》，其余如照相器材、1000张左右的胶片（其中约100张已经照过）、医药箱、鞍子、衣服，预备送给土人的礼物和许多别的物件都舍弃了"[1]。经过苦苦支撑才被正巧路过的一支骆驼队搭救。

根据斯文·赫定撰写的《亚洲腹地旅行记》中的描述，1895 年 12 月，斯文·赫定带领他的考察小队向和田出发，经过叶尔羌时观察到当地百姓"每百人就有七十五人害着一种特别的瘤病——本地叫作'博哈克'，长在脖子的前部，往往有一脑袋大"[2]。

1896 年 1 月，斯文·赫定一行到达和田。早在唐朝，这座古城就被描写为："那里既无水又无植物,时常扬起一种热风,劫夺人畜的呼吸,往往使人生病。……甚至往往有人死在那里，因为是到了恶鬼的居留地。"[3] 虽然斯文·赫定有在沙漠探险中遭遇危险的经历，但依然有一种力量吸引，使他急切地接近这座"淹没在永久的沙土底下那神秘的国度"[4]。在和田，斯文·赫定从当地居民那里购买古物，如骆驼和猴子等形状的小泥塑品，还有精美的泥塑罐、铜制佛像等 523 种，以及古字和一些钱币。

经历了生与死的磨难，考察队来到一片久无生机的废墟，也就是当地人所谓的塔克拉玛干（Takla-Makan）或丹丹乌里克（Dandan-Uilik，象牙房子之意）。整个遗址气势恢宏，建筑规格不同寻常。这里曾是于阗古国的重镇，它的存在至少证实，千年之前塔里木的沙漠绿洲格局与今天迥然不同。"这里，沙漠从古城的地址伸展到现在这地方，约需二千年的功夫。日后的发现证明，那古城已经确有二千年了。"[5] 丹丹乌里克对再现塔里木河流域的古城邦具有里程碑意义。

1899 年，斯文·赫定又在瑞典的诺贝尔资助下，在新疆进行了第二次考察探险。1900 年，由于一个偶然机遇，他发现了楼兰古城。"这里看不见一点子生命迹象。但在第二天的旅程中，我们又碰见死的树

1.［瑞典］斯文·赫定：《我的探险生涯》, 乌鲁木齐, 新疆人民出版社, 1997 年 10 月第 1 版, 第 138 页。
2.［瑞典］斯文·赫定：《亚洲腹地旅行记》, 上海, 上海书店印行, 1984 年 3 月第 1 版, 第 194 页。
3.［瑞典］斯文·赫定：《亚洲腹地旅行记》, 上海, 上海书店印行, 1984 年 3 月第 1 版, 第 196 页。
4. 同上。
5.［瑞典］斯文·赫定：《我的探险生涯》, 乌鲁木齐, 新疆人民出版社, 1997 年 10 月第 1 版, 第 167 页。

林，都是些腐朽的，为沙所致，裂的、灰色的树干。"[6] 由于考察队唯一的铁铲丢失了，队员于得克去寻找，虽然遇上了风暴，却意外地发现了楼兰古城遗址，他发现"许多房屋的废址，有些装饰很美丽的板壁半埋在沙土中"[7]。当斯文·赫定看到于得克带回来的这些艺术雕刻品时，他"简直有点头晕了"[8]。斯文·赫定立刻让于得克把他带到他发现木刻板的地方。"他忘掉了铁铲，这只是一种运气。不然，我将回不到古城，永不能做到这样大规模的发现，给中亚的上古史投下新的、意想不到的光辉。"[9] 根据在遗址内发现的汉文简牍，此遗址被称为楼兰。

1907 年，斯文·赫定第四次来中国，他的主要目标是西藏。他从克什米尔进入西藏西部，途经藏北抵达西藏腹地日喀则。这次斯文·赫定受到贵宾待遇，"班禅喇嘛差人送来一条哈达——一长条浅蓝色的绸子——表示尊重、祝福和欢迎的意思。不仅如此，班禅喇嘛还命我到庙中去参与新年的盛典"[10]。斯文·赫定在《我的探险生涯》一书中这样描述他初次见到班禅喇嘛时的情景："班禅喇嘛的袍子是用黄缎做的，头上戴着羊毛的帽子，形状好似罗马的盔。"新年第二天，斯文·赫定到扎什伦布寺的宫殿再次会见了班禅，"我们叙谈了三个小时的光景。我们谈到我的旅行、欧洲、中国、日本、印度……和许多别的事情。……他说，我完全得享自由，无论何时何地，只要我愿意，都可以随便地去拍照、写生或记录"[11]。从上述描述中，我们知道，斯文·赫定在西藏可以自由行动，班禅将他视为朋友，对他的活动给予了极大的方便。斯文·赫定在西藏不仅拍摄了照片，还对西藏部分山川地形绘制了地图，这在当时对外国人封闭的西藏是何等不易。北京华辰拍卖有限公司在 2015

6.［瑞典］斯文·赫定：《亚洲腹地旅行记》，上海：上海书店印行，1984 年 3 月第 1 版，第 312 页。
7.［瑞典］斯文·赫定：《亚洲腹地旅行记》，上海：上海书店印行，1984 年 3 月第 1 版，第 314 页。
8.［瑞典］斯文·赫定：《亚洲腹地旅行记》，上海：上海书店印行，1984 年 3 月第 1 版，第 315 页。
9. 同上。
10.［瑞典］斯文·赫定：《我的探险生涯》，乌鲁木齐：新疆人民出版社，1997 年 10 月第 1 版，第 375 页。
11.［瑞典］斯文·赫定：《我的探险生涯》，乌鲁木齐：新疆人民出版社，1997 年 10 月第 1 版，第 379 页。

考察队在途中。20 世纪初。

考察队野外考察。20 世纪初。

制作莜面面食。新疆，1928 年。

吃莜面卷的百姓。新疆，1928 年。

年春拍时，拍卖了一套有关西藏的游记丛书和版画。1908 年法国出版的《画报》则用 5 个整页报道了斯文·赫定在西藏的考察，并刊登有地图 1 张和他拍摄的照片 8 张。

1926 年冬天，斯文·赫定再次踏上中国的大地，在瑞典和德国政府的资金支持下，他领导了从 1927 年到 1935 年间的中国瑞典联合科学考察。这是一次国际性、跨学科的科学调查，其中包括从 6 个国家来的 37 位科学家。

1935 年，赫定以演讲的方式使瑞典政府、中国国民党政府和纳粹德国政府了解了他对中亚地区的独特观点，并与蒋介石和希特勒的政治代表进行了面对面的讨论。

从 1890 年到 1935 年，斯文·赫定先后 5 次进入中国，数次攀登"冰山之父"慕士塔格峰，3 次横穿塔克拉玛干沙漠，几下罗布泊，翻越世界屋脊，深入雪域高原。他首次发现于阗古国、楼兰古城遗址，绘制西藏地图，勘定恒河源头，探查古丝绸之路，一路惊险连连、传奇不断，这些都是从未有西方人探索过的区域。斯文·赫定探险新疆和西藏，最主要的动力是那里的很多地方从来没有西方人去过，他想做第一个去那里的西方人。

斯文·赫定在历次探险活动中拍摄了大量照片，但由于恶劣环境的侵扰，他和他的探险队多次遇险，大部分照片和底片已经遗失。然而，世事福祸相依。斯文·赫定从灾难中获取了受用终生的教益：在多次探险途中，他用铅笔画代替照相，这竟然造就了一个极具个人特点的画家，一生留下了 5000 多幅画。

乔治·厄内斯特·莫里循:
中国的莫理循

乔治·厄内斯特·莫里循（George Ernest Morrison）在中国生活了20余年，经历了中国历史上的重要变迁时期，并在中国度过了其重要的政治生涯。在那个动荡的年代，他以一名记者独特的眼光关注中国社会的变化。他捕捉的每一个珍贵镜头，不同程度地反映了中国各阶层百姓生活的状况。

乔治·厄内斯特·莫里循，中文名字是莫理循，生于澳大利亚，早年毕业于英国爱丁堡大学医学院。1894年，莫里循来到中国，从上海出发沿长江溯游而上，开始了他第一次在中国的旅行。一年后，《一个澳大利亚人在中国》（*An Australian in China*）一书在伦敦出版，好评如潮。莫里循由此受聘于《泰晤士报》（*The Times*），任驻北京特派记者，从此开始了他长达20余年的中国生涯。作为记者，莫里循在中国经历了戊戌变法、庚子事变、《辛丑条约》的签订、清末的政治改革、日俄战争、慈禧与光绪的辞世，以及辛亥革命等清末民初中国的重大历史事件。在此社会背景下，莫里循曾经以英国记者的身份周旋于清朝洋务大臣之间，包括李鸿章、张之洞、袁世凯等。

1900年，义和团运动爆发，在这场震惊中外的大动荡中，莫里循以惊人的胆识和独到的新闻嗅觉，在1900年6月清兵与义和团即将围困使馆区的第一时间给《泰晤士报》发出来自北京的最后消息，一举成为闻名全球的记者。1912年至1920年，他曾入袁世凯帐下，一直担任中华民国大总统政治顾问。在1919年的"巴黎和会"上，面对日本人的无理要求，他与中国代表一道力争获取当时情况下最为可能的外交协议。为表彰他为中华民国政府所做的贡献，民国政府正式将他居住的王府井大街命名为莫里循大街，可见他在中国的影响力。1920

两宫回銮，前一张照片中是慈禧太后的轿子，后一张照片中是光绪皇帝的轿子。北京，1902年。

年，莫里循在伦敦死于胰脏病。

　　莫里循在中国期间，常身着中国服装，带着中国的脚夫徒步旅行，并沿途拍摄。他的足迹由北到南，遍及中国的上海、南京、武汉、贵州、重庆、云南等许多省市。他拍摄的题材范围非常广泛，内容不仅涵盖沿途风景、城池、庙宇以及反映中国传统妇女贞操观的贞节牌坊。更多的则是百姓的生活，如北京的街道、中国农村质朴的百姓、兰州的风景、济南大明湖、中国西部的妇女、吸食鸦片的烟客等，这些摄影作品真实再现了19世纪末20世纪初中国各阶层百姓生活的状况及西南地区的民俗风貌。在中国西北，莫里循拍摄了大量照片，内容包括老人、妇女、儿童等普通民众及官员、教士等，真实记录了辛亥革命前夕从西安经河西走廊直至北疆和伊犁河谷的社会民情与风景，他的人物摄影极具冲击力和震撼力。

　　在云南思茅，莫里循拍摄了一套以百姓民俗为主题的照片，为20世纪初云南少数民族的生活留下了视觉记录。在拍摄《云南巨人与尼姑》这幅作品时，他让一名身高7英尺11英寸的亲兵，与一位身材矮小的尼姑并排站立，画面中两人的身高形成了鲜明的对照和反差。

　　莫里循以一名记者独特的眼光观察周围发生的事物，关注中国社会的变化。在那个动荡的年代，他捕捉的每一个珍贵镜头，都不同程度地反映了当时的社会状况。他的摄影作品流传至今，使今天更多的人借助他留下的反映中国风情的影像来了解一百年前中国百姓的生活。

云南思茅迎春节的游行。1908 年。

日军抵达北京。1900 年。

哈密的维吾尔族人。19 世纪末 20 世纪初。

西安府晋陕会馆。19 世纪末 20 世纪初。

乾州的两位差人。陕西，1910 年。

云南巨人与尼姑。20 世纪初。

山本赞七郎：
在北京经营照相馆的日本人

　　日本著名摄影师山本赞七郎（Yamamoto Sanshichiro）在北京拍摄了一系列反映北京风景及百姓生活的照片。他拍摄的照片，数量多、质量高、内容涵盖广，是民国时期的珍贵影像。

　　山本赞七郎，日本著名摄影师，1855年生于日本冈山县。1882年起在东京的新桥开设照相馆。彼时的日本，照相业竞争已经十分激烈。他注意到中国蕴藏着巨大的商机，遂于1897年迁往北京，在北京拍照并开设了山本写真馆，是最早在北京经营照相馆的日本人。山本照相馆位于北京东安门外霞公府路（今北京贵宾楼饭店后），主要为皇室和王公大臣拍摄肖像。在北京，山本是极有影响力的摄影师，曾被内务府招入颐和园为慈禧太后拍照。从此，摄影术备受幽居深宫的皇家妇女欢迎，并成了皇族们的消遣工具。

　　由于山本赞七郎的摄影技术精湛，使他在北京开设的照相馆生意兴隆、声名远播，但山本此时却把拍摄重点放在北京的风景上。1899年，山本出版了第一本有关北京的画册，名为《北京名胜》，收录照片36张，是山本赞七郎摄影作品的代表作。其中，不仅有前门、西四等繁华的商业街，还有碧云寺、卧佛寺、巍峨的天宁寺塔、雄伟的长城等北京的古代建筑，以及大量反映北京百姓生活和风土人情的照片。比如，身穿法衣的雍和宫喇嘛、食摊、鸟市、杂货店、满族妇女、骡马车夫等。山本对中国文化的理解，正是通过他的影像呈现出来的。这些北京的人文景观很受西方人的青睐，他的照片不仅销路很好，还被制成明信片飞往世界各地。1906年，山本发行了收录100张照片版本的《北京名胜》；1909年，又重新刊印《北京名胜》。

溥仪、婉容与威林顿夫妇、庄士敦（左）合影。北京，1926年。

角楼下的骆驼队。北京，19世纪末。

国子监辟雍殿前的牌楼。北京，19世纪末。

军机大臣多罗贝勒毓朗。19世纪末20世纪初。　　　龙门石窟。洛阳，20世纪初。

　　1900年，义和团运动爆发，北京的照相馆业受到巨大冲击。但作为当时北京城仅有的外国照相馆，山本写真馆却迎来了一个绝佳的商业机会——王公贵族们争相请山本为他们拍摄肖像照。清人徐珂所撰的《清稗类钞》中曾有这样一段记载："日人某精摄影，庆王为之介绍于孝钦后，令至颐和园为照一簪花小像……"这位"日人某"指的就是山本赞七郎，"孝钦"即慈禧太后。此外，他还给朝廷官员们拍摄过肖像。

　　从这一时期山本拍摄的照片分析，虽然战争对北京的照相业产生了破坏，但战乱平息后，避难于使馆幸存下来的山本赞七郎很快将照相馆重新开业，并在第一时间拍摄了劫后的北京城。他曾同日本摄影师小川一真（Ogawa Kazuma）等随军记录"庚子事变"实况。1901年，义和团运动平息后，山本赞七郎再次拍摄了前门大街。此时，社会秩序也逐渐恢复，但对比之前的照片仍能看出战争所造成的创伤。紫禁城依然雄伟，但人烟稀少；天坛祈年殿的砖地上长满野草；天坛寰丘，八国联军曾在此架炮轰击正阳门。山本此时拍摄的照片，依然留有战争的痕迹。

值得关注的是，山本一直以拍摄京城旧影而闻名于世。目前，摄影史学界对他的研究和认知只局限于他拍摄的北京。根据日本东亚文化研究所收藏的摄影师干版底片可知，山本曾赴云冈石窟和龙门石窟进行过拍摄。北京华辰拍卖有限公司在 2012 年的春拍中曾拍卖过这组照片，它是摄影师在民国初年拍摄的极为罕见的云冈石窟系列原版照片，记录了山本从北京出发至拍摄完成的全过程，内容涵盖了云冈 30 多个洞窟的佛像信息。

据资料显示，山本此行 5 人，自北京出发，乘坐刚建好的京绥铁路上的列车赴大同，沿途经过了石家庄、洛阳、大同府等地，一路拍摄。到达云冈后，山本拍摄了石窟周边的观音堂及当地民俗、宗教等照片。随后，他们对云冈 30 多个洞窟进行了拍摄，包括全景和各个单窟内的景象，对佛像、建筑及浮雕的细节等进行了极为细腻的拍摄。云冈是中国古代佛像艺术建筑群，在历朝历代都遭受过破坏，这套拍摄于民国的影像极其珍贵，为研究摄影史和石刻学提供了较原始的影像资料。

摄影术是由西方人带入中国的。由于文化背景不同，他们镜头下所反映的中国和中国人，大都出自西方人的审美情趣和猎奇心理。相形之下，尽管百年来中日关系紧张，但不可否认两国文化的同根同源。早期日本摄影家当年拍摄的中国，似乎更容易为我们所接受和理解。而今，山本赞七郎拍摄的中国的城门、宫殿、人物及生活场景多已不复存在，而他拍摄的现今能见到的影像又重新为我们展现了那个年代的旧京风物。

1943 年，山本赞七郎去世。

国子监辟雍殿。北京，19 世纪末。

故宫午门。北京，19 世纪末。

清代紫禁城皇乾殿。北京，20 世纪初。

欧内斯特·亨利·威尔逊:
打开中国西部花园的人

英国著名植物学家欧内斯特·亨利·威尔逊（Ernest Henry Wilson）曾4次到中国西部进行植物考察，同时还拍摄了大量照片，记录了当时的自然与人文景观，真实地反映出百年前中国西南部的社会风貌。欧内斯特·亨利·威尔逊对植物学的研究和推广做出了巨大贡献。

欧内斯特·亨利·威尔逊，英国著名植物学家、探险家，曾担任美国哈佛大学植物研究所所长。

1876年2月15日，威尔逊出生在英国开普敦（Cape Town）一个铁路工人家庭。威尔逊兄妹6人，他排行老大。13岁那年，威尔逊成为一名花匠。后来，他在伯明翰技术学院学习植物学，又到著名的英国皇家植物园——邱园（Kew Gardens）深造。当世界著名的维奇花木公司领头人哈里·维奇（Harry Veitch）爵士选中他作为"植物猎人"前往中国西南时，他已是园艺界的高级植物学人才。1899年6月3日，威尔逊抵达中国香港，经越南前往云南境内的小城思茅。在被告知川鄂交界有可能发现珙桐树时，1900年2月24日，威尔逊抵达长江畔的宜昌。珙桐为落叶乔木，是1000万年前新生代第三纪留下的孑遗植物。在第四纪冰川时期，大部分地区的珙桐相继灭绝，只有在中国南方的一些地区幸存下来。野生种只生长在中国西南的四川省和中部的湖北省及周边地区。5月，在一片葱翠的密林里，威尔逊首次发现了一棵满树飞舞着美丽白花的高大珙桐树。事后，他曾经写道："我以为珙桐是北温带所有树种中最有趣和最漂亮的……花朵和苞片垂挂在那些长长的花茎上，微风吹拂时，它们就像在树上曼舞的大大蝴蝶。珙桐树通常高十数米，绿叶呈宽卵形，叶子背面长有浓密的白绒毛。

珙桐花开放时，犹如白鸽翻飞，人们叫它鸽子花。"1902年4月，威尔逊回到英国。他带回的珙桐树种在苗圃里经过一段时间终于发芽了，而且数目达一千多株。

1903年1月23日，新婚的威尔逊第二次接受维奇花木公司的派遣，前往中国四川寻找黄色罂粟科植物——全缘叶绿绒蒿。威尔逊于1903年7月离开打箭炉（今康定），继续向松潘高原挺进，在那里找到了在西方引起轰动的帝王百合。8月底，威尔逊在松坪一带的大山上找到了绿绒蒿。

1905年3月，威尔逊满载回到英国，带回了510种树种，2400种植物标本。1905年冬天，美国哈佛大学阿诺德植物园的负责人查尔斯·萨金特（Charles Sargent）拜访了他，并请他作为阿诺德植物园的植物猎人前往中国。1907年初，带着萨金特交给他到中国寻找更多植物的使命，威尔逊开始了第三次四川之行。这次，眼光与众不同的萨金特坚持让他带上相机，去拍摄中国的自然和人文景观。他带着从美国运来的沉重摄影器材，在交通极不发达的中国西部翻山越岭，拍摄了2000余张珍贵的照片。在他拍摄的照片里，除他研究的植物花卉外，还有大量当地的人文及地理等照片。他将上千份植物种子带到西方，成为日后西方园林中成千上万花卉品种的先祖，威尔逊因此也被西方称为"打开中国西部花园的人"。

1908年8月，威尔逊第三次到雅安。当时，他是从成都出发，沿另一条茶马古道经都江堰、小金、丹巴前往康定。在康定，他时常碰见背着盐包和砖茶的背夫。威尔逊曾经叫人秤过他们背夹上砖茶的重量，发现一般都有200磅，最多的甚至达到317磅（120千克），这让他十分吃惊。康定考察结束后，他经泸定的冷碛、化林坪翻过飞越岭到达汉源境内。一路上，他在三交坪、宜东、清溪、雨城区等地拍摄了照片。

1910年8月，威尔逊拍摄了两张叠溪古城的照片。1933年，叠溪发生7.5级地震，叠溪古城严重损毁，故而这组照片成为目前发现的世界上第一组记录地震前叠溪古城的黑白照片。

1930年10月15日，欧内斯特·亨利·威尔逊和妻子海伦去探望女儿，在返回位于波士顿的阿诺德植物园途中，不幸遭遇车祸去世，享年54岁。

从1899年至1911年，他曾4次到中国西部进行植物探察。其中，3次到达四川，几乎穿行了四川盆地西部所有的高山大川和重要城镇。由于在中国考察的研究成就，他被誉为"中国威尔逊"。12年间，威尔逊采集了大量植物树种，拍摄了2000余张照片，对植物学的研究和推广做出了巨大贡献。

百年后的今天，我们仍可沿着当年威尔逊拍摄的影像记录，去体验中国西部的人文景观，重新审视那里神秘的风土民情。

茶马古道上的背夫。重庆，20世纪初。

唐纳德·曼尼:
民国风景摄影大家

优秀的风景摄影师唐纳德·曼尼（Donald Mennie）在华期间拍摄过大量有关沪宁、长江、北京等地区的照片，并在民国初年曾两次沿长江溯流而上，拍摄了秀丽壮美的三峡风景。

2008 年，中国国家图书馆曾举办了"1860—1930 英国藏中国历史照片展"。在展览中，唐纳德·曼尼作为摄影家被介绍给中国观众，这引起了中国摄影史学界学者的关注，至此，中国摄影史上一位"失踪"的民国风景摄影大家随之浮出水面。

唐纳德·曼尼，1876 年出生，英格兰商人，业余摄影。15 岁时，曼尼曾是一名药剂师的助手，与兄长及两个弟弟居住在苏格兰北部旧郡萨瑟兰德·戈尔斯皮（Sutherland Gorsfield），他的兄长似乎也是一名药剂师。

至少在 1899 年，曼尼就已经来到了中国，曾在北京一家名为麦克塔维什 – 雷曼（Mactavish & Lehman Co.）的公司工作，后就职于屈臣氏大药房上海分店，不久便成了这家公司的大班经理。1920 年至 1941 年间，他还一度成为中国沿海地区最有权势的企业家。

至于唐纳德·曼尼何时开始摄影的，目前我们不得而知。据上海一家摄影协会的资料显示：早在 1903 年 4 月，曼尼就曾与该协会的成员分享过使用手持相机拍摄的经验。1904 年 6 月，他又在该协会讲述了如何使用慢性感光印相纸的经验。而他在 1905 年 12 月的讲座讲述的则是如何给照片上色。

著名的上海屈臣氏大药房之所以能较早地与摄影师在经营过程中有紧密联系，也能较早地接触摄影艺术，是由于湿版法摄影术。早期摄影采用的是玻璃底片，拍摄前才在暗室内将显影药水涂抹在玻璃底

永定门，收录于《北京美观》。20 世纪初。

德胜门，收录于《北京美观》。20 世纪初。

片上，又称湿版法。玻璃底片经过相机拍摄曝光，然后在暗室内用相纸晒影。晒影后的相纸要浸泡在定影药水中漂洗，烘干后才能成为永不褪色的照片。而这些用于照相的显影药水和定影药水正是屈臣氏这类西药房经营出售的。由于唐纳德·曼尼供职于上海屈臣氏大药房，无疑，工作上的便利为他提供了研究摄影技术的条件。由于上海屈臣氏大药房厚实的经济基础，故而也与摄影师合作出版摄影作品。

从 1899 年至 1941 年，唐纳德·曼尼在华期间拍摄过大量有关沪宁、长江、北京等地区的照片，并在民国初年曾两次沿长江溯流而上，拍摄了秀丽壮美的三峡风景。

从 1920 年至 1927 年间，唐纳德·曼尼先后出版了几部摄影作品集，包括《北京美观》（The Pageant of Peking）、《扬子风景》（The Grandeur of the Gorges）、《中国山水写真》（China by Land and Water）、《中国的南与北》（China, North and South）、《中国风景画》（Glimpses of China）等。

《北京美观》是曼尼出版的第一本摄影画册。该画册收录了 66 幅摄影作品，内容包括颐和园、碧云寺、北海、孔庙、戒台寺等风景名胜，以及当时北京的市井生活场面。其中，反映老北京四九城城门的照片就有西直门、永定门、正阳门、阜成门、右安门、德胜门等十余处。此外，安定门大街、鼓楼的建筑、京城的店铺等京味十足的场景也被收录其中，是难得一见的关于当时北京的大型摄影画册。这些作品如诗如画，透过晨雾、湖泊、古塔、寺庙、桥梁、街市、胡同，以及那些具有国画情趣、古意盎然的风景，来表现北京这座千年帝王之都的美妙。这 66 幅摄影作品都是"先印刷在影写纸上，再粘贴入书里"[1]。书的封面采用了宝石蓝织纹绸缎轧花烫金字的工艺，成书为毛边本，每一道工序无不显露出装帧的细腻与奢华，是曼尼的精心杰作。该画册初版仅印制了 1000 本，出版后大受欢迎，在随后数年里多次再版。

1.《影像》拍卖图录——2016 年华辰春季拍卖会 268 号。

颐和园，收录于《北京美观》。20 世纪初。

他拍摄的照片，不注重特定内容，但喜好侧逆光的拍摄，十分讲究光线、阴影、构图、质感与层次。

《中国的南与北》摄影集由屈臣氏大药房出版，共收录了中国各地照片 30 张，包括苏州、宁波、无锡、杭州、嘉定、上海、福州等地。通过曼尼拍摄的江南风光，我们仿佛看见"一桥如带，水光山色，片帆高举，相映成趣"[2] 的古意盎然之境。

1926 年，曼尼出版了《扬子风景》，这是继《北京美观》之后的又一力作。摄影家以独特的视角记录了长江流域，尤其是三峡宜昌至

2.［英］唐纳德·曼尼摄，帕特南·威尔文.《北洋北京——摄影大师的视界》，张远航译，北京：中央编译出版社，2013 年 1 月第 1 版，第 8 页。

碧云寺，收录于《北京美观》。20世纪初。

重庆段的自然及人文景观。该画册限量发行1000本，收录了手工上色的原版银盐照片12张和凹版印刷照片38张。它记录了民国期间的青滩、夔府、巫峡、獭洞滩、黄陵庙、文山、万县县城、风箱峡、灯影峡、牛肝马肺峡、张飞庙、重庆县城等长江景致，以及汽船、渡船、纤夫等反映当时内河航运状况的场景，是继约翰·汤姆逊、伊莎贝拉·伯德之后有关长江流域较重要的摄影作品，也是目前所见的较为精美的中国摄影画册，堪称民国时期摄影艺术的精品。

此外，他还出版过《中国山水写真》，由屈臣氏大药房出版。画册收录了曼尼拍摄的杭州等地的风光照片30张，从不同角度诠释了杭州西湖、天竺寺及街市的美景。在《中国风景画》画册中，收录了曼尼拍摄的无锡、杭州、上海等江浙地区的风光。这些画册收录了曼尼

右安门箭楼附近歇息的百姓，收录
于《北京美观》。20 世纪初。

通过平则门（今阜成门）的百姓，
收录于《北京美观》。20 世纪初。

在北京、上海、杭州、苏州、宁波、无锡、威海卫等地,以及在长江、闽江流域拍摄的风景民俗。除了摄影画册外,曼尼的摄影作品还出现在报纸的图片版上,或是作为插图出现在其他出版物中,有些摄影作品也曾被制成年历售卖。

作为摄影师,曼尼坚守着传统的湿版摄影工艺,作品出版时主要采用凹版印刷。其中,也有许多摄影作品采用手工上色的方式以达到彩色效果。曼尼喜欢用影写纸轻柔的阴影与特殊的质感和层次烘托他眼中的古老中国,用这种方式表达他对中国文化的热爱。他把情感宣泄在纸上,将记忆注入了历史。

在摄影风格上,受 19 世纪末画意摄影的影响,他拍摄的影像作品呈现出朦胧而细腻的独特美感。曼尼用镜头表达了中国文人最为向往的自然、飘逸、脱离世俗的日常风景,以及超脱、怡然的自然境界。他的摄影作品十分注重拍摄角度和画面效果,无论是晨雾、湖泊、江河、桥梁,还是街市、胡同,曼尼都十分注意光影、质感和层次。因此,曼尼的摄影作品呈现出国画般的情趣,具有很高的艺术价值,是 20 世纪初极具个人风格的画意摄影佳作。

1937 年,随着日本发动全面侵华战争,曼尼在中国的拍摄活动被迫结束。关于唐纳德·曼尼的去世时间,一种说法为 1941 年曼尼在上海去世。另一种说法是,1941 年 12 月太平洋战争爆发后,日本占领上海租界,加大了对英美等国侨民的管理,并于 1943 年设立上海集中营。1943 年 3 月,曼尼被日军关进上海龙华集中营。恶劣的条件使年近 70 岁的他健康状况恶化。1944 年 1 月,唐纳德·曼尼在上海去世。至于唐纳德·曼尼去世的准确时间,有待进一步确认。

多年来,堪称最优秀的风景摄影大家的唐纳德·曼尼似乎已被人们遗忘,中国摄影史上也几乎查不到对他的记录。近年来,北京华辰拍卖有限公司在影像拍卖中不断地出现唐纳德·曼尼的摄影图集,这为我们重新认识和研究这位"失踪"的民国时期的摄影师提供了重要线索。

京城店铺——实用店，收录于
《北京美观》。20 世纪初。

江南水乡风景，收录于《中国的南与北》。20 世纪初。

福州船景，收录于《中国的南与北》。20 世纪初。

闽江，收录于《中国的南与北》。20 世纪初。

重庆万州桥（这座桥及其所在万州城
已于 2003 年永沉江底），收录于《扬
子风景》。20 世纪初。

行驶在长江中的轮渡，收录于《扬子
风景》。20 世纪初。

长江牛肝马肺峡峡谷，收录于《扬子
风景》。20 世纪初。

詹姆斯·利卡尔顿：
用立体相机拍摄庚子中国的摄影师

　　美国摄影家詹姆斯·利卡尔顿（James Richarton）用先进的立体相机为我们拍摄了 1900 年动荡的中国，特别是八国联军侵华时的场景，为我们研究西方列强的侵华史留下了珍贵的历史佐证。

　　詹姆斯·利卡尔顿，美国摄影师。1891 年，利卡尔顿加入美国安德伍德（UnderWood & UdnerWood）公司。1900 年，他经香港来到中国内地，其目的是拍摄一套有关中国风土民情的立体照片，这不仅为了满足他对中国这块动荡不安的土地的好奇心，也为了尝试他用于摄影的新式器材——一部当时最先进的立体相机。

　　早在摄影术发明之际，人们就设想过视觉立体的再现。摄影术诞生仅十余年，在银版摄影术将要被火棉胶摄影术取而代之的过渡时期，许多人便开始研究摄影画面的立体化。19 世纪 50 年代，英国爱丁堡的戴维·布鲁斯特和法国巴黎的儒勒·杜波斯克成功研制出了立体相机和双镜头立体观片镜。立体相机有两支镜头，镜头间的距离与人双眼间的距离相同，它是利用双眼的视觉差，通过照片重现三维空间的景物。两支镜头分别成像，拍摄出两张照片，冲洗后放在特制的观片器中观看。观片器上也有两支透镜，透镜间的距离也与人双眼间的距离相同。所以，通过观片器同时看两张照片，可以感受到一张前后景分离的立体照片的效果。立体摄影很快由欧洲传到美国，此后的 40 年间，更是广为流传并大受欢迎。利卡尔顿正是在这一时期，携带着立体相机来到中国的。对于那个时期的中国人来说，欣赏到被称为"洋片"的立体照片，不啻于看到了今天的电影和电视。

　　1900 年 6 月前，利卡尔顿尚在中国的南方拍摄照片。在上海街头，

教会儿童和一个美国
小女孩在一起。广州，
1900 年。

广州的一位中国女
教民。广州沙面，
1900 年。

中国诸多封建酷刑中的一种 ——"站笼"。上海，1900 年 6 月。

锯木工人。宁波，1900 年。

他看到中国封建社会的酷刑——"站笼"的实施过程。这一刑法是将犯人直立在特制的木笼内，笼上端是枷，卡住犯人的脖子，使其头露在外面，脚下垫砖若干块，如将脚下的砖块全部抽掉，不多时人即可送命。因此，受罪的轻重、性命的长短全在砖抽取的多少。利卡尔顿拍下的这张照片，使我们看到了当年封建酷刑的一个侧面。

1900 年 6 月后，利卡尔顿再也无法按照原定计划在中国按部就班地旅行了。由于帝国主义侵略的日益加深，中国人民与各国列强的矛盾已日趋激化，1900 年终于爆发了以农民为主体，以反对洋教为目的的义和团运动。而清朝统治者在这时对义和团采取了"抚而用之"、"因势利导"的政策，使义和团运动在中国蓬勃发展起来，并且控制了整个北京城。为镇压义和团，进一步侵略中国，西方列强的军舰开始在天津大沽口外集结。这时，詹姆斯·利卡尔顿匆匆离开上海，乘船经烟台转道北上，于1900 年 6 月到达北京的门户——天津，目睹了八国联军侵华战争的序幕——大沽口炮台战役。从此，利卡尔顿的镜头对准了天津和北京的许多战争场面，真实地记录了当时战争中发生的种种场景。这些场景为今天研究西方列强的侵华史留下了极为珍贵的历史资料。

在利卡尔顿当年拍摄的照片中，我们看到被击损的美国军舰"莫诺卡西"号停泊在海面上，船左首的吃水线下可清晰地见到弹洞，后方浓烟滚滚处为被八国联军占领的塘沽。这张照片至少告诉了我们这样一个信息：过去中外史学家研究八国联军在京津地区的战斗时，往往认为清军击伤了英、法、德、俄 4 个国家的军舰，而从利卡尔顿拍摄的照片中，我们分明看到了美国的受损军舰，这也足以证明中国在大沽口炮台战役中损毁了包括美国在内的至少 5 国的军舰。

天津南门，这一城市要塞，当年守城清军曾在这里与侵略者展开激烈的战斗。从利卡尔顿拍摄的照片中，我们清楚地看到天津南门上巨大的炮弹坑和成批死去的清兵尸体。那些认为天津南门的失守是因为清军不战而退的说法显然不符合事实。利卡尔顿当年曾记录道："1900

年 7 月 14 日，我们正在天津内城的南城墙上。这里一直被联军围攻，清国军队和聚集在这儿的义和团也进行了顽强的抵抗。……两次试用炸药炸开沉重的城门，但都无功而返。联军伤亡惨重。"[1] 有研究者认为，当年在激战中，大量清兵除了死于激烈的炮火外，还与联军使用的一种叫"列抵"的新式毒气弹有关——"成批的死者躺在南门附近的街道上和房子中，而许多是死于弹片和'列抵'弹的毒气"[2]。在近代战争史上，首次使用毒气弹被公认是在 1914 年第一次世界大战期间，而利卡尔顿拍摄照片的原始说明中所披露的信息证明，毒气弹在战争中的首次使用应该是在 1900 年八国联军侵华期间。这比第一次世界大战中应用毒气弹早了十几年。

从被美军抓获的义和团拳民的照片来看，这些质朴的百姓本可以安分守己地在自己的土地上劳作、生息，但由于外国列强的入侵，加上清政府的腐败昏庸，打破了他们平静的生活。为了保家卫国，他们纷纷加入义和团与强敌抗争。他们面临死亡，却看不出有一丝不快，有人甚至还决定先抽一袋烟。他们的神情给后人留下了深刻印象，是麻木还是无畏？

在利卡尔顿拍摄的照片中，有一幅这样的场景，画面显示了天津城内的一个贫民家庭在被炸毁的残垣断壁的家中吃饭，他们愁眉不展的表情，好似在为今后的生活发愁。从利卡尔顿当年的记录中得知：这家人"怯怯地按照我们的吩咐摆姿势，'老太太'坐在桌子的一端，他们正在吃一顿正餐"[3]。在这样动荡的社会背景下，自己的命运如何，他们无从把握。

詹姆斯·利卡尔顿当年拍摄的这套立体照片画面清晰生动，视野广阔，图文并茂。这不仅使我们看到当时八国联军侵华的场景，那些

1. [美]詹姆斯·利卡尔顿：《1900，美国摄影师的中国照片日记》，徐广宇译，福州：福建教育出版社，2008 年 12 月第 1 版，第 145 页。
2. 《老照片》第一辑，济南：山东画报出版社，1996 年 12 月第 1 版，第 76 页。
3. [美]詹姆斯·利卡尔顿：《1900，美国摄影师的中国照片日记》，徐广宇译，福州：福建教育出版社，2008 年 12 月第 1 版，第 157 页。

被中国炮弹击损的美国军舰"莫诺卡西"号，舰左首吃水线下可见弹洞，后方浓烟滚滚处是被八国联军占领的塘沽。天津，1900 年 7 月。

天津教民乘船逃离。天津，1900 年 7 月。

被八国联军攻陷后的
天津南城门上为战争
付出生命的清兵。
1900 年 7 月 14 日。

照片文字说明也为今天留下了无可辩驳的史实依据。虽然利卡尔顿是用洋人的眼光看待中国，是用"洋镜头"记录中国，但当年定格在他镜头下的历史瞬间，对今天的我们而言，可谓弥足珍贵。

　　1902 年，美国安德伍德公司出版了利卡尔顿的《立体照片中的中国》（*China Through the Stereoscope*）系列立体照片 100 张。成立于 1882 年的美国安德伍德公司是当时世界上最大的立体照片生产商，每年可生产 1000 万张立体照片。从 1900 年开始，公司推出了成套的盒装立体照片，而利卡尔顿拍摄于 1900 年前后的立体照片深受美国人的喜欢。2009 年，中国国家博物馆收藏了詹姆斯·利卡尔顿在中国拍摄的一套立体照片。

被八国联军攻陷的天津城里混乱的人群。1900 年 7 月 14 日。

八国联军攻陷天津后一户居民在残破的家中吃饭。天津，1900 年 7 月。

一群被捕的义和团拳民。天
津，1900 年 7 月。

八国联军统帅瓦德西在联军
军官陪同、美国步兵列队下
走过午门。北京，1900 年。

小川一真：
记录庚子北京的摄影师

日本摄影师小川一真（Ogawa Kazumasa）拍摄的紫禁城宫殿建筑，首次记录了皇城原貌，实属一份难得的影像资料。他于八国联军侵华时在北京、天津等地拍摄的历史照片，同样具有较高的历史价值和学术价值。

1900 年（光绪庚子年），英、法、美、意、日、俄、德、奥八国联军攻占北京，一些外国摄影师随即来到中国进行拍摄活动，日本摄影师小川一真便是其中一员。小川一真曾于明治三十四年（1901）作为摄影师随同伊东忠太（Ito Chuta）、土屋纯一（Tsuchiya Junichi）、奥山恒五郎（Okuyama Kogoro）到北京考察，拍摄了紫禁城及其他一些宫殿楼阁的建筑照片。特别是"庚子事变"后，他在北京等地拍摄了大量珍贵照片，具有较高的学术及历史研究价值，鉴于他的特殊贡献，意大利、瑞典等国先后授予他勋章，以示奖励。

小川一真是日本明治、昭和时代著名的文物摄影家，也是日本近现代印制技术发展的推动者。他曾在东京学习英语，15 岁时到美国学习摄影及印刷术，一年后回国，在东京开办了自己的照相馆和印刷所并经营了 40 余年。他把当时西方先进的摄影技术和制版技术引入日本，对日本早期的摄影及印刷业产生了极大影响。同时，他还参与了《写真新报》《国华》杂志的发行出版工作，成为日本摄影界极具影响力的人物，并被当时日本皇家聘为摄影师。日本明治二十年（1887）后，他曾参与日本文物调查，以其精湛的摄影技术，拍摄了大量珍贵的文物照片，赢得日本学术界的好评，从此奠定了他作为文物摄影家的地位。此外，在明治天皇大葬时，小川一真担任了摄影工作。明治二十八年（1895），他被英国摄影协会推举为正式会员。大正七年

大清门。北京，1900 年。

（1918），他于神奈川平塚创立小川摄影化学研究所，为摄影艺术的发展倾尽全力。

小川一真在北京考察期间，有幸拍摄了一组紫禁城宫殿建筑的照片，首次真实地记录了皇城原貌，实属一份难得的影像资料。

紫禁城，明清两代的皇宫，始建于明永乐四年（1406），建成于永乐十八年（1420）。从永乐皇帝开始，先后有 24 位皇帝在这座金碧辉煌的宫殿里执政、居住。在小川一真来中国前，很少有外国摄影师能进入紫禁城拍摄。小川一真来中国时，正值八国联军侵华之时，慈禧携光绪及皇室成员仓皇出逃，宫中混乱不堪，更无人按常规清扫管理，有些宫殿院落中草深过膝。小川一真就是在如此苍凉的时刻来到紫禁城，拍摄了一批文献价值非同寻常的帝京旧影，从而将中国神秘的紫禁城九重宫殿呈现给了世人。这批照片成为研究中国历史文化、

大清门前的太监。北京，
1900 年。

午门。北京，1900 年。

宫殿建筑、庭院艺术、美术装饰、文物考古等诸方面的珍贵历史资料。
他所拍摄的照片显示出紫禁城苍凉的一面，与我们平日所见华丽气派
的宫殿有天壤之别，而一些当年照片上的景致已成绝迹。所以，这些
影像的历史文化价值更高。比如，皇城建筑最南面的一道门，明代为
大明门；清代保持原貌，只将门额改为大清门；民国建立后改称中华门；
现在，该建筑已不复存在。小川一真拍摄的《大清门》仍为清代原貌，

门前的棋盘街、天安门两旁的长安左门和右门也都还存在，门额是满汉文并列的"大清门"。在宫中最大的太和殿，殿内原挂有"建极绥猷"匾额，后柱上有一对楹联。小川一真进入皇宫拍摄时，殿内还保持着原样，但在袁世凯"洪宪帝制"的丑剧中，紫禁城前三殿所有宫殿和宫门上的匾额均被拆除，剔除满文，镶上单一的汉文悬挂。更有甚者，将清代皇帝上朝用的宝座换掉，取而代之的是一把不中不西为"中华帝国"皇帝准备的高背龙椅。此外，御花园内的竹篱墙、神武门外的朝房等诸多景致，今天我们也只有借助小川一真当年拍摄的反映紫禁城面貌的老照片略窥端倪。

作为日本皇家摄影师，小川一真于八国联军侵华时在北京、天津等地拍摄了大量照片，主要反映八国联军镇压义和团运动后的军队情况及沿途的一些景致。由于受当时摄影技术的限制，加之战争已经结束，小川一真拍摄的照片并无激烈的战争场面，对义和团反对外国势力入侵的场景也无摄取，而是从不同角度记录了八国联军的组织、装备、行程、沿途军事要地、主要战场，以及攻陷北京后驻防期间的政治、外交活动。照片还涉及了 20 世纪初北京及其周边的大量人文景观。身为日本摄影师，小川一真在拍摄这些照片时，其立场是明显站在侵略者一边的。尽管如此，这批照片仍不失为记录"庚子事变"最宝贵的图像资料，也是研究八国联军侵占北京及义和团运动的珍贵史料。

小川一真 1901 年的北京之行是受日本东京帝室博物馆的委托和资助，所拍摄的照片底片归东京帝室博物馆保存。1902 年，《北清事变写真帖》出版。1906 年，日本东京帝室博物馆编辑出版了《清国北京皇城写真帖》。同年，《北京皇城建筑装饰》也相继出版。在《北京皇城建筑装饰》中，共收集小川一真在中国拍摄的照片 80 余张。这些书籍将小川一真在中国拍摄的影像资料做了详尽介绍。这批首次记录清末皇宫及八国联军军队情况的老照片，对研究中国古代皇家建筑及文物修复，对研究八国联军侵华的历史，均极具参考价值，其学术地位及艺术价值也是不容忽视的。

太和殿宝座。北京，1900 年。

神武门。北京，1900 年。

德军齐策维茨少校与日军参谋长永田大佐等军官合影。北京，1900年。

西什库教堂被义和团用地雷炸毁后的情景。北京，1900年。

养性斋。北京，1900 年。

阿方斯·穆默·冯·施瓦茨恩斯坦茨：
德国公使摄影师

德国贵族阿方斯·穆默·冯·施瓦茨恩斯坦茨（Alfons Mumm von Schwarzenstein）于 1900 年 6 月来华任德国驻中国公使。他以其特殊的身份在当时的北京拍摄了一批珍贵影像。施瓦茨恩斯坦茨的摄影作品数量多，内容丰富，反映了庚子年间的中国外交概况。

阿方斯·穆默·冯·施瓦茨恩斯坦茨，德国贵族，1900 年 6 月来华接替被杀的克莱门斯·冯·克林德（Clemens von Ketteler）任德国驻中国公使。1902 年 7 月，施瓦茨恩斯坦茨回国。

1900 年义和团运动时，与清政府谈判的德国公使克林德被清军神机营霆字枪队章京恩海所杀。事后，各国侵略军纷纷以此为借口，对中国进行威胁。清政府已决定对列强宣战，遂令清军和义和团围攻使馆区。克林德作为德国公使，曾多次屠杀和绑架中国居民，已违反了他的外交使命，其被击毙完全是咎由自取。然而，清政府战败，被迫与英、美、德、法、俄等 11 国签订《辛丑条约》。条约规定，清政府派醇亲王载沣为头等专使大臣，代表中国政府就克林德被杀一事亲赴德国致歉，在克林德被害处建立碑坊，并在上面刻着"为国捐躯，令名美誉"等字样，这是中国的奇耻大辱。1918 年 11 月，德国在第一次世界大战中战败，中国成为战胜国之一。1918 年 11 月 13 日，人们将象征耻辱的克林德碑改名为"公理战胜"碑，由东单迁移至中央公园（今中山公园）。

阿方斯·穆默·冯·施瓦茨恩斯坦茨就是在克林德被杀后来到中国的。施瓦茨恩斯坦茨是一名摄影爱好者，在当时的北京拍摄了很多照片。1901 年，他以私家书的形式出版了摄影集《北京》，并自费印

北京的牌楼。20 世纪初。

北京的城门。20 世纪初。

刷了 500 本送给亲友。书中收录了北京各个城门箭楼、故宫、颐和园、北海、天坛、雍和宫等名胜古迹。其中，东便门、前门大街等照片记录了八国联军入侵北京后的暴行。这些照片中的建筑不同于通常所见的原始建筑或修复后的建筑，故而独具价值。

1902 年，施瓦茨恩斯坦茨还出版了《中国的摄影日记》(*Tagebuch in Bildern*)。此书虽然是公开出版，但目前无论在德国还是中国都很难见到。2015 年春，北京华辰拍卖有限公司曾经拍卖了施瓦茨恩施坦茨的《中国的摄影日记》。根据华辰的资料显示，《中国的摄影日记》为施瓦茨恩斯坦茨于在职的两年间游历各地所摄制及收藏的照片集。全书共分 6 部分，包括出航、在北京、近畿景致、大地俯瞰、南方旅游、在北京的公务。书中收录照片 600 余张，大部分以北京城及其周边地区为主，同时也包括上海、天津、广东、易县、承德、遵化、山海关、秦皇岛、厦门、汕头、澳门、香港、芜湖、九江、南京、汉口等地的少量影像。

《中国的摄影日记》中的照片大多拍摄于"庚子事变"期间，作者施瓦茨恩斯坦茨本人又是促成《辛丑条约》签约的核心人物，故本书所收录的照片中有 100 多幅作品集中反映了此事件。照片内容涵盖中外诸国之间的军事、外交活动，八国联军的进军路线、武器装备、辎重补给、军容军貌等场景；联军的高级将领、外交官员及清朝官员李鸿章在上海拜会身为德国公使的施瓦茨恩斯坦茨的场景；联军在塘沽登陆、列队进入大清门，各国驻华官员元旦入宫"朝贺"的场景；义和团事件之后使馆区的防卫和重建场景；荷兰女皇于北京使馆举办婚礼的场景；等等。

虽然 1900 年前后来华的外交官、学者等有许多摄影作品留存，但施瓦茨恩斯坦茨的《中国的摄影日记》，从照片数量、质量到印刷、装帧都堪称同时期质量上乘的摄影珍品。

阿方斯·穆默·冯·施瓦茨恩斯坦茨无疑是早期来华外国摄影师中较为特殊的一位。他的特殊，一方面由于他是接任当时被杀的德国驻华公使克林德而身份特殊，另一方面在于他是一位水平很高的摄影师，因其身份特殊能接触到当时的中外权贵和名人，因此他的摄影作品所反映的内容也较为特殊。

北京某寺庙的佛像。20 世纪初。

北京紫禁城附近。20 世纪初。

恩斯特·柏石曼：
中国古建筑的全面拍摄者

　　1906 年至 1909 年，第一位全面考察中国古建筑的外国人恩斯特·柏石曼（Ernst Boerschmann）在中国拍摄了数千张珍贵照片。他跨越了中国 12 个省份，对中国的建筑风格进行了实地考察和深入研究，并对中国建筑所蕴含的文化产生了深深的感悟。

　　长期以来，中国公众一直认为梁思成是研究中国古代建筑的先驱。但很少有人知道，早在梁思成之前，就有一些外国人对中国古建筑情有独钟，并做了大量的实地考察和深入研究。其中，第一位全面考察中国古建筑的外国人就是恩斯特·柏石曼。

　　恩斯特·柏石曼，德国建筑师，20 世纪初曾被德国政府派往海外，担任过殖民地主管建筑事务的官员。1902 年，他首次来到中国，出任由德国管制的山东胶州半岛主管建筑的官员。他对青岛欧式建筑的建设做出过一定贡献。柏石曼在华期间，全面考察了中国大部分省份的建筑，对中国的建筑风格及其博大精深的华夏文明惊叹不已。这使他萌生了研究中国古建筑的兴趣。1906 年，酝酿已久的全面考察中国建筑的计划得到了德国政府的支持并付诸实施。这一年秋季，柏石曼第二次来到中国，在北京正式开始了他的考察和研究项目。

　　从 1906 年至 1909 年，柏石曼自北京到山西、河南、山东、浙江，而后游历了陕西、四川、湖南、江西、广西、广东等地。柏石曼跋山涉水，跨越了中国 12 个省份，行程数万里，拍摄了数千张珍贵照片，内容涵盖中国古代皇家园林、庭院建筑，庙宇、宝塔等宗教建筑，以及民居、牌坊、坟墓等代表各地民风、民俗的建筑。通过考察，柏石曼深深感悟到，了解文化背景，探求文化根源，理解其宗教内涵，才是领悟中国建筑思想的关键。

山西五台山显通寺的五座镀金铜塔。20世纪初。

在广泛考察后，柏石曼逐渐形成了自己对中国建筑的风格、理念和含义的独到见解。他认为，"中国建筑中最有代表性的是一种宗教观念，一旦我们认识到这一点，我们也就能够理解那些建筑本身了"[1]。悠久的建筑具有一种文化纪念碑的终极意义，而且往往代表了一个民族的精神。他认为，中国所有纪念、祭祀式建筑都表达了一种深奥的

---

1. [德]恩斯特·柏石曼：《寻访1906—1909西人眼中的晚清建筑》，沈弘译，天津：百花文艺出版社，2005年7月第1版，第12页。

仪式感。人与自然的和谐、人与自然的相互依赖，这种自然思想在人们对太阳、月亮、星星、大地等祭祀活动中得到了最充分的表达。

　　源于对中国建筑中蕴含的宗教理念的感悟，庙宇成为柏石曼在各地考察的重点项目。他认为，"每一座寺庙的细部建造都清楚地反映出了中国宗教建筑的象征性特征，同时也反映出了中亚和中国宗教理想之间的联系"[2]。在柏石曼拍摄的照片中，有为数众多的名山上的庙宇。他将中国的整个版图按北岳、南岳、东岳、西岳和中岳五大圣山为宗进行考察，每座山顶的庙宇，好似活生生的天神世界，使芸芸众生脱离尘世。在中国，庙宇几乎随处可见，而建筑的宗教意义是人们"在其最隐蔽信念和自然本身之间寻找一种完美等式的需求"[3]。柏石曼认为，中国的建筑都是按照这一思路建造的。

　　具有纪念意义的建筑，如纪念碑、宝塔、牌坊、祠堂等是柏石曼考察的另一个重点。他在中国进行考察时，中国正处于动荡、混乱的清朝末年。柏石曼认为，在这样的社会背景下，存在的事物瞬息万变，文化的杰作可能会灰飞烟灭，但真正的民族精神是不会毁灭的。纪念碑的建造，往往是为了那些具有持久影响力的人。他们被看作"半神"，受到大家的崇敬，他们的精神将永远跟纪念碑所在的地区联系在一起。在柏石曼的眼中，纪念性的石碑、牌坊、祠堂和亭子在中国的大地上成群地被建造，将城市及村镇的周边地区装饰得蔚为壮观。在他拍摄的照片中，有大量表现牌坊的建筑。他认为，牌坊是最纯粹的中式建筑，是为了表彰有德行的人而建造的。质朴的建筑轮廓、生动的砖雕石刻、阴性和阳性的表现都突出反映了这一纪念性建筑的效果。在建筑风格上，各地的牌坊也有所不同。柏石曼认为，山东的牌坊质朴简洁，浮雕生动；四川的牌坊纤弱、优雅；湖南的牌坊样式"傲慢"，甚至是

2.[德]恩斯特·柏石曼：《寻访1906—1909西人眼中的晚清建筑》，沈弘译，天津：百花文艺出版社，2005年7月第1版，第58页。

3.[德]恩斯特·柏石曼：《寻访1906—1909西人眼中的晚清建筑》，沈弘译，天津：百花文艺出版社，2005年7月第1版，第66页。

山东灵岩寺宝塔。20世纪初。

山东兖州府的牌坊。20世纪初。

山东曲阜文庙大成殿。20世纪初。

一种夸张；而广西和广东的牌坊，则明显能看出印度建筑的风格。对中国的宝塔建筑，柏石曼认为，虽然是源于印度的外来因素，但随着佛教的传播，已经被中国人广为接受，并且被授予了深奥的哲学和宗教意义。它的巨大魅力"在于塔顶和宝塔主体部分轮廓弯曲而柔和线条的和谐效果"[4]。

对于民居建筑，柏石曼同样做了深入调查，包括北京的四合院、山西的大宅院、南方的民居等。他用照片记录了中国直隶（河北）、陕西、山西、四川、湖南、湖北、江苏、广东、广西等地的民居风格和状况。

4.［德］恩斯特·柏石曼：《寻访1906—1909 西人眼中的晚清建筑》，沈弘译，天津：百花文艺出版社，2005年7月第1版，第134页。

广西福州府的一座牌坊。20世纪初。

　　柏石曼不仅考察了中国百姓在世时居住的场所，而且考察了为去世的人建造的坟墓。他认为，中国人与土地的关系密切，相信人死后灵魂会继续存在，所以在选择坟墓时常给予特别的关注，而风水的好坏更起着关键作用。在柏石曼的眼中，各地建造的坟墓特点不一。在北京周围，一些富贵的家族墓地建造在风景优美、树林茂密的平原上，还有一些更为豪华的陵园是属于贵胄和官宦家族的。而那些规模更大的陵寝，则属于皇家，他们的陵墓雄伟、壮观。在中国南方，墓地建造风格则是优雅而充满想象力的。在扬子江上游，墓地建造的线条生动，并经常具有华丽的装饰，墓碑上除了墓主人的姓名外，还常出现一些和墓主生平及埋葬地相关的成语，这使有关"天人合一"的观念变得永世长存。在广州，城市的北面就是白云山，那里有上百万个坟墓隐藏在茂密的树林之下，"这个由风景、城市和坟茔所组成的象征，清楚地阐明了下面这句话：'从生到死，从死到生'……即人生的要旨就在于轮回"[5]。

从恩斯特·柏石曼的考察活动中，我们体会到他不仅对中国古建筑风格做出了评判，更为可贵的是，他对中国建筑所蕴含的深层次含义的感悟。如今，柏石曼当年在中国拍摄的照片上的建筑及景物大都已不复存在，我们只有借助这些留下的影像来更全面、更深刻地体会中国建筑蕴含的人与自然相互依赖的和谐理念。

恩斯特·柏石曼回国后，经过对中国古代建筑的全面考察和研究，出版了多部论述中国建筑的专著。1925 年，柏石曼出版了《中国建筑》（*Architecture of China*）两卷本的学术专著。该书 12 万字，将中国建筑，如城门、民居、寺庙、塔楼、亭子、牌楼及其浮雕、琉璃等装饰手法的具体环节做了细致的描述。书中选用了 596 张大幅照片，将中国古老的建筑风貌真实地反映给读者。1932 年，恩斯特·柏石曼还按照不同的省份和建筑类别，筛选了 288 张精美照片，出版了德文版的《中国的建筑与景观》（*Architecture and Landscape of China*）图集。由于历史原因，许多建筑今天已经消失，柏石曼的中国古建筑影像资料更加凸显珍贵。此外，1927 年柏石曼还出版了研究中国建筑的重要作品《中国瓦当》（*Chinesische Baukeramik*）。

值得一提的是，第一位拍摄圆明园欧式宫殿残迹的摄影师恩斯特·奥尔末去世后，他的夫人将底片赠给了专攻中国建筑研究的恩斯特·柏石曼教授（见"恩斯特·奥尔末"篇）。

---

5. [德] 恩斯特·柏石曼：《寻访 1906—1909 西人眼中的晚清建筑》，沈弘译，天津：百花文艺出版社，2005 年 7 月第 1 版，第 158 页。

四川重庆府一所民宅的门。
20 世纪初。

四川徐州府的半边寺。20 世
纪初。

锅岛荣子：
拍摄清末贵族生活的日本侯爵夫人

1903 年，作为日本贵族的锅岛荣子（Nabeshima Nagako）曾率团到中国各地进行了访问。期间，她拜访了北京的许多王府，并拍摄了大量照片，为我们了解清末贵族的生活提供了珍贵的图像资料。

锅岛荣子，大日本东洋妇人会会长，侯爵夫人，曾于 1903 年至 1904 年间率团到中国各地访问。期间，除了游历各地的名胜古迹外，她还重点拜访了北京的各大王府、各地的高官女眷、妇女代表，并参观了女学堂，也为王府中的人们，特别是女眷们拍摄了大量照片。

1903 年，锅岛荣子等来到北京。作为日本贵族的她，首先拜访了清末王府中的那些贵族。在惠亲王府，她拜访了载泽贝子妃，并且为她及其儿子拍摄了照片。载泽（1876—1928），字荫坪，嘉庆皇帝五子惠端亲王绵愉的长孙，娶慈禧太后之弟三等承恩公桂祥的大女儿为妻。照片中，载泽贝子妃头戴满族的头饰和耳饰，身穿素雅的清代服装，面容清秀。接着，锅岛荣子率团来到了位于西城区太平桥大街路西大麻线胡同的顺承郡王府。第一代顺承郡王勒克德浑是礼亲王代善之孙，清初"八大铁帽子王"之一，袭封十五世，府号府址均未更改。锅岛荣子来中国时，该府邸正居住着清朝末代顺承郡王讷勒赫，他是光绪七年（1881）承袭顺承郡王的，曾担任禁烟大臣。锅岛荣子拜会了顺承郡王的妻子讷勒赫福晋，并为她摄影留念。从照片上，我们看到顺承郡王讷勒赫福晋同样身穿满族妇女的礼服，佩戴了旗人贵族的头饰和耳饰，她的服饰显得雍容华贵。此外，从照片中还可以看到，顺承郡王府的殿堂内铺设了具有西式花纹的地毯。

肃亲王府位于东交民巷正义路路东。第一代肃亲王爱新觉罗·豪

肃亲王福晋。北京，1904 年。

格是清太祖皇太极的长子，该府邸曾是清朝"八大铁帽子王"之一的
重要王府，素以漂亮的花园和大量的古董珍宝收藏而著称。肃亲王善
耆的头衔是和硕忠亲王，曾任清末民政部尚书，是朝廷的一名要员。
1900 年义和团运动中，由于善耆和外国人交往密切，使得肃亲王府成
了义和团重点围攻的对象。1904 年，锅岛荣子访华时在北京专程拜访
了肃亲王府，并拍摄了肃亲王福晋身穿清朝皇族礼服的肖像照片以及
当时肃亲王府大门的照片。特别值得一提的是，肃亲王善耆对外持开

顺承郡王讷勒赫福晋。北京，1904 年。

放态度，在府内还开办了育女学堂。锅岛荣子在拜访肃亲王府时，还拍摄了学堂的师生及学生们上课时的照片。

伦贝子府也是锅岛荣子率团访问的一个重点，位于东城区大甜水井胡同。光绪七年（1881），道光帝长子隐郡王之孙溥伦袭贝子。他是清末思想较为开明的一位朝廷重臣，曾分别担任过资政院总裁和农工商大臣。日本客人给伦贝子府拍摄了全家福。照片中人物背后是六扇花卉屏风，地面铺设地毯，贝子妃及其儿子的服装雍容华贵。此外，在庭院外和客厅内，日本客人还拍摄了几张她们参观府邸和品茗叙谈

毓朗贝勒的小女儿恒馨。北京，1904 年。

的照片。在位于西城区缸瓦市的朗贝勒府，日本客人拜访了毓朗贝勒的福晋及其女儿们，并给她们中的大部分人拍摄了照片。毓朗贝勒的小女儿恒馨已嫁给了荣源为妻，他们的女儿婉容是清朝的末代皇后。

　　访问结束后，锅岛荣子将自己在华游历过程中沿途所拍摄的照片编辑成册，题为《清国杂观》（the Observation of China），1905年在东京出版。作为清末访华的日本贵族，锅岛荣子拍摄的清代皇族人物的照片，向人们展示了贵族的生活图景，也为今人了解清代王府的服饰文化提供了直观的资料。

载泽贝子妃和儿子。北京，1903 年。

约翰·克劳德·怀特:
20 世纪初的西藏影像的拍摄者

英国官员约翰·克劳德·怀特（John Claude White）进入西藏时，正是英国在中国近代史上两次入侵西藏历史事件的时代背景下。作为随军摄影师，怀特拍摄了西藏的地理和人文景观，以及人物的环境肖像等。

约翰·克劳德·怀特，1853 年出生于加尔各答（Kolkata），1889 年至 1908 年间任英国首位驻锡金政治专员，从 1883 年开始环喜马拉雅地区（尼泊尔、锡金、不丹）旅行并拍摄照片。1903 年至 1904 年，怀特在中国西藏拍摄了一系列反映西藏风俗民情的影像。1908 年，怀特出版了《西藏与拉萨》（*Tibet and Lhasa*）摄影集，该书在加尔各答发行。但怀特拍摄的时间与英国入侵中国西藏的军事行动密切相关，影集在出版后引起英国当局的注意。官方认为，这本影集向中国人透露了太多关于英国的秘密而被查禁。这本被查禁的影集分别藏于大英图书馆、英国皇家地理协会和印度事务部图书馆等处，从而使得怀特的作品在今天难得一见。

1903 年，约翰·克劳德·怀特作为英国官员，参与了英国第二次入侵中国西藏的战争。他沿途拍摄了大量照片，成为今天人们了解西藏历史人文的重要佐证。

在中国近代史上，英国曾两次入侵中国西藏，这有着很深的政治、历史背景和社会背景。西藏是中国领土不可分割的一部分，鸦片战争爆发后，西藏受到西方列强的觊觎。1888 年和 1903 年至 1904 年间，英国发动了两次侵藏战争，目的是要在西藏建立起英国的殖民地，把西藏从中国分裂出去，进而攫取更多的殖民利益。印度在近代英国殖

西藏的两位贵族。20 世纪初。

西藏岗巴宗城堡。20 世纪初。

民地中有着特殊地位，为确保长期稳定地在南亚次大陆获取经济利益，英国提出了要建立英国管理下的西藏，将其变成保护英属印度北部边境的一个"缓冲区"。

多年来，英国对中国西藏及喜马拉雅山麓诸国的侵略，已使西藏人民认清了其贪婪的本性。1886年，西藏地方政府采取积极的防范措施，在藏锡边境的隆吐山上筑起堡垒炮台，派兵日夜守护。英国对此十分恼怒，1888年悍然发动了对隆吐山的武装进攻。驻守隆吐山的藏军依靠手中仅有的火绳枪、弓箭、刀矛等十分落后的武器，同武器精良的侵略者展开了英勇的斗争。但是，这场抗击由于武器装备落后、前线藏军得不到有力的支援而失败。战争结束后，清政府于1890年和1893年分别与英方签订了《中英会议藏印条约》和《中英会议藏印续约》，承认锡金受英国保护，接受了英方片面提出的藏锡分界线，同意开放亚东为商埠，允许英国在该地享有治外法权，并规定5年之内通过亚东的进出口货物概不纳税。

这两个不平等条约不仅严重损害了中国对西藏的主权，而且侵害了西藏地方势力的利益。条约签订后，西藏人民阻止清廷与英方重新划界，并拔除了英方私立的界石，照旧在过去的牧场上放牧。

1903年，英属印度政府派出以荣赫鹏（Francis Younghusband，英国的一位军官、作家、探险家、战略家和外交家，历任英国驻新疆、西藏特派员）为首的侵略军，以谈判为名越过边界闯入西藏。

在荣赫鹏的带领下，英军经由亚东进入帕里。1904年3月31日，英军与藏军在帕里以北的曲米森谷相遇。千余人的藏军，手中基本上是大刀、长矛、火绳枪等落后的武器，而他们面对的敌人，却是拥有大炮、马克沁机枪等当时最先进武器的老牌殖民主义国家的军队。在这场战斗中，藏军大部分被打死打伤。这是英帝国主义对中国西藏军民进行的一次野蛮、无耻的大屠杀。1904年4月11日和7月6日，西藏江孜两度失陷。8月3日，英军闯入拉萨。圣洁的古城拉萨，千百年来第一次遭到帝国主义铁蹄的践踏。由于给养和通讯得不到保

西藏山谷中的牦牛。20 世纪初。

证，英国侵略军于 1904 年 9 月下旬离开了拉萨。

约翰·克劳德·怀特正是在英国第二次入侵西藏期间作为英国的政府官员随军入藏的，并对这块神秘的高原进行了拍摄活动。其拍摄地区包括岗巴、春丕、帕里、萨马达、江孜、曲水、拉萨等，自然景观包括珠穆朗玛峰、乃堆拉山口、春丕河、卓木拉日峰、卡若拉冰川、羊卓雍错、雅鲁藏布江、吉曲河等；宗教建筑包括哲蚌寺、罗布林卡、色拉寺、大昭寺、种痘碑、外廓街、布达拉宫等；历史人物则包括了第八十六任甘丹赤巴、噶厦官员、清朝驻藏官员、通萨王等；同时，怀特还拍摄了西藏各地的僧侣以及游牧的民俗景观。

西藏岗巴宗城堡位于西藏的边防要地，城堡借山势修建，屹立于

西藏布达拉宫。20世纪初。

高原荒凉的山岭之上。然而，就是这样一座雄伟高大的建筑，却仍无力阻挡英军侵略的脚步。

英军雇用当地藏民的牦牛和牛车为其服务，怀特也拍摄了牦牛和牛车，不同人物的表情、神态、身份和服装等，都从照片上得到了体现。

一百年前的西藏是神秘的，那时交通不便，鲜有外国人进入藏地。约翰·克劳德·怀特摄于西藏的照片，以独特的视角洞察着20世纪初西藏人民的生活。他对西藏神秘文化的逐步探索，将旧日西藏的神秘面纱层层揭开，并较早地将这些影像带到国外。这些照片何等珍贵，即使到了现代，这批20世纪初反映西藏地区地理、文化、历史的重要影像，仍会引发人们对这个神秘之地的向往。

西藏风光。20 世纪初。

西藏曲玛河上的悬臂桥。20 世纪初。

威廉·埃德加·盖洛：
扬子江·长城·省府·五岳的记录者

威廉·埃德加·盖洛（William Edgar Geil）是世界上第一个全程考察长城及中国五岳的西方学者。他将20世纪初中国长城全线用照片呈现在我们面前。在对中国五大名山的考察过程中，盖洛博士将五岳的美景、香客等沿途所见一一收入镜头，给我们留下了珍贵的资料。

威廉·埃德加·盖洛是 20 世纪初美国著名的旅行家，英国皇家地理学会会员。1865 年，盖洛出生于美国宾夕法尼亚州的多伊尔斯顿（Doylestown）。1890 年，他从拉斐特学院毕业后曾当过几年宣讲福音书的传道师。1896 年后，他开始了全球旅行生涯。从此，他的足迹遍布非洲、欧洲、亚洲等世界各地，特别是与他有着不解之缘的中国，更成为他魂牵梦萦的研究对象。

1903 年，盖洛第一次途经日本来到中国，从上海乘船溯江而上，沿途游历并考察了长江流域，包括四川、云南、贵州等地区。在汉口，他来到总督衙门，见到了湖广总督端方。他形容端方开明而仁慈，对他在义和团时期保护洋人传教士的行为赞赏有加。1903 年，他将考察内容写进了《扬子江上的美国人》（Yankee on the Yangtze）一书。从此，盖洛一发不可收拾，数次来到中国，走遍华夏的名山大川，将长城内外、大江南北、三山五岳都纳入了他考察研究的范围。之后，他还连续出版了《中国长城》（The Great Wall of China，1909）、《中国十八省府》（Eighteen Capitals of China，1911）、《中国五岳》（The Sacred 5 of China，1926）等一系列介绍中国人文环境、宗教传统、风土民情的著作。在这些著作中，盖洛选用了近 500 张照片及插图、拓片，内容涉及城镇和乡村建筑、名山大川和江河湖海的自然

长城。20 世纪初。

风光，以及中国各阶层的人物，如官员、社会名流、商人、贫民、匠人、乞丐，等等，这些画面展现了清末民初中国独特的世间百态，在中国历史上留下了重要的社会图景。

作为人文地理学家，盖洛敏锐地意识到 20 世纪初中国处于社会大变革时期，他以其独特的视角，全方位考察了这个东方古国真实的风土民情及社会历史状况。他不仅较早地系统考察了中国的长江流域，而且是世界上是第一个全程考察长城及中国五岳的西方学者。更加难能可贵的是，在考察过程中，盖洛博士以学者严谨的态度和实证精神将沿途所见所闻真实地传播到世界。早在 19 世纪初来中国的美国新教传教士裨治文（E.C.Bridgman）曾说："要向西方介绍一个真实的中国，关键是要把书本知识和实际的田野调查紧密地结合在一起。一方面，西方作者应给予中文典籍和地方志以足够的重视，因为那里面包含了大量翔实可靠的信息；另一方面，还必须以实证的精神，对中国的地理、

华山西峰。20 世纪初。　　　　　泰山上的乞丐。20 世纪初。

气候、矿产、农业、渔业、商业、宗教和社会结构等做深入细致的实
地调查，只有这样才能帮助西方人准确地了解这个古老帝国的状态和
特点。"[1] 盖洛正是做到了这一点。他不仅大量收集地方志，而且阅读
了诸如《论语》《史记》《山海经》《梦溪笔谈》等中国著名文献、典籍，
并在他撰写的 4 部有关介绍中国的著作中，始终坚持身体力行、眼见
为实的原则。

---

1. [美]威廉·埃德加·盖洛：《中国长城》，沈弘等译，济南：山东画报出版社，2006 年 4 月第 1 版，第 4—5 页。

南岳衡山上一路念经的香客。20 世纪初。　　　　　北岳恒山土地庙的守护者。20 世纪初。

　　在走访中国 18 个省府的过程中，盖洛对地方志的收集极为重视，他认为地方志完全能帮助自己洞察中国人的心态。每到一处，盖洛必然拜访当地的行政长官和文人学者，了解当地的百姓生活及民风民俗，游览文化古迹。盖洛在 54 岁时最后一次来华实地考察，当时他的身体已比较虚弱，但他在妻子的陪伴下，坚持攀登了中国的五大名山，对中国的宗教信仰和百姓的风俗习惯进行了认真考察，并用相机记录下来。同时，盖洛在中国考察时，对民间谚语、通俗文学也给予了特殊的关注。他认为，这种通俗的民间总结体现了中国的民族智慧，往往能直接反映社会各阶层对生活的理念和心态。他收集这些资料，并将

上海街景。20 世
纪初。

南京古城门。20 世
纪初。

大理三塔和远处的
雪山。20 世纪初。

其运用到他的著作中，使人回味无穷。而且，盖洛每到一处行政省府，都将当地的自然景色及人文景观，包括江河湖海、名山大川、著名建筑、街道、城门、庙宇、贡院、衙门、总督、巡抚、商人、工匠、乞丐、道士、赌徒等一一记录在他的镜头里，让这些照片来佐证他所见到的一切。

在全面考察中国长城时，盖洛和他的考察队从山海关出发，一直走到西藏境内，他把当时尚存的每一座烽火台都编上了号，并拍下照片，同时沿途采集、记录各地的民风民俗。长久以来，人们认为嘉峪关是长城的最西端，但盖洛在考察中却发现嘉峪关以西仍有连绵不断的城墙向西延伸。他的这个发现使西方的中国地图上又增添了长达 320 多公里的长城。

在《中国长城》一书中，盖洛将 20 世纪初中国长城全线的真实记录，用照片呈现在我们面前，从长城东部的山海关到西部的嘉峪关，从渤海之滨到戈壁沙滩，每一座烽火台、关隘遗迹、途经城市等，他都用相机记录了下来。在盖洛博士眼中，长城是不朽的，长城的设计是为维护和平的。盖洛认为，"堆筑石头总比抛弃石头要好，保护生灵的城墙要比掩埋死尸的壕沟要强。……两千多年来，长城为保护国家和平消除紧张局势做出了贡献，了不起的长城"[2]。在考察长城途中，沿途的美景让盖洛博士惊叹不已，他描述道："伴随着无边的天际和摄人心魄的原野景色，洋溢的诗情将我的沉思化为若有若无的诉求。天工与人力在此合为一体，峻峭的悬崖惊心动魄，直上直下。一线城垛沿着峭壁盘旋而上，巨大的烽火台就像串联的宝石，将目光引向晨曦。但愿我们能在短暂的一个小时之内用相机摄下这千变万化、奇妙无穷的美景。"[3] 盖洛博士细致入微地记录下的中国长城沿线的风土民情，真实地向我们反映了一百年前中国长城的原始风貌。

在考察中国的五大名山之后，盖洛撰写了《中国五岳》一书，他

2. [美] 威廉·埃德加·盖洛：《中国长城》，沈弘等译，济南：山东画报出版社，2006 年 4 月第 1 版，第 40 页。
3. [美] 威廉·埃德加·盖洛：《中国长城》，沈弘等译，济南：山东画报出版社，2006 年 4 月第 1 版，第 72 页。

东川路上的流动补锅匠们。20 世纪初。

何大人全家福，于何大人在四川叙州任上拍摄。20 世纪初。

全面介绍了清末民初五岳的自然人文景观，翔实记录了当地各阶层百姓的生存状态。对于古老神圣的中国文化，盖洛博士用对孔子和秦始皇两位伟人的感悟来阐述中国生生不息、源远流长的文化内涵。在考察泰山时，他将与泰山有紧密联系的孔子和秦始皇加以对比，盖洛认为，"孔子著书，秦始皇焚书；孔子修心，秦始皇尚武；孔子以内心思想影响中国，秦始皇靠外在力量一统天下；在泰山这个宗教的心脏，秦始皇为自己立了无字碑，而后人为孔子修建了孔庙"。盖洛还认为，"泰山之所以扬名，主要归功于孔子，因为泰山的名字最早在《四书》中被提到，此后这一名称被人们广泛使用"。在泰山，盖洛看到许多乞丐，这是他在世界其他地方不曾见到的场景。

在南岳衡山，盖洛发现众香客都是抱着特定目的而去的，如为父母求福、为家庭求财等。总之，什么都求。盖洛认为，"无论科学多么发达，但人们会一直祈祷下去，直到世界终结"。在西岳华山，盖洛将美景与险恶尽情描述。他希望这与世隔绝的美丽华山，不再重复古老的拜神仪式，而变成一个尊崇精神和真理的最佳场所。总之，在对五大名山的考察过程中，盖洛博士拍摄的大量珍贵的纪实性照片，不仅是对五大名山历史文化的考证，也为我们现在乃至后世，留下了一份宝贵的资料。

盖洛在考察活动中拍摄了大量照片，并将其收录在他的著作中。这些照片的价值就在于它们具有强烈的时代感，反映了当时中国社会动荡的时代背景，展现了清末民初中国独特的历史画面。在中国摄影史上，威廉·埃德加·盖洛应该占有一定的地位。

弗兰克·尼古拉斯·迈耶:
拍摄中国农村的植物学家

> 1905 年，荷兰人弗兰克·尼古拉斯·迈耶（Frank N.Meyer）
> 到中国探险考察。他在完成美国农业部考察任务的同时，对清末
> 民初中国的百姓生活投入了极大关注，并拍摄了大量照片，记录
> 下了这一特殊历史时期中国普通百姓的生存状况。

弗兰克·尼古拉斯·迈耶，1875 年出生于荷兰阿姆斯特丹
（Amsterdam），自幼喜爱植物学。1889 年，14 岁的迈耶成为阿姆
斯特丹植物园园丁的助理，在著名的荷兰植物生理学家德弗里（Hugo
de Vries）的指导下工作。1901 年 10 月，26 岁的迈耶为了更好地研
究植物学，乘船由荷兰转赴美国，到达华盛顿后，很快在美国农业部
找到了一份工作。

1905 年，30 岁的迈耶受美国农业部派遣，孤身来到中国探险考
察并采集木本植物。他的这项工作进行了 3 年，直至 1908 年他才回到
美国。之后，他又于 1909 年至 1911 年、1912 年至 1915 年和 1916
年至 1918 年 3 次来到中国考察。1918 年，由于中国的政治环境日益
复杂，旅行变得很危险，迈耶计划返回美国。5 月 28 日，迈耶乘船沿
长江准备返回上海，5 月 31 日航行途中迈耶神秘失踪，一周后的 6 月
5 日，他的尸体在长江里被发现。

迈耶在中国考察期间，正是清朝统治即将灭亡，中华民国行将建
立这样一个社会更替、时代变革的动荡时期。此时的中国，地方政权
割据、军阀混战，百姓生活极其困苦。迈耶在完成美国农业部的考察
任务的同时，对清末民初中国的百姓生活投入了极大关注，并拍摄了
大量照片，记录了中国这一特殊历史阶段普通百姓的生存状况。

直隶昌黎屋前的当地人。1905 年 10 月。　　　　　　上海虹口露天市场。1906 年 4 月。

　　从 1905 年至 1918 年，迈耶的足迹遍布北京、直隶（河北）、辽宁、
吉林、浙江、江苏、山东及上海等省市，所拍摄照片内容有风光、建筑、
百姓生活等。

　　作为美国农业部的一名科学考察工作者，迈耶当年来到中国后，
更加注重考察中国农村的生产情况及农民的生存状况。在古老而神奇
的直隶昌黎县城，迈耶对县城及其附近的乡村进行了实地考察。特别
是在昌黎城北的山区，迈耶拍摄了不少照片。有幸的是，这些照片一
直保留到现在，为我们今天了解百年前昌黎的人文情况和自然景色提
供了非常珍贵的史料。从这些照片上看，百年前昌黎农村的房屋建造
是很有特色的，特别是山里的石头房很规整。那时，昌黎果乡栽种有
大量的葡萄、柿子、板栗、核桃、山楂、红枣、黑枣等果木。果农的
生活虽不富裕，但从衣着打扮上看还过得去。当时，中国第一条铁路
已经修到昌黎县城 11 年了，碣石山下的昌黎已经成为远近闻名的"花
果之乡"。据史料记载，到清朝末年，昌黎县境内生产的蜜梨、白桃、
葡萄、核桃等每年都大批贩运到京津及东三省等地，皆获厚利。此外，
县城附近的农村还有很多菜地。从照片上看，县城附近的村舍和菜地
很静谧，种菜的畦田特别规整，呈现出一派美丽的田野风光。在吉林，

满洲奉天街景。1906 年 5 月。

满洲辽阳菜园。1906 年 6 月。

迈耶拍摄了雪中的林场和生活在林海雪原中的东北百姓。成堆的木材、白茫茫的大地、穿着厚重棉衣的百姓，都反映了中国东北地区特有的冬日景色。

1906 年，迈耶到当时的满洲奉天考察，期间拍摄了奉天城的概貌——城墙、城门、街市及农村景象。在上海，迈耶拍摄了《上海虹口露天市场》，从照片中商贩繁忙的身影及丰富的商品，我们依稀可见，当年在自给自足的自然经济体制下的市场模式。而拍摄于河北清河的路边卖菜者，则将农民出售自家产的农产品，以换取必要的生活用品来维持生计的无奈表现了出来。在南方，迈耶在拍摄百姓生活的同时，将江南一些有特色的建筑和景色也收入镜头。在北京，迈耶拍摄了《雪后的北京潭柘寺》和《通过卢沟桥的骆驼队》等照片。大雪覆盖下的潭柘寺，凸显出它的静谧与空灵；通过卢沟桥的骆驼队在古老的桥面上慢慢行进，乾隆御题的石碑依然竖立，这使百年前的旧影更有韵味。

百年已经过去，不经意间，美国人弗兰克·尼古拉斯·迈耶当年拍摄的照片为我们留下了不可多得的宝贵的影像资料。那些极具沧桑感的历史画面，不容抹去的历史印痕，令人思考。今天，迈耶当年拍摄的照片静静地躺在美国哈佛大学图书馆，继续发挥着它的作用。

通过卢沟桥的骆驼队。1906 年 12 月。

河北清河路边的卖菜者。1907 年 9 月。

足立喜六:
专注于长安史迹研究的日本数学家

> 日本土木工程师、数学家足立喜六（Adachi Kiroku）在清末的中国陕西任教四五年，期间拍摄了大量关于长安史迹的影像，并著有《长安史迹研究》，其中他拍摄的"昭陵六骏"照片尤其值得称道。

足立喜六，日本静冈县人，土木工程师、数学家。1898 年毕业于东京高等师范学校（现筑波大学），后任教于日本山梨县师范学校。1906 年，应清政府实行近代教育急需引进新型教师的要求，足立喜六等 6 人为日本帝国教育会选中，被派往西安城内的陕西高等学堂（1902 年创建之初称关中大学堂，1905 年改为陕西高等学堂）任教。

足立喜六素来仰慕中国文化，被选中赴华，非常高兴，立即准备行装启程。他在陕西高等学堂任算学、理化教习，时间 4 年。1907 年，日本东西方交通史专家桑原骘藏（Sanhara Hide）陪同日本著名哲学家宇野哲人（Uno Tetsuhito）游历中国，来到陕西并访问了这一时期的陕西高等学堂。与他们接触期间，受桑原骘藏鼓励，足立喜六决定专心对西安附近并邻县的长安遗迹做进一步的实地调查，搜集史料。此后的两年半时间内，足立喜六任教之余，先后实地调查了当时的长安、咸宁、咸阳、三原、高陵、临潼、泾阳、兴平等地。

1910 年，足立喜六在华任教期满，按时返回日本，后在本国任教期间课余继续研究中国历史，并于 1928 年著成《长安史迹研究》，并由桑原骘藏修订后于 1933 年以"日本东洋文库论丛"的一部分出版发行。该书以足立喜六侨居西安 4 年的实地考察为基础，加上后来陆续的调查、整理撰写而成，内容涉及关中形势、汉唐之尺度及里程考、秦以前之遗迹、汉之长安城、汉代之陵墓、逍遥园、隋唐之长安城、

唐太宗昭陵六骏碑之一，该骏马名为青骓，是唐太宗在平定窦建德的战役中所骑的战马。

唐代长安之名迹、著名道观、现存唐代佛寺、外教（如景教等）寺院、唐代陵墓、长安古碑等，实为研究汉唐长安旧迹的一部不可多得的专著。

足立喜六的长安拍摄最值得称道的是他对"昭陵六骏"的拍摄，给世人留下了一份完整的历史资料。

"昭陵六骏"是指陕西礼泉东北九嵕山唐太宗李世民昭陵前的六块浮雕石刻，是李世民在建立唐王朝的战争中所骑的六匹骏马的雕像，刻于贞观十年（636）。六匹马神态各异，但都雄劲有力，高度体现了中国古代雕刻的艺术水平。1914年，其中的"飒露紫"和"拳毛䯄"两块石雕被文物贩子倒卖到了美国，现存于美国费城宾夕法尼亚大学博物馆。其余的"什伐赤"、"青骓"、"特勒骠"和"白蹄乌"四块石雕，现藏于陕西历史博物馆。

从足立喜六拍摄的"昭陵六骏"照片中看，唐太宗在平定窦建德的战役中所骑的"青骓"骏马石雕像，和将领丘行恭为战役中受伤的唐太宗最喜爱的坐骑"飒露紫"拔箭的石雕像较为完整，其余四块表现唐太宗在平定宋金刚战役，平定王世充、窦建德战役，平定刘黑闼战役和平定薛仁杲战役时所骑的骏马石雕像均有破损。尽管如此，足立喜六拍摄的照片，仍然完整地保留了一百年前立于昭陵墓前的六骏风采，给今人留下了无限遐想。

唐太宗昭陵六骏碑之一，表现了唐太宗最喜爱的坐骑飒露紫和手下爱将丘行恭。

唐太宗昭陵六骏碑之一，该骏马名为特勒骠，是唐太宗在平定宋金刚战役中所骑的战马。

卡尔·古斯塔夫·艾米尔·曼纳海姆：
西域考察记

芬兰探险家卡尔·古斯塔夫·艾米尔·曼纳海姆（Carl Gustaf Emil Mannerheim）在中国的考察集中于新疆、兰州一带，涉及人文景观、自然风景、城市面貌、社会现象及各色人物等。

1906 年至 1908 年，芬兰探险家卡尔·古斯塔夫·艾米尔·曼纳海姆（汉译名马达汉，文中统称马达汉）骑马从中亚进入中国新疆。他的足迹遍布南疆和北疆，随后又从新疆进入河西走廊，到达中国西北重镇——兰州，再经过陕西、山西、河南、内蒙古、河北到达北京，行程 14000 公里，所到之处，他拍摄了大量照片。在为期两年的考察中，马达汉横跨了中国 8 个省份，进行了人文史地等多种学科的调研。他拍摄的图像资料及撰写的日记、回忆录等，都为今天研究中国边疆的历史提供了不可多得的宝贵资料。

"马达汉"是喀什噶尔的中国官员袁道台为曼纳海姆签发护照时起的中文名字。马达汉 1867 年 6 月 4 日出生于沙皇俄国的藩属芬兰大公国，瑞典裔贵族，毕业于著名的沙俄皇家骑兵学校，曾当过沙皇的宫廷侍卫和御马官。1904 年至 1905 年，作为皇家近卫骑兵团军官，马达汉前往中国辽东半岛参加日俄战争。俄国战败后，他回到芬兰。不久，马达汉接受俄军总参谋部命令，到中国西部执行一项为期两年的军事侦察任务。此行的目的是探明清政府在西北边陲新疆和甘肃的实力、影响，以及清朝地方官员对"新政"的态度；同时，考察中国新疆和西北边境的广大地区，为沙皇俄国进一步侵略中国做准备。1914 年第一次世界大战期间，马达汉在波兰和罗马的土地上领兵与德奥军队作战。1917 年，俄国十月革命胜利后，芬兰获得独立，建立芬

兰州街景。20 世纪初。

阿克苏镇台一家在打靶。20 世纪初。

兰共和国，马达汉回到芬兰，并担任国家摄政官。1942年，他曾获得国家授予的最高军衔——芬兰元帅。1944年至1946年，马达汉还担任了芬兰共和国总统。他的晚年是在瑞士度过的，1951年1月28日，马达汉逝世。

在中国长达两年的考察活动中，新疆始终是马达汉旅行的重点。他从喀什噶尔开始，走遍了南疆和北疆，所行走的路线往往偏离传统的"丝绸之路"，深入人迹罕至的地区。他沿途绘制地图、记录气象，广泛结交地方官员，了解经济、军事及少数民族的生活情况，尤其是他沿途拍摄的1300余张照片，将中国许多省份，特别是西部地区的人文景观、自然风景、城市面貌、社会现象、各色人物等定格于历史的瞬间。在南疆的政治、军事和商业中心喀什噶尔城，马达汉拍摄了古老的城墙、成群结队的马车、热闹的街市等景观。在这座名城古镇，他进行了深入细致的考察，并收藏了大量有关当地百姓生活的用品。

叶尔羌，熙熙攘攘、人声嘈杂，聚集了来自周边各个国家不同民族的商人，有伊朗人、喀布尔人等，最多的是安集延人。马达汉认为，这里比喀什噶尔的街区还要热闹。但是，表面的繁荣却无法掩盖普遍存在的贫困和疾病。在叶尔羌贫民救济所，马达汉拍摄了一群面容凄惨且患有甲状腺瘤的贫民。因为贫穷，当地居民很少看病，因此传染病，特别是出天花十分普遍。当地还有一种普遍存在的疾病，就是人们的脖子上长着一个巨大的甲状腺瘤。马达汉认为，这可能和当地的饮用水有关。

在新疆，马达汉为了得到更多的军事资料和情报，非常注意和地方官员的关系。在阿克苏，他不仅为镇台大人和其他官员拍摄照片，而且使镇台允许他为其家眷拍摄全家福。马达汉在1907年3月21日的日记中写道："昨天，我到镇台家给他全家照相。这是事先约好的。我特别愿意照全家福，因为在东方国家很难能得到允许给贵妇人照相。"[1]有幸的是，马达汉还拍摄了镇台家眷打靶消遣时的照片。照片中，

1.［芬兰］马达汉：《马达汉西域考察日记——1906—1908》，王家骥译，北京：中国民族摄影艺术出版社，2004年4月第1版，第148页。

镇台的家眷头戴首饰，身穿华丽的服装，在打靶场上也显得训练有素。这些一百年前西北边陲珍贵的历史镜头被马达汉定格下来，留存到今天。

在迪化（今乌鲁木齐），马达汉拜访了被流放到这里的清朝宗室辅国公载澜，他是光绪皇帝的堂兄，因煽动义和团被流放。从马达汉拍摄的照片中我们看到，虽被流放，但载澜的生活依然奢华。据资料记载，清代流放到新疆的官员中，身份最为显赫的当属载澜。当时的新疆巡抚饶应祺对载澜不但不予监禁，反而给予由省财政每年支付的8000两白银作为生活费用等诸多优厚待遇。

和阗的织毯作坊。20世纪初。

兰州是马达汉在中国西部考察的一座中心城市。根据计划，马达汉是将兰州作为俄国占领中国西北后的军事基地来考察的。因此，他不仅参加陕甘总督升允举行的西餐会，结交各方官员，而且详尽地考察了兰州的方方面面，拍摄了大量照片。比如，兰州地方报的排字和印刷车间、兰州的街景、城门建筑等。马达汉在兰州逗留期间，正赶上中国的春节，因此他也拍摄了普通百姓过传统节日的情景。

在山西五台山，马达汉拍摄了寺院、朝拜十三世达赖喇嘛的众人、村民等照片，并向十三世达赖喇嘛的首席值班喇嘛了解每天来此地朝拜的情况。此外，马达汉在中国考察期间还参观了开封兵工厂、西安的小学校，并在旅行途中拍摄了大量人物照片，如地方官员、少数民族、贵族、贫民、乞丐、犯人、喇嘛、活佛等。

1940 年，芬兰—乌戈尔学会出版了《马达汉（曼纳海姆）日记》（*Diary of Matka*）。1990 年，该学会出版了《1906—1908 年马达汉西域考察日记》（*Matka Asian Halki，1906—1908*）。该书从马达汉中国之行时所拍摄的上千张照片中精选了 87 张，将历史定格于瞬间的老照片呈现给世人。

虽然马达汉在 20 世纪初是为了俄国的利益来中国考察的，但他在中国新疆等地拍摄的照片从历史学、民族学、人类学、考古学、地理学等角度进行的研究，也是不应被忽视的。

吕吉·巴津尼：
"北京－巴黎汽车拉力赛"的全程记录者

一百多年前，意大利《晚报》记者吕吉·巴津尼（Lugy Barzin）全程采访了"北京－巴黎汽车拉力赛"，并记录了当时的情景，使人们感受到百年前在古老的中国大地上发生的一次中西文明的碰撞。

中国最早的汽车拉力赛是在一百多年前举办的。1907 年 3 月，法国《晨报》提出要举办一次"北京—巴黎汽车拉力赛"，这在当时可谓一个惊人的创意。大赛启事在该报刊登后，立即引起了欧洲各国赛车迷的热烈响应。短短几天内，就有 25 名赛车手踊跃报名，其中包括意大利著名赛车手、旅行家博盖塞亲王（Prince Borghese），而且他最终取得了这次拉力赛的胜利。意大利一家晚报的记者吕吉·巴津尼搭乘博盖塞亲王的车全程采访并记录了这次汽车拉力赛。

这次大赛的筹办过程并非一帆风顺，就像以往的新生事物传入中国时一样，清政府对汽车充满了恐惧，官员们怀疑参赛选手的动机：为什么洋人的汽车要开到中国来？那些驾驶汽车的人想干什么？这些官员们绝对无法理解那些人只是为了想把汽车从北京开到巴黎，而没有其他任何目的。清朝外务部的反应无异于给赛车手们泼了一盆冷水。于是乎，欧洲各国公使馆的秘书和翻译频繁造访清廷的衙门。尽管清外务部的官员对于他们的劝说无动于衷，不过，根据与西方列强所签订的一系列不平等条约，中国对于只要求经过某一行省的洋人无法拒绝发给护照。所以，经过拉锯式的谈判，清政府最终同意放行——清外务部终于发给欧洲参赛选手所希望的途径蒙古的护照。这无论对哪一方来说，都是一次巨大的冒险。

北京市民围观西方参赛
汽车。1907 年。

车队开出北京的北城
门——德胜门时的情
景。1907 年。

万众一心，把汽车拉出
八达岭的关沟与山峦。
1907 年。

经过紧张的筹备，最初报名参赛的 25 辆汽车最后只有 5 辆到了北京，前 4 辆车是从天津大沽用火车运到北京的。到了北京之后，这些汽车满街乱跑，去了许多地方。第 5 辆是博盖塞亲王的伊塔拉牌汽车，是从汉口用火车运到北京的，驾驶员在北京东直门外通往颐和园的道路上试驾满意之后，就将它停在了意大利公使馆的院子里。1907 年 6 月 10 日，"北京—巴黎汽车拉力赛"正式举行。

从全程采访报道此次活动的意大利记者巴津尼留下的照片中，人们看到了一百多年前汽车拉力赛的场景：在拉力赛开始前，北京市民在参赛的汽车前围观，他们显然被这一新鲜事物所吸引，憨厚的脸上充满好奇；在河北农村，农民们从未见过汽车这种怪物，于是停车时，人们纷纷驻足围观。

参赛的汽车在途中困难重重，即使是经验丰富的探险家唐西庇奥尼·博盖塞亲王也同样经历了艰难跋涉。这位出身于意大利一个古老贵族世家的选手在 1900 年曾独自成功地完成穿越波斯、中亚和西伯利亚的探险活动。在此次汽车拉力赛开赛前，博盖塞亲王对于赛程要经过的地段做了周密的调查，6 天之内骑马跑了几百英里，亲自察看了从北京到张家口的全部路程，并用一块相当于汽车宽度的板子实地测量了路程中最狭窄的地段。同时，他还详细标明和记录了赛程上的每一条岔路。当他回到北京时，头脑里已经装下了这段路程的整个地形图。为了防止意外，博盖塞特地从北京一家老字号驿站雇了一队苦力，以保证他的汽车能够顺利到达张家口。但从巴津尼拍摄的照片上，我们还是感到了博盖塞亲王的伊塔拉汽车所遭遇的险情——汽车因缺水而熄火，因木桥坍塌而倒栽，因道路泥泞而陷入泥潭，因山路崎岖而靠人力推拉，等等。

巴津尼描述了 1907 年"北京–巴黎汽车拉力赛"出发仪式的情景：6 月 10 日是个阴天，然而，出发仪式上的气氛却空前地热烈。早上 8 点之前，5 辆汽车都在使馆区的法国兵营内集合，在北京和直隶的欧洲人几乎都汇集于此，给赛车手们送行。一时间，京师的中央成了西方人云集的地方。外务部一位姓郭的大臣代表清廷出席了仪式。法国公使馆一等秘书的夫人，一位仪态优雅的美人是汽车拉力赛出发仪式的发令员。她高高地举起了手中的旗帜，人群中顿时一片寂静，只听见汽车发动机的声音。旗帜一落下，5辆车就在引擎的轰鸣声中向门口开去，人群欢呼着跟在车队后面，把帽子和手帕扔向空中。与此形成鲜明对照的是，出城的街道两旁站立着中国士兵，市民们沉默地聚集在他们身后，大街上空旷无人，只剩下5辆赛车风驰电掣般地互相追赶，汽车的速度之快是当时的北京人从未见过的。

在天苍苍、野茫茫的蒙古大草原，赛车手们可以让汽车最大限度地发挥自己的速度优势。草原上的牧民因从未见过汽车这种西方的新玩意儿，对它们风驰电掣般的神奇速度显示出极大的好奇和钦羡。在车队经过的地方，常常会有蒙古族骑手们催马狂奔，试图跟汽车一决高下，可每次都是以后者胜利而告终，这也在很大程度上满足了赛车手们的自豪感。但令人哭笑不得的是，由于对地形不熟悉，欧洲人的汽车曾在大草原上迷失了方向，绕了一大圈又回到曾经路过的地方。

在库伦，意大利人受到了很高的礼遇。库伦办事大臣赫舍里延祉亲自前来拜访他们，并向博盖塞提出了一个小小的要求：乘坐一下伊塔拉汽车！博盖塞亲王愉快地答应了。于是总督穿上了他长袖过膝的官服，戴上以珊瑚石为顶子的一品官帽，来到了停在大门口的汽车旁边。原来他只是想乘坐汽车到库伦的街上兜一圈，只是想借用这匹神奇的铁马来提升一下自己的权威。而所有的蒙古官员和士兵都前来围观，眼神里流露出焦虑、恐惧和敬畏。

8月10日下午4点30分，赛车手们终于到达了巴黎，并举行了规模盛大的入城仪式，整个巴黎为之轰动。

一百多年过去了，随队的巴津尼当年留下的影像资料为我们重温了百年前的汽车拉力赛，提供了可视且翔实的史料依据。这些照片使我们看到当时新生事物初次进入中国时，社会各阶层的反应。同时，也让如今的我们感受到百年前在古老的中国大地上中西文明的一次碰撞。

博盖塞亲王在北京雇用的苦力们正将伊塔拉汽车拉上连崖庙山。1907 年。

伊塔拉汽车在俄国境内过小桥时遭遇翻车。1907 年。

库伦办事大臣延祉在库伦乘伊塔拉汽车，驾车者为博盖塞亲王。1907 年。

亨利·博雷尔：
慈禧太后葬礼的目击者

1909 年，阿姆斯特丹《电讯报》(De Telegraaf)的记者亨利·博雷尔（Henry Borell）目睹了慈禧太后的葬礼。他以记者敏锐的眼光，用镜头为我们记录了慈禧太后出殡时的盛大场面及古老的传统礼仪。

光绪三十四年十月二十二日（1908 年 11 月 15 日），统治中国近半个世纪之久的慈禧太后在中南海仪鸾殿病逝，享年 74 岁。她的葬礼于宣统元年十月（1909 年 11 月）隆重举行，王公大臣、各国外交官、商业权贵、报界记者等参加了晚清政府最豪华的葬礼。其中，阿姆斯特丹《电讯报》记者亨利·博雷尔目睹了慈禧太后的葬礼，并将自己的所见所闻用手中的笔和相机记录下来。

亨利·博雷尔，荷兰东印度公司汉文翻译，阿姆斯特丹《电讯报》记者。19 世纪末，他曾在中国居住和旅行了很长时间，向西方读者报道过大量关于中国宗教、礼仪、传统风俗等方面的信息，介绍过很多中国这个古老国家所发生的重大事件，并将中国深奥的哲学思想向西方人做了详细的阐述。1909 年，博雷尔被公司派往北京，使他有机会再一次接触这个古老的东方国家，特别是大清国的都城，从而又一次经历了清朝末年中国所发生的重大历史事件，同时也领略了处于变革与动荡中的中国社会状况及百姓生活。慈禧太后的葬礼便是博雷尔用西方人的眼光观察中国所发生的重大事件的一次绝妙机会。博雷尔抓住了这一千载难逢的时机，以记者敏锐的眼光，用镜头为我们记录了慈禧太后出殡时的盛大场面及古老的传统礼仪。

在博雷尔眼中，慈禧太后是举世瞩目的东方女皇，死于一个现代科学文明已经光临中国的年代。生前，慈禧逐渐接受并喜欢上了诸如

北京鼓楼大街。1909 年。

照相、电灯、汽车等来自西方的先进科技文明，而她死后的葬礼，却延用几千年传统的古老仪式。比如，燃烧大量用纸糊的冥财、士兵及慈禧生前喜爱的用品，入葬于生前为她修建的豪华陵寝。然而，作为随葬品被烧掉的纸糊士兵并非是清兵，而是身穿欧洲军服的士兵们；被烧掉的纸糊交通工具由一辆优雅的欧式布鲁厄姆车，即一种驭者坐在车厢外的四轮马车，取代了传统的中式轿子。这种古老与现代、传统与先进的交融，正是晚清社会的写照。年轻的光绪皇帝及其身边一群代表革命的知识分子，与慈禧太后及其身边一群保守、腐朽的官员之间充满矛盾、斗争，两股势力不断交锋，预示着处于新旧制度更替、变革时代的中国社会的整体状态。博雷尔认为，慈禧是古老理念的最后一位代表——当新的黎明降临在这个古老而奇妙的王国时，腐朽专制的古老理念就会随她一起死去。

同时，博雷尔以记者敏锐的眼光观察着慈禧的葬礼，并将葬礼上的所见所闻记录下来。他描述道："（1909年11月9日）在这个阴霾的冬日凌晨6点，天上刮着刺骨的寒风，我身裹裘皮大衣，坐在一辆旧黄包车里，穿过空旷的街道，向东直门赶去。在东直门外的一个小土丘上，外务部官员们专门为各国公使馆所和在京外国人搭建了一个带顶棚的看台。我亲眼看到了盖着金黄色柩布的太后灵柩被缓慢而庄严地抬过了北京灰色的土丘，那里面躺着慈禧太后的尸体……当她藏匿在灵柩中从我身旁经过时，我尊敬地脱帽致敬，向这个敢于按自己的意愿生活的高雅艺术家鞠躬敬礼。"[1]

作为一名外国记者，博雷尔拍摄了他所能见到的慈禧葬礼的全过程：从为葬礼专门制作的冥船到葬礼专用的御道，从慈禧太后庞大的灵柩到抬着灵柩的身穿猩红色绸缎衣服、帽子上插着黄色羽毛的众多轿夫，从接待西方外交官的清朝外务部官员到驻京外国公使的送葬队伍。博雷尔拍摄的照片将清朝末年最庞大、最豪华的葬礼呈现在我们面前。在慈禧灵柩通过博雷尔身旁时，博雷尔平生首次意识到这种黄色是代表皇帝的颜色，这个用黄色织锦覆盖着的庞然大物像一团火似的燃烧、闪耀、发光，释放出明亮的金黄色。

另外，博雷尔还拍摄了一些反映中国百姓日常生活的照片，如北京内城角楼的骆驼队等。

今天，从这些老照片所传递的信息里，人们品味到皇族的尊贵荣耀，体会到在封建皇家特权制约下平民百姓的生存状况。

---

1. 沈弘：《晚清映像——西方人眼中的近代中国》，北京：中国社会科学出版社，2005年6月第1版，第155页。

葬礼行列中的骆驼队驮着前往西陵途中搭建帐篷所需的物品。1909 年 11 月 9 日。

接待西方外交官的清朝外务部官员。1909 年 11 月 9 日。

慈禧太后的灵柩由轿夫们抬着经过博雷尔所在的看台。1909 年 11 月 9 日。

抬着慈禧太后灵柩的轿夫们。
1909 年 11 月 9 日。

阿尔贝·肯恩：
实施"地球档案"计划的法国银行家

法国银行家阿尔贝·肯恩（Albert Kahn）自1909年开始，用20余年的时间实施了他一生中最为重大的工程——用影像记录世界的"地球档案"计划。这些影像真实地记录了不同国家的人文风情和自然景观。

一百多年前，法国人阿尔贝·肯恩和他的助理来到中国，游历了很多地方，用相机记录下了清朝末年的景象。这是封建帝制被推翻前的中国，是和今天完全不一样的中国。

1860年3月，阿尔贝·肯恩出生在法国东部与德国毗邻的阿尔萨斯地区的一个犹太家庭。1870年7月，普法战争爆发，法国皇帝拿破仑三世在色当会战中战败被俘，阿尔萨斯地区也被割让给了德国，年少的肯恩被迫来到巴黎。他目睹了战争给人类社会带来的巨大破坏，在他幼小的心灵里，期盼着世界和平。

1879年，年轻的阿尔贝·肯恩选择了去银行工作。13年后，肯恩成了巴黎古德霍克斯银行的大股东。1898年，肯恩有了自己的银行并成为法国金融界的巨子。

有了资金的支持，1893年，阿尔贝·肯恩在布洛涅·比扬古购买了3.9公顷土地，开始建造一座在当时看来非常独特的园林。他是想让没有机会到其他地方旅行的人，能够在这里看到不同地域的风情，了解不同民族的文化。1898年，阿尔贝·肯恩已经有能力按照自己的意愿安排自己的事业。肯恩首先创建了环球基金会，以资助年轻教师和院校的毕业生到其他国家去旅行，感受不同国家的文化差异。到1905年，肯恩的园林已初具规模；20世纪20年代，肯恩在园林内建成了贮藏所拍摄照片的房屋。另外，肯恩于1906年创建了环球会社，为基

沈阳内城南大街（今正阳街）。20世纪初，阿尔贝·肯恩团队队员雅克·卡歇摄。

沈阳内城小西城街（今中街）。20世纪初，阿尔贝·肯恩团队队员雅克·卡歇摄。

金会资助的年轻人以及应邀前来的学者和政要提供一个相互交流的平台。阿尔贝·肯恩曾经两次走出欧洲，这大大拓宽了他的视野。逐渐地，在肯恩的心中萌生了一个构想——用当时最先进的记录手段，为自己所居住的星球建立一个完整的影像档案库，也就是后来所说的"地球档案"计划。

为了把这一宏伟构想变为现实，阿尔贝·肯恩先后聘用了8位图片摄影师、3位电影摄影师。他们行走了50多个国家，拍摄了72000张彩色照片和183000多米的电影胶片。这些影像真实地记录了不同国家的人文风情和自然景观。

1908年11月，阿尔贝·肯恩应邀赴日本参加一场金融研讨会。他在他的司机阿尔贝·杜帖特（见"阿尔贝·杜帖特"篇）的陪同下，从法国的瑟堡港（Cherbourg）乘船先去了美国，然后到了日本。1909年1月15日，阿尔贝·肯恩来到上海，开始了他一生中唯一一次的中国之旅。在中国23天的游历中，肯恩先后到了青岛、天津、北京、汉口、南京等地，最后于2月6日乘船离沪去香港。自1909年至1931年，阿尔贝·肯恩用20余年的时间实施了他一生中最为重大的工程——用影像记录世界的"地球档案"计划。

1929年10月，一场前所未有的经济危机首先在美国爆发，进而席卷了整个资本主义世界。阿尔贝·肯恩的财富大幅缩水，1931年，即将破产的肯恩不得不中止了他追求梦想的脚步——停止了"地球档案"计划的实施。虽然肯恩没能把这一活动进行到底，但是他和他的团队所做的事情，仍然可以说是20世纪人类社会用感光材料记录世界的一项最为伟大的记忆工程，它所形成的影像档案无疑是人类社会极为珍贵的文化遗产。1934年，肯恩彻底破产。

1936年，法国巴黎上塞纳省议会收购了包括"地球档案"在内的阿尔贝·肯恩的产业。1939年9月1日，第二次世界大战爆发。1940年6月14日，德国的装甲车驶入巴黎香榭丽舍大街，阿尔贝·肯恩再次目睹了自己的祖国惨遭战争的蹂躏。

1942 年 11 月 13 日，阿尔贝·肯恩在巴黎黯然离世。一位对人类和平无限憧憬并为之奋斗一生的老人，在家国战乱中走完了他人生的最后历程。

1986 年，阿尔贝·肯恩博物馆建立，馆内包括"地球档案"和园林两部分。在"地球档案"影像的宝库中，有关中国的照片共计 1766 张。其中，黑白立体玻璃版底片和反转片 1111 张，彩色玻璃版正片 655 张，并且出版了《Chine 中国 China 1909—1934》一书，收录了阿尔贝·肯恩博物馆照片及电影镜头组图录，将肯恩建立的"地球档案"中的中国影像介绍给全世界。该书中，与沈阳有关的彩色玻璃版正片共计 77 张，拍摄于 1912 年 5 月至 6 月。这些照片均为斯提芬·帕瑟（见"斯提芬·帕瑟"篇）拍摄。

在中国摄影史上，阿尔贝·肯恩及其"地球档案"的影像占有一席重要的地位，十分珍贵。

东华门。北京，20 世纪初，
阿尔贝·肯恩团队摄。

东交民巷。北京，20世纪初，阿尔贝·肯恩团队摄。

生火。北京，20世纪初，阿尔贝·肯恩团队摄。

磨刀人。20世纪初，阿尔贝·肯恩团队摄。

阿尔贝·杜帖特:
"地球档案"的重要拍摄者

1908年至1909年，阿尔贝·杜帖特（Albert Dutertre）随同阿尔贝·肯恩游历中国，期间拍摄了近千张反映中国风土民情的照片，真实地记录了中国百姓的普通生活，并用镜头将当时繁华的街区、宏伟的建筑、古朴的民风永久定格。

阿尔贝·杜帖特，1908年至1909年在任法国金融家阿尔贝·肯恩的私人司机时，随同肯恩周游世界，并来到中国，拍摄了近千张反映中国风土民情的照片。其中，大部分是反映老北京的照片。这些原版照片目前收藏在法国阿尔贝·肯恩博物馆的"地球档案"里。据有关专家鉴定，这些照片为研究北京的历史及民风民俗提供了重要依据。

1898年，阿尔贝·肯恩成了银行业主。不久，开始了他第一项事业——建立环球基金会，以资助法国大学和中学的年轻教师及院校毕业生了解各国的社会和政治生活，并倡导年轻人摆脱书本知识，"双眼睁开"观察世界，体会世界实情。他希望一劳永逸地把人类活动的多面性、操作形式和类型记录下来，因为这些都是必然要消失的，只不过是迟早的问题而已。这样，由他培训的多名摄影师走遍50多个国家，带回7万多张彩色玻璃版正片和18.3万米电影胶片。杜帖特就是经肯恩的摄影及冲洗技术培训后，于1909年跟随肯恩环球旅游并访问了中国。之后，他拍摄的照片存放在了肯恩命名的"地球档案"中，直至今日。

1909年1月15日，杜帖特从日本乘船来到上海，开始了在中国的旅行。从上海经秦皇岛、青岛、天津，于1月21日，杜帖特跟随肯恩到达北京，并在北京进行了为期11天的考察。2月2日，他们由京汉铁路南下到汉口、九江、芜湖、南京；2月6日，由上海乘船离开中国。

逛厂甸庙会的满族皇室。北京，
1909年1月。

放风筝。北京，1909年1月。

包车的满族妇女。北京，1909年
1月。

西安门。北京，1909 年 1 月。

在北京期间，他们游览了天坛、雍和宫、景山、鼓楼、东单、使馆区等风景名胜和街区。巧合的是，在他们到达北京的当天，正值中国的农历大年三十，杜帖特有幸拍摄了北京百姓过年逛庙会的情景，如《逛厂甸庙会的满族皇室》。此外，北京的鼓楼大街、东单北大街克林德碑、正义路日本使馆、白云观庙会等无不记录在杜帖特的镜头里，他用镜头将北京繁华的街区、宏伟的建筑、古朴的民风永久定格。

　　阿尔贝·杜帖特拍摄的照片大部分为黑白立体玻璃版反转片，图像清晰、画面质量极高，历经百年，至今仍保存完好。虽然中国经历了百年的社会变革与动荡，而杜帖特拍摄的照片却将当时的社会风貌、

北京南口一家住宅门口的父子俩。1909年1月24日。

风土民情、百姓生活、街道建筑真实地记录、保存下来，留给了后人。阿尔贝·肯恩博物馆的馆长苞索蕾女士强调："与其他外国摄影师拍摄的中国老照片相比，杜帖特的老照片拍的多是特别平常的生活。因为肯恩的'地球档案'不是从猎奇的角度出发，而是力求真实地记录历史的瞬间。"20世纪90年代，这批珍贵的老照片和影片的复制品大部分已移交中国各地相关博物馆和文物保护单位，使这批旅居海外近一个世纪的珍贵图片资料重返故土，发挥更大的作用。

正阳门大街。北京，1909 年 1 月。

关城北侧长城马道上一位中国人和第 2—8 号敌台。1909 年 1 月 31 日。

上海老城街景。1909 年 1 月 15—16 日。

罗伯特·费利斯·费奇：
走遍中国的外国摄影师

> 20世纪初来到中国的美国传教士、旅行家罗伯特·费利斯·费奇（Robert Ferris Fitch），以风光摄影为题材来反映东方古国的人文景观和民风民俗。他的拍摄范围极其广泛，照片构图、线条、用光也颇为讲究，使我们从中获得了美的享受。

摄影术传入中国以后，中外摄影爱好者以风光作为题材的不乏其人。其中，罗伯特·费利斯·费奇较为擅长这种类型的拍摄。

罗伯特·费利斯·费奇（中文名费佩德），美国传教士、旅行家，为原之江大学（前身为育英书院）校长。20世纪初，费奇来到中国，拍摄了大量的自然风景。特别是1909年，费奇拍摄了一组三峡照片，将瞿塘峡的雄伟、巫峡的秀美、西陵峡的险峻定格在镜头里，向我们再现了百年前的三峡景色。1908年，费奇来到杭州，将杭州运河两岸的风光呈现给世人。清末民初，河流是杭州的主要交通通道，绝大部分民居的旁边都有河，百姓的生活也离不开这古老的河流。费奇的照片反映了中国南方民众以水运为业，傍水而生的场景。

在浙江，他完全被这里的景色所震惊，著有《杭州——浙江游记》（HangChow—Chekiang Itineraries）一书：那层峦叠嶂的雁荡山上的灵岩，就像一座天造的石园；迷人的富春江，景色是那样的幽静。费奇认为，世界上的任何一个民族，都没有像中国人那样，对身边的大自然充满了亲切又神秘的复杂心态，几乎把身边的一切自然物都看得如同人一样有理智。

在广州西关，费奇拍摄了卖戒烟药的店铺。鸦片泛滥带给中国人民极大的灾难，外国列强用鸦片贸易吞噬着中国，毒害着中国人。这一点，中国的有识之士早已清醒地意识到了。然而，清政府的软弱无能，仅靠表面上的戒烟又能起到多大的作用呢？

对于中国的寺庙，费奇同样情有独钟。他每到一地，必然要关注那里的庙宇、古塔等宗教建筑。他就如同一位宗教文化的研究者，徜徉在那些远去的"神灵"之间。鉴于此，费奇在浙江、西藏、云南、四川等地都拍摄了大量的寺庙照片。费奇认为，佛教在中国如此兴盛，是因为连年的社会动荡使各阶层的人们产生了恐惧和不安，他们借佛教寻求心灵上的慰藉，祈求上苍保佑他们平安。

费奇在中国期间，完全被中国的美景所感染，拍摄了大量风光照片。正如他所言："取中国美丽的自然景色，吸收中国美术的清新隽永特色，从光感、物象、线条等多角度着手，以求得新的意境。"[1]他的拍摄范围极其广泛，构图、线条、用光也颇为讲究，为我们留下了一些现在已无法寻觅的中国旧风貌的记忆。

杭州运河两岸风光。1908年。

1. 陈正卿：《尘封的老照片——70年前外国人镜头中的中国》，成都：四川出版集团、四川美术出版社，2005年8月第1版，前言第4页。

西陵峡。湖北，1909 年。

汉阳的晴川阁。1911年。

浙江省内的富春江。1913年。

崇山峻岭中的桥。云南，20 世纪初。

广州西关卖戒烟药的店铺。20 世纪初。

路得·那爱德:
百科全书式的四川影像记录者

> 20 世纪初，路得·那爱德（Luther Knight）来到中国，他用手中的相机拍摄了自己眼中的中国万象，特别是他对四川进行了百科全书式的影像记录。

19 世纪末 20 世纪初，许多外国人陆续来到中国。他们在中国不同的城市从事着不同的职业及工作。这些具有完全不同文化背景和生活习惯的外国人，对于古老而神秘的东方世界充满了好奇和渴望。他们用手中的相机拍摄了自己眼中的中国万象，路得·那爱德就是他们当中的一员，特别是他对四川进行了百科全书式的影像记录。

路得·那爱德，1879 年 6 月 8 日出生于美国爱荷华州南普维尔北部特区，曾就读于伊利诺伊州的西北大学和马里兰州的约翰·霍普金斯大学，先后获学士、硕士学位。1906 年至 1910 年，路得·那爱德先后在美国的两所大学任教。1910 年 6 月 24 日，大清国四川高等学堂和美国伊利诺伊州签署了聘用教学协议，正在伊利诺伊大学任助理教授的路得·那爱德获得中国成都之行的机会。

1910 年 7 月 7 日，那爱德乘坐日本"汤巴马卢号"轮船离开美国西雅图（Seattle），8 月 2 日到达中国上海，10 月沿长江溯流而上，经汉口、重庆抵达成都，在四川高等学堂教授算学、化学、地质学和矿物学。1911 年 2 月，路得·那爱德被聘为四川高等学堂地矿部主任。夏季，路得·那爱德又受清政府邀请，对四川西部和甘孜、阿坝藏区做了地质调研工作。1911 年 12 月 8 日，成都发生兵变，那爱德在乱军的胁迫下一度失去了人身自由。脱离危险后，因社会局势动荡，他被迫离开四川，乘船前往上海。1912 年 9 月，成都局势基本恢复平静，

成都青龙场的集市。成都北郊，1910 年。

城南宅院人家。成都，1911 年。

孪生姐妹。上海，1912 年。

一艘大型木船桅杆高耸，正在激流中勇进。西陵峡，1912 年。

那爱德返回成都，继续任教于四川高等学堂。1913 年 4 月初，他带领学生去成都附近的彭县白水河铜矿冶炼厂进行实地考察，不幸感染了斑疹伤寒，于 4 月 14 日被送进成都的加拿大循道会福音医院（今成都市四圣祠街市第二医院）。入院后，他的病情转为肺炎，当月 19 日在福音医院去世，年仅 34 岁，遗体葬于成都郊外。

路得·那爱德在中国只待了两年多的时间，却经历了中国历史中一段重大的变革时期和动荡岁月。民间哗变、武装起义层出不穷，铁路国有政策就像一根导火索，首先点燃了四川的"保路运动"。然后，又在全国范围内引发了一连串的革命——武昌起义，湖南、湖北、江西、云南等省的相继独立，延续近 300 年的大清国分崩离析，中华民国随之建立。之后，军阀混战，民不聊生。那爱德所拍摄的照片，记录了中华民族生死攸关的这段历史，也记录了处于变革时期成都的旧城概貌、庙会集市、天府农事、民族风情。此外，这些影像还呈现了上海、长江三峡、南京古都等地的风俗民情、市井百态及自然风光，具有很高的史料价值和摄影艺术价值。

他在四川教书育人之余，常深入成都市井及其周边地区，用手中的相机真实地记录他涉足之地的社会风貌、人文景观和自然风光，反映了清末民初中国社会变革时期的新旧世象，以及习俗的交替和切换。我们今天所能见到的这些老照片多以成都及其周边的山川风物、名胜古迹、社会风情为主题，如古皇城的楼堂殿宇、都江堰的安澜索桥、直插云天的彭州古塔、"保路运动"中群情激昂的集会、仪表俨然的新政军官、寒窗苦读的莘莘学子、玩"打铜钱"游戏的幼童、卖烤鸭的侏儒、店铺林立的街市、以船为业的水上人家、祭祀耕牛的场面等，可谓事无巨细，一一具陈。

在旧中国，自给自足的经济占据着主导地位。因此，四川的集市贸易异常活跃，而庙会又是最有特色的传统集市形式。位于成都西门外的青羊宫是一处久负盛名的道教圣地，举办的庙会名曰"青羊宫花会"。作为川西北民众的盛事，其活动源远流长，历经千年不衰。那爱德于清末民初拍摄了一组"青羊宫花会"照片，将当年青羊宫、二仙庙内外的景致、殿堂建筑和摊架棚肆的景观与劝业会颁奖场面一一摄入镜头，使人感到既熟悉又新奇，妙趣横生。"青羊宫花会"经千年沧桑，期间曾有短暂停止，但这一民间活动一直延续至今。那爱德拍摄的这组"青羊宫花会"照片，让我们在今昔对比中体会到四川当地民俗的传承和变化。

四川是一个多民族的省份，境内除居住着汉族外，还有彝、藏、羌、苗、回、满、蒙古、布依、纳西、土家等十几个人数较多的少数民族。那爱德在四川任教期间，不止一次对四川西部、西北部和甘孜、阿坝藏区进行过调研。期间，他拍摄了大量反映川西自然风光和人文状况的照片，使我们真实地感受到了几千年前的藏、羌、回、汉等各族人民十分独特的风情民俗。白雪皑皑的群山冰峰、悬吊在江河上的各式索桥、古老部落的家园、运货的牦牛队、饱经风霜的康巴汉子和表情严肃的坐床活佛，这些昔日甘孜、阿坝的古老景观片断，与今日新貌相比，使人产生种种联想和感慨。

1911 年夏天，那爱德来到岷江上游茂县境内的叠溪古城。自古以来，叠溪扼松潘、茂县之要冲，是川西北的军事重镇和商品集散地。他显然被这座深山里的古镇所吸引，背着沉重的相机和玻璃版底片，爬上镇子对面的高山，拍摄了两张古镇的全景照片。从当年那爱德拍摄的照片上可以清晰地看到叠溪周边的环境及地理位置，古城镇的街道布局和房屋建筑的形制外貌也历历在目。令他万万没有想到的是，1933 年 8 月 25 日，叠溪发生 7.5 级强烈地震，大地下陷，古城内 3000 多军民几乎全部遇难。地震后，曾经繁华的叠溪镇一部分崩倒江中，一部分陷落，一部分被岩石压覆，从此叠溪古镇不复存在。在那爱德之前的 1910 年 8 月，英国著名植物学家、探险家欧内斯特·亨利·威尔逊也拍摄了两张叠溪古镇的照片。欧内斯特·亨利·威尔逊拍摄的这组照片被公认是目前发现的世界上第一组记录地震前叠溪古镇的黑白照片（见"欧内斯特·亨利·威尔逊"篇）。但当年那爱德拍摄的叠溪旧貌照片同样较为完整，具有一定的史料价值。

在川西南，那爱德拍摄了茶马古道遗迹。千百年来，在沟通川、康、藏和川、甘、青的茶马古道上，商业交往频繁，无数背茶人终年来往在漫漫的茶道上，将川茶运至拉萨，或远销邻国。在这艰难的商道上，背夫肩负着比自己还要宽大的茶包，默默行走着。艰险的道路、恶劣的天气、背夫们的艰难跋涉，构成了一幅幅古老的画面。同时，那爱德还拍摄了大量反映天府农事和乡村风光的照片。《水稻插秧》即是昔日四川水田形制和水稻作物耕种方式的真实写照。《牵牛的农夫》照片中，牵牛的农夫神态悠然，而水牛面露温顺，俨然一幅乡村牧牛图，充分反映了牛与当地农民生产和生活的密切关系。《成都青龙场的集市》则表现了四川农民在自给自足的自然经济下，将自产的农作物带到集市上出售，名曰"赶场"，这是农民重要的生活内容，也是紧张劳作之余的一种消遣方式。

路得·那爱德以一名自然科学家在摄影创作上的独特优势，记录了他钟爱的天府大地。时过百年，这些照片不仅反映了近代四川的自然经济状况，也印证了四川少数民族的生存环境，表现了各民族独特的风情民俗。

从1910年8月来中国到1913年4月病逝，那爱德在短短两年多时间里曾先后三次乘船拍摄长江三峡，留下了一组极其珍贵的历史镜头。当第一次见到长江时，他这样描述："这条江大约有一英里宽，在阳光的照耀下泛着深黄和土褐的色泽。上千条小船张着巨大的帆，布满水面，水很深，流动非常之快。"[1]那爱德当年拍摄了长江流域众多的城市和人文景观，他用手中的干版相机，将长江沿岸的风土民情一一收入镜头，如航标灯、帆船、码头、乘客、船夫和纤夫等。从他的照片中，我们仿佛听到了船工们沉重的号子，看到了纤夫们艰难挣扎的身影，这古老的景象为我们勾画出20世纪初长江延绵数百里的历

1.《老照片》第二十九辑，济南：山东画报出版社，2003年6月第1版，第92—94页。

史画卷。

　　此外，那爱德在中国期间曾经两次来到上海。第一次是他离开美国后于 1910 年 8 月 2 日抵达上海。他本想马上前往成都，但由于洪水耽误了行程，因此在上海居住了两个多月。他将对上海的最初印象拍摄下来：拥挤的街道和码头、豫园的景色、知识女性的风姿等。1911 年 12 月，四川局势混乱，那爱德再次来到上海。这次，他在上海驻留了 6 个月。期间，在一家专为富人服务的照相馆——波尔照相馆担任摄影师。在照相馆，他拍摄的主要对象是富贵人家的女子、官宦太太、名媛闺秀、商贾贵妇、时尚女子等。那爱得拍摄这些人物肖像的时期，恰是清末民初之际，人物的服饰演绎着新旧的变化，长袍马褂、西装革履、高领衫袄、无领旗袍、日式的、欧式的……均被一一呈现，古老的上海在文明之光的笼罩下变革着。这期间，那爱得还去了南京，拍摄了 20 世纪初叶的秦淮两岸、南京明代故宫等照片。作为美国人，那爱德能够到成都任教，是因为中国刚刚废除了具有 1300 多年历史的科举制度，开始推行新学。而那爱德在南京拍摄的江南贡院，就是刚被废弃不久的清代考试场所。

　　与许多来华又离去的外国人不同，路得·那爱德是一位在中国成都去世，又把自己埋在中国土地上的美国人。一个世纪过去了，当我们回首过去，希望寻找已经远去的中国形象时，那爱德在中国拍摄的照片不断走进我们的视野。这些百年前拍摄的照片，记录了中国在那时的历史，为今人的研究提供了可靠的史实依据。

江南贡院。南京，1912 年。

牵牛的农夫。四川，20 世纪初。

约翰·詹布鲁恩：
变革时代京华烟云的记录者

美国摄影师约翰·詹布鲁恩（John Zumbrun）于 20 世纪一二十年代居住于中国，经历了民国早期发生在北京的许多重大事件，并有机会拍摄了发生在身边的重要场景。他留给我们的影像堪称一部珍贵的民国早期影像史。

约翰·詹布鲁恩，美国摄影师，20 世纪初居住于北京，并在北京东交民巷的使馆区经营一家照相馆。他当时是末代皇帝溥仪的御用摄影师。

20 世纪一二十年代是中国的大变革时代。詹布鲁恩经历了民国早期发生在北京的许多重大事件，包括 1912 年"壬子兵变"、1913 年袁世凯天坛祭天仪式、1916 年袁世凯葬礼、1917 年张勋复辟、1919 年"五四运动"、1925 年孙中山奉安大典等。这期间，詹布鲁恩游走于北京的民国政要社交圈和重大历史事件的现场，不失时机地抓拍着发生在中国大变革时期的历史事件。在詹布鲁恩的镜头里，不乏溥仪、袁世凯、张勋、曹汝霖、陆征祥等民国重要人物，也拥有数量可观的展现历史事件场景的照片。特别是袁世凯在天坛祭天的影像记录弥足珍贵，因为詹布鲁恩是唯一全程记录该仪式的"御用"摄影师。

天坛是祭天之所，它的最后使用者首脑是中华民国首任大总统袁世凯。他在天坛的祭天活动发生在 1913 年 12 月 23 日，作为登基称帝的一次彩排，袁世凯在此举行了隆重的祭天仪式。尽管复辟帝制失败，但在此之前，袁世凯仍希望通过天坛的祭天仪式唤起国人的拥戴。

笔者由于工作关系，很早以前就曾见过袁世凯在天坛祭天的照片，但一直不知是何人拍摄。直到最近，北京华辰拍卖有限公司新征集了

"北京兵变"后的百姓。1912年2月。

　　1000多张珍贵的民国时期的底片和5000张原版照片，才得知祭天仪式照片的摄影者是消失在我们视线中多年的美国摄影师约翰·詹布鲁恩。由于詹布鲁恩是末代皇帝溥仪的御用摄影师，又经常游走于达官显贵之间，因此袁世凯安排他去拍摄祭天仪式。

　　祭天在凌晨开始，圜丘坛修缮一新，通往神坛的台阶上铺着厚厚的地毯。每个栏杆旁都站着身穿制服、手持长矛的士兵，道路两旁两百多名乐师身穿长袍，手持乐器。此外，还有黑压压的一大片文武百官，全都穿着祭祀的长袍。袁世凯则被八抬大轿送到圜丘围墙内临时搭建的帐篷里，更衣换上了长袍，从南面登上圜丘的第二层后朝北站定。

袁世凯祭天。北京，1913 年 12 月 23 日。

乘八抬大轿的袁世凯来到天坛。北京，1913
年 12 月 23 日。

袁世凯天坛祭天时的乐手。北京，1913 年
12 月 23 日。

待篝火点燃，他按照祭祀官的口令深深鞠躬 4 次，文武百官也跟着一起鞠躬；同时，盛有兽血和兽毛的盘子被端上了祭坛。仪式持续了 1 个小时，詹布鲁恩全程记录了祭天仪式。

在詹布鲁恩拍摄的照片中，关于 1912 年"北京兵变"后的影像颇为珍贵。"北京兵变"因正值农历壬子年，故又称"壬子兵变"。1912 年 2 月 15 日，南京临时参议院正式选举袁世凯为临时大总统。孙中山先生要求袁世凯到南京就任临时大总统，可防止国家受制于北洋军阀。然而，袁世凯并不愿意离开北京。他表面上答应孙中山南下，又以整顿军务为由暂时留在北京。2 月 27 日，临时参议会、临时政府派蔡元培为专使，宋教仁、汪精卫为专员，到北京迎接袁世凯南下就职。1912 年 2 月 29 日，北洋军阀曹锟的一部在北京发生哗变，随即波及保定、天津等地，京津一带一片混乱。2 月 29 日晚，北京突然枪声四起，正阳门、地安门、东华门、朝阳门、广安门内外驻扎的曹锟部下大肆焚烧和抢掠，前门外珠市口、骡马市大街、琉璃厂等处多有店铺被抢，地安门、东安门火势尤烈。很快，南北城秩序全无，纷乱异常。我们从詹布鲁恩拍摄的照片中可以看到大街上混乱一片，烟雾弥漫，到处残垣断壁，人们面色恐慌，目光茫然。

兵变导致 4000 余家商铺被抢，大清、交通、直隶等银行及制币厂遭劫，损失白银 900 多万两，北京政局大有内忧外患之势。在这种情况下，南京方面被迫让步，同意袁世凯在北京就任临时大总统。从某种意义上说，"北京兵变"改变了中国历史的进程。

1917 年，张勋复辟丑剧发生，为了拍摄张勋的"辫子军"，詹布鲁恩不顾自身安危登上城墙，并因此负伤。

作为一名照相馆摄影师，詹布鲁恩除了拍摄发生在身边的历史事件外，还为我们留下了大量北京的景观照片。他几乎拍遍了北京周边的风光古建，从圆明园遗址到颐和园，从紫禁城、北海到长城，从明陵到承德热河行宫，都留下了他的足迹。他拍摄的照片画质清晰，质感强烈，与众不同。

挑水的百姓。北京，20 世纪初。

把玩相机的溥仪，门后的外国人是他的老师庄士顿。
20 世纪初。

北京郊外走亲戚的女人。20 世纪初。

协约国战胜同盟国后在故宫太和殿庆祝第一次世界大战胜利。北京，1918年。

此外，詹布鲁恩拍摄的另一个主题是京味十足的民俗影像，如街头的店铺、普通的百姓、京郊劳作的农民、质朴的手艺人、城门下的骆驼队、老北京街头的饮食风俗等，都一一被收录在詹布鲁恩的镜头里。

遗憾的是，随着岁月的流逝，这位民国时期重要的摄影家似乎被人们遗忘了。1929年，由于健康原因，詹布鲁恩带着他在中国拍摄的所有底片返回美国，从此淡出了中国人的视线而逐渐不为人知。

关于詹布鲁恩来华前的摄影经历和返回美国后的经历，我们目前

知道的不多。不过，从他留下的珍贵底片和照片可以看出，詹布鲁恩的摄影成绩斐然，特别是他不仅见证了民国时期众多的重大历史事件，而且为我们留存了大量民国时期重要的影像，这些影像堪称一部珍贵的民国早期影像史。对于我们来说，这是很重要的一段民国摄影史。一位民国时期重要的摄影师——约翰·詹布鲁恩，应该引起摄影史学界足够的重视。

（约翰·詹布鲁恩的更多作品请见中国摄影出版社 2016 年 11 月版《约翰·詹布鲁恩镜头下的北京 1910—1929》）

埃德温·J. 丁格尔:
辛亥革命记录者

　　英国传教士埃德温·J. 丁格尔（Edwin J.Dingle）在辛亥革命期间凭借自己的特殊身份对整个事件进行了深入报道。他拍摄的大量照片，对我们研究辛亥革命爆发时的社会背景及当时状况提供了不可多得的史料。

　　发生于 1911 年的辛亥革命是 20 世纪中国的重要事件之一，它推翻了清王朝的统治，结束了中国两千多年的封建君主专制制度，建立了中华民国。有关对辛亥革命的研究专著不计其数，而埃德温·J. 丁格尔撰写的英文著作《中国革命记：1911—1912》（*China's Revolution*:1911—1912）则是一个外国人在辛亥革命爆发后不到半年时间里出版的一部对中国时局真切、准确报道的著作。该书于 1912 年初由上海商务印书馆出版，在上海、纽约、伦敦同时发行。尤其重要的是，丁格尔当时拍摄了大量照片，生动地记录了辛亥革命时中国局势的变化。观其照片，使人有身临其境之感。

　　埃德温·J. 丁格尔，生于 1881 年，是一位英国的传教士。1884年，埃德温·J. 丁格尔跟随父亲来到中国，一直住在长江边上的沙市，后来住在汉口。他在华生活多年，中文名字为"丁乐梅"。他长期从事传教工作，熟悉中国社会，对中国有很深的感情。同时，丁格尔还是一位新闻工作者、作家、旅行家，著作颇丰。他撰写过很多关于中国社会及民俗文化的著作，如《徒步穿越中国》（*Across China on Foot*）、《我在西藏的生活》（*My life in Tibet*）等，将中国国内的情况介绍给西方，对中英文化交流做出了贡献。作为英文《大陆报》的特派员，在辛亥革命期间，丁格尔凭借自己的特殊身份对整个事件进行了全方位的深入报道。

辛亥革命爆发时，丁格尔就在汉口，目睹了革命发生初期的种种情况。"南北和谈"在上海举行时，他又到了上海、南京。在整个战争过程中，他周旋于各派政治势力之间，与袁世凯、冯国璋、唐绍仪、伍廷芳等各政治派别的领袖及清朝官吏都有过密切接触，特别是与革命军领导人黎元洪私交甚好。因此，他掌握了大量政治幕后不为人知的消息。丁格尔撰写了大量文章，对辛亥革命进行了独家报道，向西方读者介绍了 1911 年在中国发生的伟大革命，"讲述自己看到的而且弄清楚的东西，然后加入或多或少关于总体情况的理性阐述，并对导致去年十月武昌起义爆发的革命形势和主要事件进行历史的探究"[1]。

　　从丁格尔的讲述中我们得知，当年在拍摄照片时，由于其特殊身份，他得到了各方面的配合。在革命军的基地刘家庙，当丁格尔提出拍摄请求时，一位年轻的军官立刻同意，并"挥手示意一个匆忙进来的侦察兵在我拍照时退出去"[2]。今天，一幅幅生动的画面似乎向人们诉说着当年正在发生的历史：一个被捕的炸弹制造者，正是他们导致了革命的提前爆发。据丁格尔介绍，"那个由于在制造炸弹时不小心使其在俄租界过早爆炸的人是孙武，这迫使革命党人在没准备好的情况下实施他们的计划。"[3] 可见，这次起义的准备过程极为秘密，以至于丁格尔人在汉口，但对起义的内幕都一无所知。起义爆发，他与其他外国人一样感到突然与震惊。他拍摄的照片，其中有大量表现革命军人精神面貌的：革命军的士兵相当勇敢和乐观，虽然在装备与训练上，革命军远不如清兵，但他们士气高昂，清朝军队则士气消沉。在起义渐渐为人所知的最初几天里，革命军的团结程度是中国从未有过的。在武昌、汉阳和汉口，他们狂热地拥护革命。当首战告捷后，革

1.[英]埃德温·J.丁格尔：《辛亥革命目击记》，刘凤祥、邱从强、杨绍滨、陈书梅译，北京：中国青年出版社，2002 年 2 月第 1 版，第 2—3 页。

2.[英]埃德温·J.丁格尔：《辛亥革命目击记》，刘凤祥、邱从强、杨绍滨、陈书梅译，北京：中国青年出版社，2002 年 2 月第 1 版，第 32 页。

3.[英]埃德温·J.丁格尔：《辛亥革命目击记》，刘凤祥、邱从强、杨绍滨、陈书梅译，北京：中国青年出版社，2002 年 2 月第 1 版，第 24 页。

被捕的炸弹制造者。武汉，1911 年。

战斗中的清军。这些驻扎在汉口的清兵，凭借优良的武器装备迅速向汉口挺进。武汉，1911 年。

命军的士气也受到了巨大的鼓舞，人人摩拳擦掌，渴望新的战斗。当然，复杂的时局、残酷的战争，使革命军中的部分士兵临阵脱逃。此外，丁格尔还记录了湖南士兵背叛革命的事件，而且拍下了一批革命军投向敌营及湖南士兵被清军杀害后尸横遍野的照片。

丁格尔渴望中国进行变革，其立场明显偏向革命军这一方。他对当时的显要人物一一进行了描述：黎元洪，气宇轩昂、目光锐利、儒雅冷静。他称："如果没有黎元洪，中国可能不会有这场革命……（他）是中国贡献于世界的最伟大的改革家。"[4]

由于丁格尔与黎元洪有很深的私交，1911 年 11 月 20 日，作为革命开始后第一个对革命军领导人进行采访的外国人，他不仅得到了独家新闻，而且还得到了一张特别通行证，使其有到革命爆发地武昌任何一个地方进行拍摄的特权，几乎可以随心所欲地行动。他采访了湖北新军统帅张彪，认为张是个体格强壮的汉子，嘴巴显示出其冷酷和坚定的性格。他形容袁世凯是一个身材魁梧、残忍、乐观、敏感的中国人，拥有广泛的权力。丁格尔认为，袁世凯是位毁誉参半式的人物，既是军事改革者，又是给戊戌变法中改革派致命一击的人物。他是辛亥革命最大的受益者，曾镇压武昌起义，屠杀起义官兵，最后却坐上了中华民国大总统的宝座。

战争是残酷的，从当年留下的照片中我们可以看到中国曾经经历的剧痛和创伤：大火烧毁的民宅、满目疮痍的断壁、支离破碎的浮桥、尸横遍野的荒原——先人为革命付出了惨痛的代价，推动历史的车轮向前迈进了一大步，革命使"中国表面上呈现一派新气象"[5]，也使社会发生了划时代的变化。正像作者在亲历革命后所感悟的：那些献出生命的志士及新兴的群体，希望他们为自由进行的斗争将预示着中国公正与正直之日的到来。

---

4. ［英］埃德温·J. 丁格尔：《辛亥革命目击记》，刘凤祥、邱从强、杨绍滨、陈书梅译，北京：中国青年出版社，2002 年 2 月第 1 版，第 12—13 页。

5. ［英］埃德温·J. 丁格尔：《辛亥革命目击记》，刘凤祥、邱从强、杨绍滨、陈书梅译，北京：中国青年出版社，2002 年 2 月第 1 版，第 11 页。

起义的炮兵部队。武汉，1911年。

清军撤退时的情景。武汉，1911年。

革命军中的士兵。武汉，1911年。

革命军中的炮兵。武汉，1911年。

威廉·杰伊：
拍摄辛亥年京津地区的摄影师

　　在英国驻天津和北京的军队中服役的威廉·杰伊（William Jay），作为当年来华服役的军人，留下的影像资料对我们今天研究 20 世纪初动荡的中国社会有着较高的史料价值，同时也使我们对侵略者的卑劣行为有了更深刻的认识。

　　威廉·杰伊，1911 年至 1914 年在华，1911 年至 1912 年在英国驻天津和北京的军队服役，期间拍摄了大量照片，展现了外国侵略者在中国，主要在天津和北京犯下的血淋淋的罪行。

　　1911 年，威廉·杰伊到达天津，服役的部队给他的士兵证号为 27229。1913 年 11 月，他被升为下士；1928 年，他曾到过香港；1929 年，他回到马耳他；1935 年，威廉·杰伊退役。

　　威廉·杰伊在中国期间，正值武昌起义爆发。当时，他所在的天津仍为八国联军在中国北方占据的主要基地。威廉·杰伊拍摄的照片，将外国侵略者当年在天津、北京等地的残暴行为表现得淋漓尽致。

　　在拍摄大量血腥场景的同时，威廉·杰伊也拍摄了北京和天津的风景和民俗照片，如颐和园、长城、天津满清官员的轿子、街景、锔碗的匠人、杂耍艺人、民工、商贩等无不涉猎。此外，威廉·杰伊还拍摄了各国军队的阵容，但无意中暴露了侵略者在中国耀武扬威的行径。

　　作为当年来华服役的军人，威廉·杰伊留下的影像资料对我们今天研究 20 世纪初动荡的中国社会有着较高的史料价值，同时也使我们对侵略者的卑劣行为有了更深刻的认识。

　　2007 年，威廉·杰伊的孙子威廉·戴维（William David）曾向中国国家博物馆提供了祖父当年在中国拍摄的这一批珍贵的影像资料。

天津大火后的街景。20 世纪初。

等待死刑的罪犯。天津，20 世纪初。

但由于时间久远，这批资料大多没有拍摄时的背景资料和说明。对威廉·杰伊本人，目前我们也知之甚少。

杂耍艺人。京津地区，20 世纪初。

天下第一关。秦皇岛，20 世纪初。

斯提芬·帕瑟：
彩色版"地球档案"的拍摄者

他不是 20 世纪最早进入泰山的西方人，却是目前所知这个世纪最早用镜头实录泰山的摄影师。斯提芬·帕瑟（Stephane Passet）于 1912 年来到中国，他用发明不久的彩色玻璃版正片在中国各地进行拍摄活动，留下了许多现在已消失的景物的图像。

斯提芬·帕瑟，法国摄影师，生于 1875 年，1895 年参军，1900 年退役后定居巴黎。1912 年，金融家阿尔贝·肯恩聘请他为"摄影操作员"，参与 1909 年开始设立的"地球档案"工作。1912 年至 1913 年，肯恩派遣他到中国各地拍摄。在走遍亚洲后，他去了北非和希腊，后来去了保加利亚和印度。第一次世界大战爆发后，他又一次回到军队。1929 年，他重返"地球档案"任职。1930 年后，由于破产，阿尔贝·肯恩也被迫终止了他的事业。

斯提芬·帕瑟无论在相机还是电影摄影机的操作上，都显示出出色的才华。在他没有同阿尔贝·肯恩一起工作的那十年间，我们仅知道他导演了两部具有立体感的电影。

沈阳边城（外城）福胜门，亦称大北门，是内城城墙北侧的东门。1912 年。

沈阳边城中一位搓绳的工人在编结机前操作。1912 年 5—6 月。

1912 年，斯提芬·帕瑟带着使命走出法国，来到中国。在此期间，他游历了中国的沈阳、北京、山东、河北等地，拍摄了大量照片。特别值得一提的是，在山东，斯提芬·帕瑟来到泰山。他不是 20 世纪最早进入泰山的西方人，却是目前所知这个世纪最早用镜头实录泰山的摄影师。每当要展示最早的泰山南天门景象时，我们都不得不拿出帕瑟的作品。从中，我们看到雄伟的南天门依山而建，恢宏而规整。南天门始建于 1264 年，是一位道士"累岁乃成"的杰作，曾被当时的名士杜仁杰称为"破天荒"之举。山因门而得势，门借山而恢宏，两山对峙，天人合一，人工之门与自然之门相互协调、相互统一、相互吻合，使人与自然相融合，从而达到你中有我、我中有你的境界。南天门的建立距今已有 700 多年的历史，它已是一种精神、一种象征，同时也是泰山的标志。而这泰山标志性建筑的照片最早就出自斯提芬·帕瑟之手，而且还是彩色的。

泰山南天门。1913 年 6 月。

济南大明湖。1913 年 6 月。

曲阜孔庙半壁街石牌坊（明代石结构牌坊）。1913
年 6 月。

曲阜孔庙，一男子倚柱而立。1913 年 6 月。

山东泰山一位缠足少妇，背景为伏虎庙牌坊柱脚。1913 年 6 月。

　　19 世纪 60 年代初，物理学家詹姆斯·麦克斯韦（James Maxwell）发明了世界上第一张彩色照片。1904 年，电影术的发明者法国的卢米埃尔（Lumiere）兄弟发明了世界上第一种工业化彩色直接摄影法——彩色玻璃版正片，并于 1907 年使该产品完全商业化。而在彩色摄影法发明不久的 1912 年，帕瑟即受阿尔贝·肯恩的派遣来到中国，拍摄了 650 余张彩色玻璃版正片，是较早的在中国拍摄的彩色照片。通过这些彩色照片，我们看到了山东济南大明湖的景象，虽然荒破，却有几分野趣，倒与清末刘鹗的经典作品《老残游记》里描述的大明湖一样：那千佛山的倒影映在湖里，显得明明白白……一片白花映着带水汽的斜阳，好似一条粉红绒毯，做了上下两座山的垫子，

张家口附近草原上的蒙古族宿营地。1912 年 7 月。

实在奇绝。帕瑟拍摄的大明湖充满了空灵雅蕴，将 20 世纪初的景观精致地展示给后人。他拍摄的曲阜孔庙西半壁街石牌坊宽阔而高大，画面清晰；照片中不经意出现的几个人物更像是点缀，将百姓悠然自得的生活表现其中。

在沈阳，帕瑟拍摄的城墙、城门充分表现了辛亥革命后萧条破败的景象——那弹洞累累的城墙象征着东方帝国曾经经历的剧痛与磨难；画面中的车马和人物，也向我们表明虽然社会动荡不安，普通百姓的生活依然得继续；两个男孩面对镜头，一脸茫然，社会的变革、命运的坎坷，从他们的脸上丝毫未有体现。

此外，斯提芬·帕瑟还拍摄了北京雍和宫的喇嘛、八达岭下的挑夫、蒙古的牛车队、曲阜的街景、泰山的道士等照片。无论是风景还是人物，他留下的是我们这个民族的文化痕迹，是处于沧海巨变的中国的实景。现在，这些照片静静地躺在法国阿尔贝·肯恩博物馆的"地球档案"里。正像肯恩当年预料的那样："永远能够随意地显示过去与现在，并在任何情况、任何时间进行查询，以使虽已消失但仍然存在的见证可以持续地从各个方面揭示'进化直描图'所包含的教诲。"

在阿尔贝·肯恩博物馆出版的《Chine 中国 China 1909—1934》一书中，仅与沈阳有关的彩色玻璃版正片就有 77 张，这些照片均为斯提芬·帕瑟拍摄。他让我们在观赏的同时，有了更多思考的空间。如今，部分景色已被湮没，每当看到这些老照片，人们仍会感谢摄影师斯提芬·帕瑟将失去的景色留到今天。

张家口（可能为宣化境内）附近，为摄影师运送行李的骡车。1912 年 7 月。

黄土高墙下一辆骡车和车夫，张家口街景。1912 年 7 月。

张家口附近蒙古族宿营地身穿蒙古族传统服装的男女。1912 年 7 月。

爱德华·佩利：
当年桂林山水的记录者

爱德华·佩利（Edward paley）在中国拍摄的自然风光和人文景观，阐述了佩利对中国桥梁的感悟。

爱德华·佩利，美国宣道会传教士。1913 年，他在中国的广西桂林拍摄了漓江风光和桥梁等景观，使我们看到近百年前漓江的山峰耸立与水中倒影相随的景象。

中国的花桥，又名风雨桥，桥上亭廊相连与桥融为一体，宛如一座长廊楼阁屹立在水上。这种桥既便于行走，还能作为货物交易的场所。对于桥梁，佩利有太多的感悟。他认为，中国有太多的桥梁，这是因为人们善于做修路搭桥的慈善事业的结果。

值得一提的是，爱德华·佩利在 80 多年前曾拍摄了一组中国边远地区傣族、羌族等少数民族人物服饰的照片。从照片中，我们能看到当年这些地区人物的服饰特点，并从他们的脸上体会到质朴与善良。

广西桂林漓江风光。1913 年。

广西桂林的花桥。20 世纪初。

傣族姑娘。20世纪初。

羌族人。20世纪初。

汉茨·冯·佩克哈默：
感悟风景与人体艺术之美的摄影家

德国摄影家汉茨·冯·佩克哈默（Heinz Von Perckhammer）从 1917 年至 1927 年在中国居住了 10 年，拍摄了大量的风景及历史景观，特别是他在中国的人体摄影，为我们留下中国最早的人体艺术影像。

汉茨·冯·佩克哈默，1895 年出生，德国摄影家，其父曾经是一位摄影师。早年，佩克哈默一心想报考慕尼黑艺术学院，但因第一次世界大战爆发，佩克哈默应征入伍，成为一名军人，随部队来到中国胶东半岛与日本交战。在 1914 年的海战中，汉茨·冯·佩克哈默效力的舰艇被自己人误伤沉没，而佩克哈默则幸免于难。

从 1917 年至 1927 年，佩克哈默在中国居住了 10 年。期间，他曾在天津的德军军营服役，也是这时，他开始对摄影产生兴趣，并拍摄了大量北京地区的风土人情、历史景观等。他在 1927 年至 1928 年之间离开中国回到了德国，并在 1928 年出版了自己的第一本画册《北京美观》（*Peking Das Gesicht Einer Stadt*），收录了大量北京古都的风景及皇家园林照片。画册一经出版立刻引起轰动。1928 年，佩克哈默在德国又出版了收录 32 张照片的《百美影》（*Edle Nacktheit in China*）。在随后的两年里，佩克哈默还先后出版了《北京》（*Peking*）及《中国和中国人》（*China und Chinesen*）等凹版印刷的照片册，来反映中国美景。

汉茨·冯·佩克哈默还在柏林开设了一间照相艺术工作室。在第二次世界大战期间，他曾经参与过德国军队的战地照相记录工作。1942 年，佩克哈默在柏林的照相艺术工作室在一次空袭中被盟军飞机炸毁。此后，他又在家乡开设了一家照相馆。1965 年，佩克哈默在其

穿过石牌楼的骆驼队。北京，20 世纪 20 年代。

透过回廊的风景。北京，20 世纪 20 年代。

颐和园十七孔桥。北京，20 世纪 20 年代。

70 岁生日来临前因心脏病突发去世。

　　《北京美观》是 1928 年佩克哈默出版的德文摄影画册，所收录照片都是佩克哈默在中国期间拍摄的，也正是这个时候，他对北京圆明园西洋楼遗址、香山静宜园、玉泉山静明园、故宫、北海、颐和园等名胜进行了考察、拍摄。佩克哈默所摄的北京风光，无论是选景还是构图，画面都带有十分强烈的个人风格，充满了东方情调。他的摄影作品带有典型的画意摄影特点；他十分注重光影在画面中的作用，从而使其风光作品充满了一种朦胧细腻的美感，意境不凡；他还善于采用透视效果来增强画面的视觉冲击力，用线条美来突出原本威严肃穆的建筑，柔美细腻，极具艺术美感。《北京美观》的封面用蓝色亚麻布包裹，热压烫金书名。全书共收录照片 200 张，每张照片的构图和光影都显示出佩克哈默作为职业摄影家的水准，也真实记录了 20 世纪 20 年代北京的风土人情和社会现状。

　　佩克哈默多次来中国摄影，几乎走遍了大江南北。他曾于 20 世纪 20 年代在江南地区拍摄了一位僧人在虔诚拜佛的场景，照片从侧面反映了西方人士对中国传统文化的探究。

　　1928 年，佩克哈默在德国出版了收录 32 张照片的《百美影》，这是中国目前所知第一本女性裸体影集。20 世纪 20 年代初，佩克哈默来到中国澳门，在当地妓院里拍摄了风尘女子的裸体肖像。这本影集充满东方情调，构图精美、色调柔和，呈现了中国女子纤细优美的腰肢，也体现了汉茨·冯·佩克哈默高超的摄影技术和制作功力。《百美影》曾在欧洲引起巨大反响。

　　由于中西文化的差异，人体艺术在封建道德伦理思想束缚下的中国犹如洪水猛兽，19 世纪 70 年代后，从西方传入中国的人体艺术摄影作品被愚昧地视为"春宫图"。民国初年，上海美术专科学校首次使用人体模特并展出人体素描，在当时曾引起轩然大波，但也使中国民众首次认识了人体艺术。据现有资料显示，在中国"最早出现人体照片的书籍是上海'书画大成'公司于 1912 年在上海出版的《世界美术画丛刊》第一集，此书收辑了欧美人体照片 20 幅"[1]。当时，这种用艺术方式表现东方人体美特征的作品，在世界上还是鲜见的。此后，国内的一些摄影先驱开始了对人体摄影艺术的探索。1919 年，北京"光社"成员黄坚、刘半农、吴辑熙三人就曾尝试过拍摄人体影像，"模特儿是一位人力车夫的妻子"[2]，但未成功。

郎静山应该说是中国探索人体摄影艺术并取得成绩的第一人。他在民国初年就曾经和南洋中学的黄坚探讨过人体摄影艺术。1928 年，郎静山和卢施福医师等摄影人找到一位十几岁的张姓女孩，在家中拍摄人体。当时，郎静山取到较好的角度，拍出一张几位摄影者中最好的人体照《静默有忧思》，是中国人拍摄的现存最早的一张人体艺术摄影作品。据说，4 天后，这个女孩因此被父亲打得遍体鳞伤。在当时，拥有相机的人寥寥无几，而拍摄人体的摄影师则更是屈指可数。可以说，拍摄人体的摄影师是新文化运动之后人体自然美的勇敢实践者。就在佩克哈默的《百美影》出版两年后的 1930 年，中国摄影大师郎静山出版了《人体摄影集》，并在国际摄影沙龙展出。中国人拍摄的人体摄影作品第一次为世界所知。

人体艺术在西方源远流长，古希腊的雕塑及古典绘画中经典的人体杰作都反映了人体美。中国，这个古老而神秘的国家也让佩克哈默产生了在这个东方古国挖掘人体美的想法。但在长期封建制度统治下的中国，他想完成自己对人体的摄影谈何容易！佩克哈默曾被无数次拒绝，没人理解他的这一举动。无奈之下，他找到了澳门的妓院，让一家妓院的妓女配合了拍摄的全部过程，从而为我们留下了中国最早的人体艺术照片。

佩克哈默拍摄的人体照片结合了西方唯美的画意风格，并运用中国元素打造东方女性的特点，尤其注重突出女性身体特有的线条和柔

1．陈申、徐希景：《中国摄影艺术史》，北京：生活·读书·新知三联书店，2011 年 10 月第 1 版，第 196 页。
2．陈申、徐希景：《中国摄影艺术史》，北京：生活·读书·新知三联书店，2011 年 10 月第 1 版，第 199 页。

软，并用模糊的轮廓表现朦胧的美感，从而勾画出东方女性纤细娇柔之美。拍摄中使用的花瓶、灯笼、书画及中式家具等都充满东方情调，而画面中的莲花、香炉、佛像及模特的禅修打坐姿势，又恰恰融合了中国的传统文化和宗教信仰，体现了佩克哈默这位西方摄影者对中国文化和东方人体美的理解。

近年来，德国摄影师汉茨·冯·佩克哈默拍摄的珍贵的老北京照片曾在国家图书馆展出，北京华辰拍卖有限公司也曾多次拍卖佩克哈默的摄影作品。我们从这些摄影作品中看到了百年前摄影师的艺术追求，摄影不单纯是对客观世界的重现，它还是一种再创作。今天，人们通过佩克哈默的照片，依然能感受到东方古国独特的诗意之美。

佩克哈默是一位从人们视线中消失多年的摄影家，目前，学术界还缺乏对他的深入研究。

牵着骆驼的北京小孩儿。20 世纪 20 年代。　　　　老者。北京，20 世纪 20 年代。

西德尼·戴维·甘博：
拍摄当年中国社会的社会经济学家

美国社会经济学家、摄影家西德尼·戴维·甘博（Sidney David Gamble）对中国城镇和乡村社会经济问题的研究成果及图片资料，给我们留下了一笔研究中华民国早期社会经济和历史的宝贵财富。

西德尼·戴维·甘博，1890 年 7 月 12 日生于美国俄亥俄州的辛辛那提（Cincinnati），是一位社会经济学家、人道主义者和摄影师。

1908 年，甘博随父母和弟弟途径檀香山、日本和朝鲜，第一次访问中国的上海和杭州。从此，他和中国结下了不解之缘。他为伟大的东方文化而痴迷，为中国的贫穷而震惊；同时，也被中国百姓的质朴和勤劳善良所打动。

1917 年 6 月至 9 月，甘博和罗伯特·费利斯·费奇等一起，从上海出发，沿扬子江而上，长途跋涉，深入到四川西北部的羌族和藏族地区，行程 6500 公里，耗时 4 个月。之后，甘博加入了普林斯顿大学中国中心。

从 1908 年至 1932 年，他先后 4 次访华，并终生致力于中国城镇和乡村社会经济问题的调查和研究。作为一名志愿者，甘博先后担任北京基督教青年会和中国平民教育运动的社会调查干事，对中国进行了广泛的社会经济调查。难能可贵的是，甘博在旅居中国期间，从未停止过按动他手中相机的快门。他用相机和摄影机在中国的北京、天津、上海、广州、香港以及河北、山东、浙江、四川等省市及乡村拍摄了5000 张黑白照片、彩色幻灯片和 30 盘 16 毫米电影胶片。甘博在中国期间，中国正处在重大历史变革时代，旧的封建制度被摧毁，新的中华民国又立足未稳，军阀混战，风雨飘摇，民不聊生。正是在这样的

坐在桌前的两个男人。理
番至茂州，1917年。

动荡时期，甘博用他的照相机和摄影机建立了一部关于中国的较完整的图像档案，给我们留下了一笔研究中华民国早期社会经济和历史的宝贵财富。

直到 1984 年，甘博先生的这批珍贵照片，包括原始底片、幻灯片和电影胶片才偶然通过"一系列不寻常的巧合"被发现。

自 1932 年最后一次访华后，直到 1968 年去世，甘博先生再也没有踏上中国的土地。

1984 年，在普林斯顿亚洲协会的一次会议上，甘博先生的长女，在中国出生的凯瑟琳·甘博·科伦夫人（Catherine Gamble Curran）惊讶地发现投影在墙上的有关中国风俗民情的幻灯片是其父所拍摄的！而新上任的普林斯顿亚洲协会主任艾斯特（Eyster）为了发掘更多有关甘博的资料，拜见了甘博先生的遗孀伊丽莎白·甘博（Elizabeth Gamble）。甘博夫人将艾斯特带到纽约家中，在三楼壁橱里的几只檀木盒子和几个鞋盒子中找到了存放着甘博当年拍摄的全部照片档案。作为一名严谨的学者，甘博将每张照片的拍摄时间、地点、内容都标注得非常清楚。于是，尘封多年的影像资料终于被重新发现。之后，甘博的摄影作品在中美两国的许多城市展出。

从甘博的摄影作品中我们看到，照片的内容涵盖了当时发生在中国的一些重大事件，如 1918 年华北和天津的大洪水、紫禁城的停战和平庆典、1919 年"五四运动"、1925 年孙中山奉安大典、"五卅"惨案，以及二三十年代的平民教育运动。同时，甘博先生用广泛的摄影题材，反映了中国城镇和乡村的工业和手工业、农副业、庙会市场、宗教、民族和民俗、婚礼和葬礼等多方面的场景。他的目的是记录中国人民是如何生活、工作、学习、娱乐、祈祷和经受苦难的。

他拍摄的照片全面、详细地记录了 1925 年 3 月 20 日在北京举办的孙中山奉安大典的全过程。从北京协和医院开始，到中央公园结束，将孙中山先生葬礼的整个仪式全部摄入镜头。1919 年，中国爆发了由知识分子、青年学生、工人等参加的"五四运动"，甘博以他学者特有的敏锐眼光捕捉到一个个生动的画面：北京天安门前示威的学生、北京学生的街头讲演、警察逮捕学生的场景、全城规模的大游行等，这些纪实照片真实地反映了当时中国社会所发生的变革，记录了正在发生的重大历史事件。

　　人类和社会始终是甘博研究的主题，在他拍摄的 5000 张照片中，绝大多数是表现各式各样人物的，如学生、婴儿、老妇人、商人、农夫、苦力等，题材广泛。此外，他的镜头中几乎涵盖了中国城镇乡村中所有的手工行业，如纺纱、织布、编草鞋、打家具、弹棉花等。《通州鞋匠》是甘博先生 1918 年拍摄的一幅充满人情味的作品。照片上的老者看上去有 60 余岁，面带微笑，目光直视镜头，脸上满布的皱纹显示出老人沧桑的人生经历；那结实的双手正纳着鞋底，破烂的衣服里包裹着骨瘦如柴的身体，简单的修鞋工具是他赖以生存的全部家当。但即使生活贫穷而艰难，老人脸上依然挂满了象征着中国人民友好、善良、纯朴和诚实品质的微笑，使人想起美国诗人朗法罗（Longfellow）《乡村铁匠》中的诗句："他可以问心无愧地面对整个世界，因为它不欠任何人。"[1]《阅兵庆典上坐在香炉上的贵妇》，摄于 1918 年 11 月 28 日。当时，第一次世界大战刚结束，中华民国政府为庆祝停战日，在故宫举行阅兵庆典。而甘博抓住坐在香炉上的贵妇观看庆典仪式的瞬间，生动地反映了当时社会不同阶层人物的神态、穿戴和生活状况。从照片上我们看到，贵妇衣着华丽，神态刁蛮，而她身旁站立着的侍奉她的仆人则面容质朴，衣着朴素。贫穷与富贵、质朴与刁钻、平民与权贵，这种鲜明的反差，在画面上得到充分反映。

　　作为一名业余摄影师，甘博的摄影作品无论从构图上，还是在光线的运用上，都不逊于专业摄影师。通过 1919 年甘博拍摄的《老虎服》，我们看到一位妇人怀抱着一个穿老虎服的婴儿，婴儿占据了画面的中心，而抱着他的妇人被摄影师剪裁掉了半个身体，整个画面突出了婴

1. "风雨如磐——'五四'运动前后的中国"，西德尼·D. 甘博 1908—1932 年摄影展简介手册，第 14 页。

通州鞋匠。北京，1918 年。

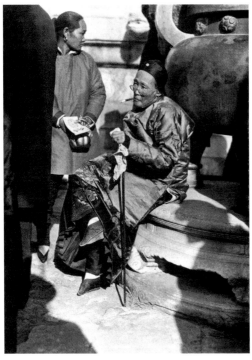

阅兵庆典上坐在香炉上的贵妇。
北京故宫，1918 年 11 月 28 日。

儿，将小孩憨态可掬的神情、老虎服的可爱淋漓尽致地表现了出来。《坐在桌前的两个男人》，是 1917 年甘博于四川西北部的羌族居住区拍摄的。照片采用低调摄影，用黑色的背景突出了两个包着头巾、身着布衣、坐在乡间小饭馆桌前的羌族男人，那黝黑的皮肤透露出刚毅的性格，浅色的衣服、头巾与黑色的影调反差强烈，整个画面构图巧妙、用光讲究、对焦准确，既突出了人物个性，又使画面形成一个自然的整体。

1918 年在北京孔庙，甘博拍摄了《古钟和石鼓》，整个画面反映的是北京孔庙的一座古钟和 5 座石鼓。石鼓相传建造于周代，公元 7 世纪在西安发现后移至河南开封，1126 年运至北京，1307 年置于孔庙内。从照片的构图来看，一抹斜阳照在石钟和石鼓上，光线阴阳分割明显——巨大的石钟在斜射的阳光下形成于画面的黄金分割线上，石钟上的纹饰清晰可见，后面的石鼓一字排开，敦实而规整，阴阳交织的光线洒在石鼓上，一座石碑整个笼罩在阴暗的光线下。这张照片构图简练、线条明朗，光线的运用达到了完美的境地。

古钟和石鼓。北京，1918 年。

老虎服。北京，1919 年。

妙峰山上的女乞丐。北京，1925 年。

作为人文学者和社会学者，研究中国的民风民俗及百姓的宗教信仰，始终是甘博最关注的课题。来到异国他乡，中国各族人民的习俗，从服饰、起居到重要的风俗仪式，都对他有强烈的吸引力。在他拍摄的照片中，有大量反映中国老百姓红白喜事及宗教仪式的照片。1925年，甘博在妙峰山拍摄了一位女乞丐。照片向我们描绘了当年北京西北妙峰山旺盛的香火每年所吸引的无数香客，画面中的女乞丐目光茫然，满脸的皱纹似乎向人们诉说着她的不幸。关于婚礼和葬礼，甘博在他有关中国城镇和乡村的调查中，从不吝惜胶片去拍摄这些最能反映百姓风俗习惯的仪式和场面。大到整个场景，小到每个细节，都是他镜头捕捉的对象。对中国百姓的宗教生活，甘博同样感兴趣，这既来自于他自身的宗教信仰，也来源于他对社会及人类的关注。他用相机记录下许多中国百姓的宗教仪式和活动，如雍和宫的打鬼舞、孔庙的礼仪，以及对佛教、道教圣山的朝拜等。这些场景今天已不复存在，但甘博留下的记录，使我们从中领略到当年百姓宗教生活的部分片断。

称白菜。北京，1925 年。

此外，百姓的日常生活同样是甘博关心的重点，他的镜头始终追逐着普通百姓的饮食起居等家庭琐事。他 1917 年拍摄的《13500 个铜板》，描绘了物价飞涨、铜钱贬值这一社会状况。另外，老北京过冬时百姓购买当家菜的场景也被甘博摄入镜头。

作为终生致力于中国城镇和乡村社会经济问题研究的社会学家和人类学家，西德尼·戴维·甘博一生著作颇丰，先后发表了《北京的社会调查》（Peking，A social survey，1921）、《北平市民的家庭生活》（family life of Peking citizens，1933）、《定县——华北农村社会》（Ding–Rural Society of North China，1954）等 5 部专著。他用社会学家的眼光仔细观察动乱中贫穷的中国，用笔和摄影机将中国百姓的人生百态生动地记录下来，在社会学和人类学研究领域里既注重理论，更注重实践。他留下的这些极为珍贵的照片和文字资料使今天的中国人重新认识了一位曾用毕生精力研究中国社会，并深爱这一古老国度的美国人——西德尼·戴维·甘博。

13500 个铜板。到石佛场的路上，1917 年。

山根倬三：
20 世纪初长江大观的记录者

> 20 世纪初，日本摄影家山根倬三（Yamane Takuzo）在中国拍摄了大量反映长江流域的景观影像，将长江两岸的人文景观和历史沧桑都记录了下来，为我们留下了长江沿岸丰富的影像资料。

20 世纪初，古老的中国尚未从昏睡中醒来，长江流域的诸多历史文化名城还没有受到现代文明的冲击，那是孕积已久的大风暴到来之前最为沉寂的时刻。一个在中国生活了 20 年并钟情于长江流域文化的日本人——山根倬三，用相机记录下了那个时代的长江。

山根倬三，日本摄影家，先后在中国生活了 20 多年，期间他在中国拍摄了大量反映长江流域景观的图片资料。他以令人惊异的视角展现了由上海到重庆的城市画面，用镜头凝固了长江流域众多城市的人文景观。那气势磅礴的宏大场面形成了对城市历史的叙述，尤其在杭州西湖、庐山、武汉和长沙，山根倬三拍摄了 5 幅长卷景观全景图，展现出"清明上河图式"的场景——宏大的人文景观。

从当年山根倬三拍摄的照片中，我们仿佛看到昔日秦淮河上的客船，听到江南女子婉约的歌声，看到游船上的灯光；在吴淞港上，江面船帆桅杆林立，码头一片繁忙；江西滕王阁旧影，清晰可见；湖南岳阳全景，历历在目；长江三峡，风光秀美；江西的石钟山，好似蓬莱仙境。这些美景如今有的已不复存在，有的已旧貌换新颜，好在山根倬三拍摄的照片，给我们留下了长江沿岸丰富的影像资料。

20 世纪初，山根倬三拍摄了安徽的大观亭。清末民初，安庆著名的风景名胜有二，一是城东的振风塔，一是城西的大观亭。当年大观亭名声赫然，曾被誉为"皖省第一名胜之区"。民国初年，"大观远眺"被列为老城十二景之一。大观亭最早建于明嘉靖四年（1525），于清康熙二十三年（1684）重修，太平天国运动中再度被毁，后由安徽布政使吴坤修牵头复建，耗资白银万两，历时两年，到同治七年（1868）最终落成。新建成的大观亭为两层建筑，气势恢宏，两侧建有一轩一榭，东为镜舫，西为停云舫，之间花木竹石辉映，曲道回廊相接。光绪三十四年（1908），安徽巡抚冯熙又在大观亭南复建望华楼。因此，大观亭是长江沿线最出色的人文景观。1938年安庆沦陷后，大观亭屡遭日军飞机轰炸。到抗战胜利，大观亭破败不堪，只剩下断壁残垣。所幸，山根倬三当年拍摄了大观亭这张他最得意的摄影作品。新中国成立后，大观亭旧址改建为大观亭小学。

1916年，山根倬三从他拍摄的千余张照片中整理出136张，加上搜集来的稀有图片，汇集了《长江大观》这一游记式图集。图集记录了一百年前自上海、杭州、南京、安庆、武汉、长沙到重庆沿途的重要景观。该书用珂罗版印制，厚重而精致大气。通过这些影像，我们可以感受到山根倬三对长江及其周边景致的敬意。而且他拍摄的照片也使人有种静穆的隔世之感，让人内心升腾出一种深刻的感动。

1919年，继《长江大观》后，山根倬三又出版了他的另一力作《极东大观》。该书从作者在远东地区拍摄的大量照片中精选出157幅影像刊载。其中，有150张照片是关于中国的，其地域涵盖了"上海、杭州、苏州、镇江、南京、九江、汉口、武昌、长沙、宜昌、北京、大连、旅顺、奉天、抚顺、长春、本溪等地风景。其中，杭州西湖全景、武汉全景、庐山全景、长沙全景、紫禁城全景等联张照片最让人震撼"[1]。

岁月流逝、沧海桑田，历史是沉重的。当年山根倬三拍摄的许多著名建筑和城市景观，如雷峰塔、原黄鹤楼、长沙旧城都已不复存在。痛惜之余，《长江大观》《极东大观》所留下的影像资料多少给了我们一些慰藉，当年那些镜头定格的城市和人文景观正是中国历史的缩影。

1.《影像》拍卖图录——2015年华辰秋季拍卖会，第123页。

上海豫园湖心亭。20 世纪初。

吴淞港全景。20 世纪初。

江苏南京秦淮河。20 世纪初。

湖南岳阳全景。20 世纪初。

湖北宜昌三峡平善坝。20 世纪初。

怀特兄弟:
绝美"燕京胜迹"的拍摄者

美国摄影师赫伯特·克莱伦斯·怀特(Herbert Clarence White)和其胞弟詹姆斯·亨利·怀特(James Henry White)于20世纪初来到中国,拍下了大量照片,并将自己游历的见闻以游记、摄影集等形式出版。特别是北京,给怀特兄弟留下了深刻的记忆,而他们出版的《燕京胜迹》(*Peking,the Beautiful*)更是20世纪初一本精美的摄影集。

本文以怀特兄弟为题,是因为在相关的记录中,美国摄影师怀特兄弟是一个整体,不可分割。他们一起来到北京,共同拍摄照片,共同撰写照片说明,共同经营上海怀特兄弟艺术公司,甚至照片背面的签名也以"怀特兄弟"标注。而且更有趣的是,他们是双胞胎。

撰写本文时,笔者感到了困难,因为在有关中国摄影发展历史的相关书籍中,很难找到对他们兄弟的文字记录。近年来,随着他们出版的《燕京胜迹》、《美哉中华》(*Romantic China*)等摄影集的出现,国内研究者才对他们有了初步了解。

1896年,赫伯特·克莱伦斯·怀特和其胞弟詹姆斯·亨利·怀特在澳大利亚新南威尔士州出生。4岁时,他们随父母回到了美国加利福尼亚州的祖母身边生活。怀特兄弟的祖父和祖母是基督复临安息日会的创始人,并在出版事业上很有建树。1852年,怀特的祖父母创建了时兆出版社。而后,随着基督复临安息日会的发展,又成立了第一个基督复临安息日会协会出版社。现在,基督复临安息日会已是一个全球性的组织,拥有1000多万名信徒,遵守星期六为安息日。这是个传统的基督教团体,以耶稣为中心,以《圣经》为信仰。这个教会的特点是守安息日,认定保持健康是信仰责任的一部分,并在全世界开展布道活动。怀特兄弟深受祖父母的熏染，很早就接触了出版和摄影。祖母还特意为他们提供条件，让少年时期的怀特兄弟运营一家印刷店，教授他们出版和经营技能。

怀特兄弟的祖母艾伦·G.怀特（Ellen G.White）是一位很有成就的女性。她一生著书 40 余本，发表过 5000 多篇期刊文章，内容涉猎广泛，包括宗教、出版、教育、社会关系、福音布道、营养和管理等。其中，关于基督教方面的著作被翻译成多种语言，对世人有广泛影响。

由于对中国的热爱，怀特兄弟坚定了他们要把西方先进技术介绍到中国的想法。20 世纪初，怀特兄弟来到中国。在中国，兄弟二人主要从事传教、摄影和出版事务。在上海，他们创办了职业学校以帮助中国有艺术才华的年轻人，培训他们复制照片并为这些照片上色。同时，他们还成立了怀特兄弟艺术出版社来推广他们的作品。

1922 年秋天，因为传教的需要，怀特兄弟首先来到北京学习中文，接触中国文化，后在北京开设语言学校。兄弟二人有时从事的业务不同——詹姆斯与妻子在中国生活了 8 年，传教之余成为专业的摄影师；赫伯特在中国的几年间任职于家族产业之一的上海时兆出版社（中国的时兆出版社 1905 年创建于河南，1908 年迁到上海），并任艺术总监。但大多数时间他们共同经营摄影及出版事业。

20 世纪初，很多外国人有机会来到中国，将自己游览的见闻、观察和感悟撰写成文字，以游记、摄影集和回忆录等形式出版。怀特兄弟被当时中华的美景和善良的人们所吸引，利用假期游历中国，拍下大量照片。特别是北京，给怀特兄弟留下了深刻的记忆。

怀特兄弟从到达北京的第一天起，就深深爱上了这座古老的城市。他们毫无保留地表达着对北京这座古都的赞美，甚至认为北京已经超越了世界上其他伟大的城市。怀特兄弟在北京学习语言的一年间，只要有时间，都会去拍摄北京城里那些气势雄伟且富有艺术气息的建筑。一年时间，他们拍摄了 700 余张照片。之后的几年，即便是赫伯特在上海任职期间，每年夏天都会回到北京继续拍摄。几年间，他们在中

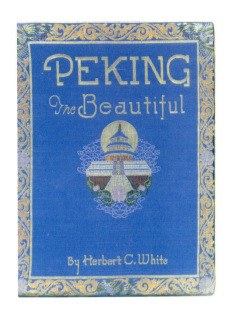

《燕京胜迹》封面，1927年出版。

国拍摄的照片近 4000 张。这些珍贵的照片，保存了他们对古老中国的记忆。

1927 年，赫伯特在海量的照片中挑出具有代表性的作品汇集成《燕京胜迹》摄影集，该书由上海商务印书馆出版，是赫伯特·克莱伦斯·怀特主编，詹姆斯·亨利·怀特参与拍摄的一本制作考究的北京风景画册。书中收录了 70 张照片，其中 58 张为黑白照片，使用凹版印刷方式印制，看去上极富美感；另外 12 幅摄影作品为手工上色照片。画册还原了一个气势恢宏、色彩美丽的北京。该书是 20 世纪初一本足够精美的摄影集。

《燕京胜迹》的出版，是在商务印书馆成立 30 周年的鼎盛时期。凭借商务印书馆对出版质量的极高追求和几十年来形成的精品文化传统，《燕京胜迹》的制作严密而精良。该书封面由特制的织锦包封，深蓝色的丝绸上绣着祥云围绕的天坛祈年殿，边框绣有中国古典图案——凤凰卷草纹，封面上的文字更是锦缎织成的金色字体；著名学者胡适先生为其作序，慈禧太后御前女官德龄为其指导和修正照片说

万里长城。北京，20 世纪初。　　　　　　　颐和园玉带桥。北京，20 世纪初。

明。摄影集制作精美、装帧考究，就是放到现在来看，仍是豪华巨制，堪称中国摄影史上最精美的摄影画册。

　　《燕京胜迹》一书中所收录的照片以建筑风景为主，记载着如画一般的北京名胜，包括颐和园、圆明园、西山戒台寺、长城、天坛、古观象台、北海等名胜古迹；同时，也包含少部分人物照片。如今，人们从当年怀特兄弟拍摄的照片中依然能感受到中国建筑之绚烂伟岸，从而更凸显出此书的文献价值。如《西山御园宝塔》（西山御园宝塔又称香山大昭寺琉璃塔），这张照片曾在北京华辰拍卖有限公司 2010 年春季拍卖会上拍卖。当年，康熙皇帝在香山东麓的香山寺附近设香山行宫，乾隆年间扩建为静宜园。乾隆四十五年（1780）为迎接六世班禅来京，在静宜园仿照日喀则扎什伦布寺修建了宗镜大昭之庙，又称"班禅行宫"，庙内建有一座琉璃塔。1860 年，包括昭庙在内的多数静宜园建筑毁于英法联军的大火。琉璃塔因外覆琉璃而幸存，不过一层的木质檐被毁。摄影师是站在昭庙废墟的顶端拍下这张琉璃塔照片的。如今，这座塔已经修复。

　　另外，该书的 70 张照片均配有文字描述，体现了赫伯特对中国建筑博大精深内涵的理解和感悟，也显示了他对北京古老建筑的沉思；

北海九龙壁。北京，20 世纪初。　　　　太和殿前内金水桥。北京，20 世纪初。

同时，也为北京这座有着深厚文化底蕴的城市所留给人们的艺术遗产深感震惊。赫伯特认为，无论是漫步于紫禁城的庭院、銮殿，还是坐在泛着涟漪的颐和园湖边，第一次来到北京的朋友都不会感到迷失其中；而那些已经来过北京或是在她神秘的怀抱中生活的人，可能会借此回忆起那些追寻浪漫和冒险的快乐时光。

　　怀特兄弟当时使用的是美国生产的相机，他们的摄影风格是擅长运用柔和的光线，构图往往通过优美的线条来凸显建筑物的造型之美。照片的前景、中景及背景层次分明，相得益彰。画面中，无论是表现古塔、庙宇还是城门，都和周围景物完美地融合在一起。怀特兄弟认为，如果想了解中国，必须先看北京，这座北方的古都有着世界其他城市罕有的丰富性和复杂性。北京，在他们眼中充满了冒险和浪漫气息。

　　赫伯特·克莱伦斯·怀特于 1962 年去世，而其胞弟詹姆斯·亨利·怀特则于 1954 去世。他们在中国的摄影经历也许还未引起人们的足够重视，但他们对中国摄影史的贡献不容低估。特别是他们拍摄的北京风光，是留给世世代代生活在北京这块古老土地上的人们的一份丰厚文化遗产。它使人们在回忆往昔岁月的同时，也会为今天已失去的景物感到深深的遗憾。

天坛侧影。北京，20 世纪初。

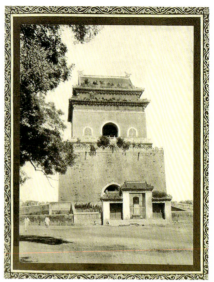

钟楼。北京，20 世纪初。

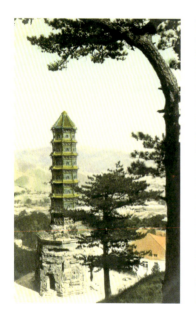

西山御园宝塔。北京，20 世纪初。

驼背上的旅客。北京，20 世纪初。

玉泉山的塔。北京，20 世纪初。

圆明园遗址。北京，20 世纪初。

奥斯瓦尔德·喜仁龙：
记录 20 世纪 20 年代北京城的摄影师

奥斯瓦尔德·喜仁龙（Osvald Siren）在北京考察期间，拍摄了大量城墙、城门、王府、花园等影像，将大多如今已消失的古城墙和美丽的宅院介绍给世人，给我们留下了不可多得的影像资料。

20 世纪 20 年代，中国正处在一个重大的转型期。此时，大清王朝已经灭亡，中华民国刚刚建立，各种新思想及西方的现代文明影响着民国初期的施政者。在京师的市政建设上，传统的建筑被成片拆除，大量的中式花园被夷为平地，北京古城墙和城门也已日渐衰落，而这一历史变革的时代，正好被瑞典学者和艺术家喜仁龙所目睹。他用手中的相机，拍摄了古老北京宏伟的建筑、动人心魄的遗迹、美丽的中式庭院等一批具有历史文献价值的照片。

奥斯瓦尔德·喜仁龙，出生于芬兰，毕业于赫尔辛基大学，哲学博士、瑞典美术史专家，长期在瑞典的斯德哥尔摩国家博物馆和斯德哥尔摩大学任职，是一位专门从事西洋近代美术史研究的学者和评论家。1916 年、1917 年和 1918 年分别在美国耶鲁大学、哈佛大学和日本讲学，他的中文名字叫喜仁龙。1921 年，他首次来到中国，从此与中国文化结下了不解之缘。之后，他于 1930 年、1934 年、1935 年、1954 年及 1956 年先后 6 次来华进行深入的考察和研究，并将研究成果系统总结，先后出版了《北京的城墙和城门》（*The Walls and Gates of Peking*，1924）、《中国的雕塑》（*Sculpture Chinoise*，1925）、《中国北京皇城写真全图》（*Les Palais Impériaux De Pékin*，1926）、《中国绘画史》（*A History of Chinese Painting*，1934—1938）、《中国园林》（*Gardens of China*，1949）等一系列论著。

北京风景。1924 年。

永定门城楼。北京，1924 年。

礼王府大门。北京，20世纪中期。

恭王府观鱼台。北京，20世纪中期。

喜仁龙在北京期间，结交了不少文人雅士与贵族。他不仅得到了当时民国政府内务总长的特许，详细考察了北京的城墙、城门和皇宫，徒步环绕了北京城墙的外围，而且曾在清朝末代皇帝溥仪的亲自陪同下深入紫禁城进行实地考察和摄影。同时，喜仁龙还获准进入北海、中南海、颐和园、玉泉山等皇家园林及北京各大王府进行考察和摄影。

　　在喜仁龙撰写的《北京的城墙和城门》这部经典著作中，他这样描述北京："纵观北京城内规模巨大的建筑，无一比得上内城城墙那样雄伟壮观。初看起来，它们也许不像宫殿、寺庙和店铺牌楼那样赏心悦目；当你渐渐熟悉这座大城市以后，就会觉得这些城墙是最动人心魄的古迹……这些城墙无论是在建筑用材还是营造工艺方面，都富于变化，具有历史文献般的价值。"[1] 喜仁龙认为，这些城门中仍有一部分可视为北京的界标，它们与毗连的城墙一起，在很大程度上反映了这座伟大城市的早期历史。侯仁之（历史地理学家）先生曾谈到对《北京的城墙和城门》这部著作最深刻的印象时说："作者对于考察北京城墙与城门所付出的辛勤劳动，这在我们自己的专家中恐怕也是很少见的，而他自己从实地考察中所激发出来的一种真挚的感情，在字里行间也就充分地流露出来。他高度评价这组历史纪念物，同时，也为它的年久失修而伤心。在考察中，他观察细致，记载也不厌其详，这是十分可贵的。"[2]

　　喜仁龙在考察北京城墙和城门的过程中拍摄了大量照片，其中包括前门、西直门、东直门、平则门（阜成门）、哈达门（崇文门）、齐化门（朝阳门）、沙窝门（广渠门）、彰义门（广安门）、德胜门、安定门，以及东、西便门等。此外，他还拍摄了古观象台、故宫角楼等京城景观。这些照片使我们体会到北京那古老城门的雄伟高大——

1.［瑞典］奥斯瓦尔德·喜仁龙：《北京的城墙和城门》，许永全译，北京：燕山出版社，1985 年 8 月第 1 版，第 28 页。
2.［瑞典］奥斯瓦尔德·喜仁龙：《北京的城墙和城门》，许永全译，北京：燕山出版社，1985 年 8 月第 1 版，第 2 页。

厚重的城墙沉稳规整，线条优美而壮观。这些极具真实性和知识性的照片将今天大多已消失的建筑以最为直观、翔实的手段展示在世人面前。随着北京城墙的完全消失，《北京的城墙和城门》一书已经成为记录北京的不朽著作。喜仁龙之所以撰写此书，就是希望引起人们对北京城墙和城门历史古迹的兴趣，能够体味它们的美。

同时，喜仁龙对中国的牌楼也感到惊奇。他认为，中国的牌楼蕴含着传统中国建筑中某些最有特色的东西，其横梁装饰得极度华丽，加之精雕细琢的壁缘，以及它那曾与其灿烂辉煌的昔日相比稍有褪色的色彩。总之，喜仁龙认为牌楼是过去传统以步行为主的历史古城的绝佳象征。

在《中国北京皇城写真全图》中，喜仁龙首次以文字介绍加摄影图片的方式展示了北京5处王府的建筑，这5处王府分别是李王府、成王府、七爷府、海淀李亲王府和海淀僧王院。所谓"李王府"即礼王府，清代"八大铁帽子王"之首代善的府邸。从当年喜仁龙拍摄的照片中我们看到，王府正门坐北朝南，5开间连三踏跺（台阶）的大门和每扇门上的72枚门钉，比《大清会典》中规定的亲王府门钉共63枚略高一等，比皇宫81枚门钉略低一等。这充分显示了该王府的级别之高和非凡的气势。礼王府的"兰亭书室"，则使人感受到精美的门窗装饰及清幽安静的氛围。

而喜仁龙拍摄的成王府照片，经专家考证应该是郑王府的，由于喜仁龙使用的拼音中"成"和"郑"不分，导致翻译的偏差。再则，成王府是醇王府的前身，喜仁龙来京时只有醇王府了。在喜仁龙的照片中，郑王府中神殿宏伟的建筑及殿内精美的彩绘天花板装饰体现了清朝贵族特有的奢华；漂亮的花园"望日门"，则反映出清代王府花园的一种形式；"净真亭"，则将郑王府中亭台楼阁的花园景致充分表现出来。

醇亲王府位于西城区后海北岸，原是清大学士明珠的府邸。乾隆五十四年（1789）高宗第十一子永瑝被封为成亲王后入住该府。光绪

郑亲王府神殿内廷。北京，20 世纪中期。

海淀僧王院前。北京，20 世纪中期。

溥儒在花园。北京，20 世纪中期。

溥仪在醇亲王府。北京，20 世纪中期。

十四年（1888），该府被赐予道光皇帝的第七子醇亲王奕譞，是为醇亲王府，俗称七爷府。在《中国北京皇城写真全集》中，有几张中国末代皇帝溥仪在醇亲王府的照片。溥仪是奕譞的孙子，1908 年登基，年号宣统，1912 年 2 月退位，1924 年 11 月被废除帝号逐出紫禁城。照片拍摄于 1926 年，是溥仪出宫后拍摄的。

由于康熙皇帝经常住在位于海淀的畅春园，王爷们上早朝多有不便，因此纷纷在畅春园附近修建宅院。海淀李亲王院和海淀僧王院便是那时修建的。喜仁龙当年同样拍摄了这两处宅院的照片。在照片中，僧格林沁的海淀僧王院那华美的门窗、茂盛的植物、幽静的园林、弯曲的回廊，都被一一呈现在我们面前。海淀李亲王宅院长廊连通、假山亭台、树木茂盛，院内大殿修建在山顶上，广五间，周围树木、假山环绕，风景优美。

1949 年，喜仁龙出版了《中国园林》一书。在书中，他除了介绍其他王府建筑外，还着重介绍了恭王府的一些景致，并提供了 9 张与恭王府相关的照片。据多年研究老照片的沈弘教授考证，这批照片拍摄于 1935 年，是喜仁龙第 4 次来华考察时拍摄的。其中一张照片是恭王府的最后一位主人溥儒手提鸟笼，站在恭王府花园的肖像照。溥儒，字心畬，恭亲王奕䜣之孙，善书画。喜仁龙在第 4 次来华考察期间结识了溥儒，并在其陪同下参观了恭王府，同时拍摄了照片。而短短的两年后，溥儒便将他居住的恭王府后花园卖给了天主教辅仁大学。在恭王府花园，喜仁龙拍摄了多幅山石、甬道、树木与景致的照片。在他的镜头里，被称为"独乐峰"的太湖石傲然挺立；假山石层叠交错，层次分明；垂柳绿树成荫，苍翠繁茂，使人仿佛置身于山林之间；方塘及观鱼台环抱在一片花草丛中，四面通透，韵味十足。

今天，当我们面对逐渐消失的古老建筑和仅存的几座城门而感叹时，瑞典学者奥斯瓦尔德·喜仁龙给我们留下的影像资料多少能使我们遗憾的心情得到一丝慰藉。

约瑟夫·F. 洛克：
第一个发现"香格里拉"的西方人

美籍奥地利植物学家、地理学者和人类学家约瑟夫·F. 洛克（Joseph Charles Francis Rock）于 1922 年至 1949 年间以云南丽江为基地，对中国西南地区进行了探险考察。期间，他拍摄了大量照片，并首次向外界正式报道了"稻城"这个美丽的地方。

约瑟夫·F.洛克，美籍奥地利植物学家、地理学者和人类学家。1922 年至 1949 年，他以美国《国家地理》杂志、美国农业部、美国哈佛大学植物研究所探险家、撰稿人、摄影家的身份，在中国西南部的云南、四川一带生活了 27 年。

1922 年至 1931 年，洛克在美国国家地理学会的支持下，以云南丽江为基地，对中国西南地区进行探险考察。根据有关资料显示，早在 19 世纪中叶，西方人就已经进入云南丽江，并开始向西方世界介绍这个神奇美丽的地方。在探险史上，外国人到这一地区活动的较早记载是关于 1909 年法国人贝科（Beko）到稻城地区的贡嘎岭寺拜访的情况。由于天气恶劣，他没能看到雪山。在英国皇家地理学会 1924 年 9 月号的《地理杂志》上有一篇标题为《云南的雪山》的文章，首次提到了稻城的三座圣山，但没有详细的资料和图片。目前，已知的首次向外界正式报道稻城这个美丽地方的外国人是约瑟夫·F. 洛克。

1928 年 6 月，洛克在木里王的安排下，和跟随他多年的 21 位纳西族随从由泸沽湖经木里县屋脚乡、水洛乡至稻城亚丁自然保护区，沿途收集了大量珍贵的资料，拍摄了很多具有历史意义的照片。1928 年至 1931 年，美国《国家地理》杂志连续刊载了洛克关于介绍稻城亚丁等西南地区人文、地理概况的文章和图片资料，引起巨大轰动。文章中说他在稻城亚丁看到了世界上最美丽的三座雪峰，稻城不愧为

东巴规模宏大的祭祀活动。1924年。

西藏人民的佛教圣地等。他把此次旅行称为"最具神秘色彩和探险价值"的旅程,并出版了几部有关丽江和纳西文化的学术论著,将中国甘孜州这片秘境介绍给了全世界。洛克的考察成果,对于西方人了解丽江、了解纳西文化所起的作用功不可没。据考证,这些发表于美国《国家地理》上的文章,后来成了英国小说家詹姆斯·希尔顿(James Hilton)构思"香格里拉"的灵感来源。1931年,以发现神秘"香格里拉"为背景的长篇小说《消失的地平线》(*Lost Horizon*)由英国小说家詹姆斯·希尔顿创作完成。书中描写了一个理想世界,那里有雪山、冰川、峡谷、草甸等美丽风光;那里空气纯净,人们平等相待,是一个集美丽、明朗、安然、闲逸、悠远、知足、宁静、和谐、富足等一切人类美好理想为一体的天堂。这本小说与洛克在美国《国家地理》杂志上的文章迅速呼应、融合,在欧、美、日等地掀起了波澜,并使"香

丽江古镇风貌，当年这座位于滇、川、藏交通要道上的古镇拥有滇西北最大的集市。20 世纪二三十年代。

格里拉"一词传遍全世界，同时也在世界范围内掀起了寻找"香格里拉"的热潮。

"香格里拉"作为地名，除了云南的香格里拉县和四川稻城的香格里拉乡外，2004 年，《中国国家地理》杂志又推出了一个"大香格里拉"的地理概念。"大香格里拉"用地理坐标来表示，是指东经

94° 到 102°，北纬 26° 到 34° 所围成的一个区域。如果用地名来表示，它东起四川的泸定，还包括岷江上游；西至西藏的林芝地区；南从云南的丽江一线；北至四川最北部的若尔盖及石渠的最北端，还包括青海果洛州和甘肃最南端的一部分。而自 20 世纪 20 年代以来，许多西方国家的人通过洛克刊登在美国《国家地理》杂志上的文章和照片，对中国西部的人文景观有了了解，并纷纷来到云南、来到丽江。

20 世纪 30 年代后，洛克大部分时间居住在昆明。为寻找中国西南少数民族研究的相关资料，他漫游北京、上海、成都、南京等地。1947 年，洛克的《中国西南的古纳西王国》（*The Ancient NA-KHI Kingdom of Southwest China*）一书出版。1962 年 12 月 5 日，洛克在夏威夷走完了他的人生之途。

洛克当年拍摄的照片反映了中国西南地区的美丽风光及少数民族的生存状态。照片中丽江古镇的集市上人头攒动，熙熙攘攘，显示了这一当年滇西北最大集市的热闹场景。他和木里王在一起的合影，使人感到这位统治者的自信与高贵。据说，木里的统治者具有满族血统，他们的祖先因为对皇帝的勇敢和忠贞，被封为此地的王，并世世代代承袭王位。美丽的雪山雄伟壮观，天上的白云和皑皑白雪遥相呼应；一潭碧水边，当地百姓用古老的方法准备渡河。大规模的东巴祭祀活动，反映出古朴的民俗活动在当地人们的生活中占有重要地位。

洛克在 20 世纪二三十年代拍摄的老照片为我们今天了解西南地区的民风民俗起到了重要作用。他拍摄的"香格里拉"风光更使世界掀起了探寻中国西南美丽王国的热潮。尤其是他拍摄的泸沽湖，近年来吸引着国内外大量的游客，使这里也成了旅游的热点地区。2002 年 11 月，140 余张洛克当年拍摄的老照片，被四川的樊建川先生在嘉德拍卖会上以 4.4 万元的价格竞拍成功，并带回了四川，这使国人有幸看到这批珍贵的影像资料，并拥有这批宝贵的财富。

准备渡河的人们。中国西南地区，20世纪二三十年代。

云南的雪山。20世纪二三十年代。

查尔斯·帕特里克·菲茨杰拉尔德：
全方位拍摄中国的澳大利亚汉学家

　　从 1923 年至 1950 年，澳大利亚学者查尔斯·帕特里克·菲茨杰拉尔德（C.P.Fitzgerald）在中国进行了全方位的考察与研究。他以历史学家深邃的目光去观察中国，记录中国所发生的重大事件，从而留下了大量的影像资料。

　　20 世纪 20 年代，许多外国人对东方古老的中国产生了浓厚的兴趣，充满扑朔迷离的东方世界吸引着他们，使他们不远万里来到中国，探寻这个神奇无比的国度，澳大利亚学者查尔斯·帕特里克·菲茨杰拉尔德就是其中之一。

　　查尔斯·帕特里克·菲茨杰拉尔德，1902 年出生于英格兰（England）。1917 年，他从英国《泰晤士报》上读到两篇关于中国的文章，从此，15 岁的菲茨杰拉尔德对神秘的中国产生了浓厚的兴趣。他开始关注涉及中国的信息，阅读能够找到的关于中国历史的所有史书，如《史记》《资治通鉴》等。通过这些著名的史书，菲茨杰拉尔德对中国五千年的文明史有了初步的了解，这更加坚定了他要到中国去的决心。为了到中国，他多方拜师，努力学习汉语，其中 1922 年在英国伦敦求学的老舍先生便是他的汉语老师之一，他终生为此而骄傲。

　　1923 年，菲茨杰拉尔德在伦敦东方及非洲研究院继续学习汉语，之后来到上海。从 1923 年至 1950 年，菲茨杰拉尔德几乎都生活在古老的中国。他先是在由英国人管理的唐山铁路系统看管仓库，后到湖北武汉当美国一家肠衣公司的代理。有了一定的经济基础后，菲茨杰拉尔德开始了对中国的全面考察，开始到中国各地旅游。此后近 30 年，他的足迹遍布北京、上海、天津、武汉、贵阳、昆明、南昌、太原、西安等中国许多重要的城市，对中国的历史、地理、民风、民

直奉战争中，直系军队逃
离唐山。1924 年。

身穿民族服装的白族姑娘。
大理，1936 年。

云南北部石鼓的集市。
1937 年。

俗及人文环境等进行了全方位的考察与研究。1939 年至 1945 年，菲茨杰拉尔德在英国外事办公室工作；1946 年至 1950 年，他在驻中国的英国顾问团工作。1950 年，查尔斯·帕特里克·菲茨杰拉尔德离开北京，结束了他在中国近 30 年的工作与生活。1951 年，菲茨杰拉尔德回到澳大利亚，他的后半生也从未停止过对中国文化的研究，曾任澳大利亚国立大学东方研究系高级讲师、墨尔本大学现代中文系客座教授。

菲茨杰拉尔德在中国期间，正值军阀混战、社会动荡的民国时期，他目睹了军阀吴佩孚和张作霖之间的混战，目睹了开滦煤矿工人为争取自由与殖民主义者展开的斗争，经历了中国末代皇帝溥仪被冯玉祥逐出皇宫的全过程。而北伐革命、"八一"南昌起义等发生在中国大地上的重大事件都给他留下了深刻的印象。为了能更深入地了解中国，他努力接触社会各阶层的人物，如政治、军事、教育文化等领域的知名人士，同时又非常注重接触普通百姓，包括少数民族地区的平民百姓，了解他们的生活情况及风土民情，并将他所见到的情景一一用镜头记录下来。从他拍摄的照片上，我们既看到了中国各地的风景名胜，又看到了大量反映中华民国所发生的重大历史事件的影像，如军阀部队的士兵、北伐的革命军等。此外，菲茨杰拉尔德还深入边远地区，拍摄了大量反映中国少数民族生存状况的照片，如《身穿民族服装的白族姑娘》《云南北部石鼓的集市》，以及纳西族的老妪、苍山脚下的宝塔和墓地等反映当时中国的社会风貌及人民生活的照片。

菲茨杰拉尔德对中国历史、文化及政治具有相当深的研究，他以历史学家深邃的目光去观察中国，他总能站在历史的高度去理解、记录中国所发生的重大事件。因此，他留下的影像资料对我们研究民国时期的历史提供了可靠的史实依据。真实的影像、无可辩驳的事实，使人们回忆那不远的时代发生在中国的重大事变时，仿佛感受到那个动荡不安的年代百姓的痛苦，也让我们体会到这批照片所蕴含的史料价值。

北京西山御园宝塔。20
世纪初。

　　2000 年，菲茨杰拉尔德在中国拍摄的照片由他的女儿，出生在中国
的悉尼大学教授米拉贝尔·菲茨杰拉尔德（Mirabel Fitzgerald）带回中
国，这批在海外漂泊了半个世纪的影像资料将在中国发挥更大的作用。

安娜·路易斯·斯特朗：
毕生关注中国革命的美国女记者

美国著名进步女作家安娜·路易斯·斯特朗（Anna Louise Styong）曾6次来华采访拍摄。她向西方世界揭露了"皖南事变"的真相，毛泽东正是通过她向全世界发表了"帝国主义和一切反动派都是纸老虎"的著名论断。

美国著名进步女作家安娜·路易斯·斯特朗一生追求真理，向往革命，曾在苏联居住近30年。期间，她先后访问过西班牙、中国、墨西哥、波兰等国家，满怀激情地采访报道了这些国家人民的革命斗争。从1925年第一次访问中国到1970年在北京去世，她先后6次来华，并在中国度过了一生中的最后时光。

安娜·路易斯·斯特朗，1885年11月24日出生在美国内布拉斯州佛兰德（Flanders）的一个牧师家庭。1908年，她获得芝加哥大学哲学博士学位。1919年，斯特朗参与西雅图工人大罢工，并担任支持布尔什维克革命的报纸《西雅图工会日志》报的编辑。1921年，斯特朗应邀到苏联访问，出席了共产国际第四次代表大会和国际红色工会第二次代表大会。

1925年秋，斯特朗第一次访问中国。当时正值中国大革命时期，她曾在北京、上海、广州采访，并报道了著名的"省港大罢工"实况。1927年5月，斯特朗第二次来华。这一次，她首先来到上海，采访了上海工人三次武装起义的情况。然后，她又前往汉口进行采访。7月中旬，斯特朗随同苏联顾问米哈伊尔·马尔科维奇·鲍罗廷（Mikhail Marcovich Borodin）等从汉口出发，途经湖南、陕西、甘肃、宁夏、内蒙古，最后返回莫斯科。当时，中国正处在白色恐怖时期，大革命

汉口的贫民区。1927年5月。

受到镇压，革命志士惨遭杀害，中国革命正处在低潮中。斯特朗不仅对湖北、湖南的工人、农民、学生的运动进行采访，而且沿途对中国平民百姓的生存状况给予关注。在她拍摄的照片中，既有人民群众反帝反军阀的游行队伍，又有百姓的生活场景，如《汉口的贫民区》《西北农民居住的窑洞》《在甘肃灌区生活的人们》等。

1937年，日本发动了全面侵华战争。为目睹急剧变化的中国，斯特朗在年底第3次访问中国。她跋山涉水，到达山西五台山八路军总部对朱德、彭德怀、贺龙、刘伯承等八路军高级将领进行了采访。1940年底，斯特朗第4次来到中国，抵达重庆。在重庆，她访问了周恩来。之后她还向西方世界揭露了"皖南事变"的真相。在国际上，

汉口的一家银行。1927 年。

配合中国共产党打击了国民党第二次反共高潮的斗争。1946 年 6 月，斯特朗第 5 次来华。在宋庆龄的帮助下，她来到革命圣地延安，采访了毛泽东、刘少奇、朱德、周恩来等领导人。毛泽东正是通过她向全世界发表了"帝国主义和一切反动派都是纸老虎"的著名论断。

1958 年，经过 10 年的努力，72 岁高龄的斯特朗第 6 次来到中国并定居北京。1970 年 3 月 29 日，安娜·路易斯·斯特朗在北京逝世，遗体被安葬在北京八宝山革命烈士公墓。

斯特朗一生著作颇丰，特别是在介绍中国人民的革命斗争史上，她先后撰写了《千千万万的中国人民》《人类的五分之一》《中国出现黎明》《中国人征服中国》等著作。

武汉的游行队伍。1927 年。

E. 布莱克洛:
北伐期间拍摄上海的摄影师

德国侨民 E. 布莱克洛（E.Bracklo）于 1927 年国民革命军开始北伐时，在上海拍摄了一些影像，这对我们了解北伐历史提供了一定帮助。

1926 年夏季，国民革命军开始北伐。不久，北伐军渡过长江，攻占汉口，并于 1927 年 3 月 22 日进驻上海。上海租界当局和各国租借地的侨民纷纷要求本国政府派出军队来防守租借地，各国政府迅速做出反应，英、美、法、日、意、比、荷、葡等国都派遣军队和军舰赶往上海驻防，致使上海的外国军队人数增加到了两万余名。

德国侨民 E. 布莱克洛这时就在上海。他拍摄了外国军队驻守租借地的情形，也拍摄了上海的市容与街景，为我们了解这一时期的历史提供了真实可靠的影像资料。目前，这批照片收藏在上海历史博物馆。

虽然 E. 布莱克洛只是一位普通侨民，目前我们也没有发现他有更多的影像呈现，但他于 1927 年，在中国的特殊历史背景下拍摄的这一时期上海的一些影像，为我们了解当时的历史提供了一定帮助。

和平女神下的上海外滩。
1926 年。

停泊在黄浦江上的外国军舰。
1927 年 3 月。

英国军队在跑马厅演练。上海，
1927 年。

驻守在上海虹桥路沿线掩体中的英军士兵。1927年。

北伐军最终没有进入租界,上海南京路上依旧车水马龙。1927年。

外滩上的美国大兵。1927年。

艾格尼斯·史沫特莱：
向世界报道中国抗战的摄影师

　　中国人民的老朋友、美国进步作家艾格尼斯·史沫特莱（Smedley Agnes）一生献身于中国人民的解放事业。她始终利用自己手中的相机和笔来记录中国社会，揭露当时国民党政府的本质。

　　艾格尼斯·史沫特莱是杰出的国际主义战士、社会活动家，也是美国著名的作家及新闻记者。1892 年 2 月，史沫特莱出生在美国密苏里州北部奥斯古德坎普格龙德（Kampogrande）的一个贫苦家庭，年少时曾当过侍女、推销员，卖过报纸。1917 年，她进入纽约大学学习。1920 年 12 月，史沫特莱来到柏林，积极参与印度流亡者争取民族独立的活动。1928 年 12 月，史沫特莱以《法兰克福日报》（*Frankfurter Zeitung*）记者的身份来到中国。到 1950 年与世长辞，她一直献身于中国人民的解放事业，将自身命运紧紧地和中国人民联系在一起。

　　史沫特莱在中国期间，始终利用自己手中的相机和笔来记录中国社会，反映平民百姓的生存状况，揭露军阀及国民党政府的本质；同时，还大量报道八路军、新四军的抗战情况。她曾被认为是熟知中国事实真相的、为数不多的作家之一。

　　史沫特莱来华后，首先到达东北，然后南下，经北平、南京，于 1929 年 5 月到达上海。在上海，她走访了一些工厂和农村，看到了工人忍饥挨饿的悲惨生活和农村社会的经济状况。这使她对中国社会内部存在的严重不公和帝国主义压迫中国人民的现实状况，有了较为深入的了解。她拍摄了穷人卖儿卖女的情景，表现了贫苦百姓的饥饿程度已到了要被迫出卖自己亲生骨肉的地步——只要有人肯给两袋面，甚至是一袋面，这睡在摇篮里的孩子就被卖出了。从她在江西九江街

在"左联"举办的"鲁迅
五十寿辰庆祝会"上。上海，
1930年。

道上拍摄的贫民照片来看，破烂的衣着，愁苦的面容，无不反映了贫
苦百姓的生存状况。面对中国社会贫富分化严重、百姓生活困苦不堪
的现状，史沫特莱对中国革命的重要性和紧迫性有了新的认识，从而
开始支持中国革命。

　　此外，她还与大量进步作家，如鲁迅、茅盾及左翼联盟的作家一

史沫特莱（左）与翻译安娥在湖北新四军鄂豫挺进纵队时的合影。1940 年，佚名摄。

中国红十字会的医生们在苏州前线列车医院里工作。20 世纪 30 年代。

起工作，向西方介绍中国文学艺术的新动向。1930 年，史沫特莱在上海参加"左联"举办的"鲁迅五十寿辰庆祝会"，并为鲁迅拍摄了照片，将这位文坛巨匠矍铄的目光、沉稳的面容表现得淋漓尽致。这张照片作为表现鲁迅的优秀摄影作品，至今仍被沿用。1931 年 8 月，史沫特莱还协助宋庆龄成立了中国民权保障同盟，并担任了英文杂志《中国之声》的主编。由于她在上海期间撰写的报道和著作旗帜鲜明地讴歌了中国共产党领导中国人民争取民族独立的解放斗争，导致她被《法兰克福日报》解聘。

1936 年，在中共地下党的安排下，史沫特莱到达西安。这期间，爆发了震惊中外的"西安事变"，她不仅每晚在张学良的司令部进行40 分钟的英语广播，而且对西安各界的反应进行了采访。从她拍摄的在西安事变后群众游行示威的照片中我们看到，中国人民要求停止内战，建立抗日统一战线的热情空前高涨。

1937 年 1 月，中国共产党正式邀请史沫特莱访问延安，从而使她有机会与中共领导人进行深入接触。尤其在和朱德的接触中，史沫特莱对他不平凡的经历产生了敬仰之情，因此决定为朱德写传记。"卢沟桥事变"爆发后，史沫特莱奔赴八路军抗敌前线采访，成为八路军中第一个随军外国记者。从抗战初期，史沫特莱就为救助伤员奔走呼吁。作为中国红十字会的志愿者，她将相当一部分时间和精力用在为中国红十字会的募捐上，并呼吁各国援华医疗队来中国援助。在她的感召下，包括白求恩（Norman Bethune）、柯棣华等在内的一批外国医生先后来到中国支援抗战。从她拍摄的《中国红十字会的医生们在苏州前线列车医院里工作》的照片中，我们感到虽然当时的医疗条件十分艰苦，但伤员脸上所流露出的从容乐观，显示出中国军人不可战胜的信念。

1938 年 11 月，史沫特莱从长沙转到云岭新四军军部。她除了救助伤员外，还经常到培养新四军大批人才的军训营中采访和讲演，并积极向她的一些英国朋友和国际红十字会美国分会求援，为新四军争取了大量的医药援助。通过史沫特莱拍摄的照片，我们看到了八路军

新四军合唱团。20 世纪 30 年代。

和新四军在抗战时期的精神风貌。从湖北新四军训练团教员的军容风
纪到太行山二十九路集团军哨兵的挺拔身姿，从新四军合唱团的整体
阵容到在前线帐篷里学文化的普通战士，这些场景被史沫特莱一一定
格在镜头里。她用这些向全世界报道了中国的抗战情况。

史沫特莱在中国采访期间，撰写了《中国红军在前进》（*China's
Red Army Marches*）、《中国的战歌》（*Battle Hymn of China*）、《中
国在反击》（*China Fights Back*）等大量著作来报道中国的抗战。
1940 年史沫特莱返回美国后，继续为支持中国抗战而写作、讲演和募
捐，并在艰苦的条件下费时数载，创作了朱德的传记——《伟大的道路》
（*The Great Road*）一书。1950 年，史沫特莱在英国病逝。按照她的
遗愿，1951 年，史沫特莱的骨灰被安放在北京八宝山革命公墓，墓前
竖立着一块大理石墓碑，上刻朱德亲笔题写的"中国人民之友，美国
革命作家史沫特莱女士之墓"。

中国士兵在前线帐篷里学文化。20 世纪 30 年代。

湖北新四军训练团的教员。20 世纪 30 年代。

张自忠向广西人民慰问团致谢。20 世纪 30 年代。

埃德加·斯诺：
"西行漫记"的拍摄者

中国人民的老朋友埃德加·斯诺（Edgar Snow）作为第一个进入中国红色区域的西方新闻记者，最早向外部世界传播了中国共产党的抗日主张，并拍摄了一批中国红军的经典照片。

埃德加·斯诺是中国人民的老朋友。他从 1928 年第一次来中国，先后在中国居住了 13 年。期间，他撰写了大量介绍陕甘宁边区的文章，并最早向国际社会揭露日本帝国主义侵略中国的野心，在中国人民的抗日战争中发挥了独特的作用。

埃德加·斯诺，1905 年出生于美国密苏里州堪萨斯（Kansas）的一个贫苦家庭，曾当过农民、铁路工人和印刷学徒。大学毕业后，他开始从事新闻工作。1928 年，年轻的斯诺带着探索世界的渴望，开始了他的环球旅行并来到中国。他首先到达上海，担任《密勒氏评论报》（Millard's Review）的助理编辑，后又兼任纽约《太阳报》（The Sun）和伦敦《每日先驱报》（Daily Herald）的特约通讯员。1930 年后，他遍访了中国主要的城市。当他看到连年的灾害使农民的生活非常悲惨，长江流域的特大水灾更造成了上千万农民的流离失所。"九一八"事变后，斯诺目睹了 1932 年的淞沪抗战，曾连续不断地报道上海抗战的消息。为了得到战争的头条新闻，他不顾危险，奔走在到处是飞弹的战场上。

1936 年，斯诺冲破国民党的重重封锁，冒着生命危险，经过西安进入陕甘宁边区，是第一个在红色区域进行采访的西方新闻记者。经过 4 个月的采访，他写出了轰动全球的《西行漫记》（Red Star Over China）及大量报道文章，实地拍摄了许多照片，公正、客观地向世界

红军炮兵。1935—1936 年。

人民介绍中国共产党的抗日主张、方针，以及提出的建立抗日民族统
一战线的政策。他撰写的《西行漫记》影响了无数关注中国抗战的西
方人，使他们不远万里来到中国支援抗战。

　　1938 年，当日本侵略军深入中国领土，国民党节节败退，国内外
对中国抗战前途充满悲观论调之时，斯诺和爱泼斯坦（Epstein）一起
将毛泽东的《论持久战》迅速翻译成英文向世界传播，引起了强烈反响。
1939 年，斯诺又一次到延安进行采访，和毛泽东进行了深入交谈。毛
泽东在延安的一次干部会议上亲自介绍了他，称赞《西行漫记》是外
国人报道中国革命最成功的著作之一，赞誉斯诺是头一个为统一战线

红一军团在宁夏。1935—1936年。

所必需的、建立友好关系工作的铺路人。

1941年，斯诺对"皖南事变"做了如实报道，受到国民党的打击，被迫离开中国。1942年至1943年，他又来过一次中国。自此以后，他要访问中国变得越来越困难。直到1960年，他才第一次来到新中国。1970年10月斯诺再次访问中国时，毛泽东、周恩来等中央领导人接见了他。1972年2月10日，埃德加·斯诺在瑞士与世长辞。根据他的遗愿，1973年10月，他的部分骨灰安葬在他曾经任教的燕京大学（今北京大学）的未名湖畔。

斯诺在中国采访期间，拍摄了许多照片，还在西北革命根据地接

贫穷的孩子在读书。1936 年。

陕北保安合作社。1936 年。

山西娃，曾参加长征的红小鬼楚今白。陕甘宁边区，1936 年。

触了众多官兵。上自领导人，下到普通士兵，在他的镜头里都有呈现，如在宁夏的红一军团战士、红军领袖的合影或个人留影、苏维埃第二次代表大会、红军战士的业余生活、红军的炮兵部队、延安抗日民众大会、前线女护士等。

特别是 1936 年斯诺在陕北延安采访时，为毛泽东拍摄了一张非常珍贵的照片，照片上毛泽东头戴八角帽，目光深邃。当时，斯诺离开安塞后，和马海德（见"乔治·曼海姆"篇）来到了中共中央所在地——陕西保安（今志丹县）采访毛泽东。一天，斯诺看到毛泽东在窑洞前，就想为他拍一张照片。毛泽东当时穿着很随意，也没有戴帽子。为了感觉正式些，斯诺就请求毛泽东戴上军帽。毛泽东多日不戴军帽，不

红军阵地的机关枪手。

红军号兵。

知放到哪里去了。站在一旁的马海德顺势摘下了斯诺的八角帽，给毛泽东戴上。于是，斯诺按下快门，拍下了这张珍贵的照片。多年来，这张照片一直作为最能反映红军时期毛泽东风采的代表作广为流传。同时，这也是斯诺在中国拍摄的著名照片。

岛崎役治：
窥伺中国的情报人员

作为日本南满铁道株式会社情报课的情报人员，岛崎役治（Shimasaki Yakuji）于 1924 年至 1932 年间在中国拍摄了大量照片，为日本侵略中国服务。

20 世纪初，日本为大量获取中国情报，在中国设立了众多间谍机构并派出大量间谍人员。这些人员用当时世界上最先进的摄影器材在中国各地进行拍摄活动，对中国全境进行了一次全方位的扫描，其拍摄范围之广、内容之丰富，前所未闻。城镇、乡村、车站、码头、名胜古迹、商业街及重要厂矿等无所不包，足见日本窥伺中国的野心由来已久。这些日本间谍受日本首相田中义一（历史上著名的以侵华为目的的《田中奏折》的始作俑者）等侵华急先锋的指派，于"九一八"事变前 10 余年就潜入中国，拍摄了大量照片，并将这些照片源源不断地运回日本发表，以刺激和膨胀日本军国主义分子对华侵略扩张的欲望，最终酿成了日本全面侵华战争的爆发。这部分史料对中国现代史研究有极其重要的作用。

2009 年，中国国家博物馆征购了 4000 余张日本间谍在中国各省拍摄的原版照片。这些照片拍摄于 20 世纪初，摄影者是当年潜入中国的日本间谍，岛崎役治就是其中一位。

岛崎役治是日本南满铁道株式会社情报课直接领导下的一名情报员，公开身份是日本设在大连东公园町 70 号的"亚细亚写真大观社"的专业摄影记者，他所拍摄的照片也均发表在《亚细亚写真大观》刊物上。每期杂志上都有"严禁复制"的字样。"九一八"前后，日本在中国成立了不少如"亚细亚写真大观社"或"大东亚写真社"这样

堆积木材的延河龙井村河畔。1929 年。

泰山南天门。1929 年。

泰山碧霞祠。1929 年。

济南附近的黄河渡口。1929 年。

的机构，总部通常设在"伪满"，同时在内地重要城市设有分部。岛崎役治服务的这家杂志社并非寻常意义上的一般文化机构，它是以杂志社为幌子，以大量掠取中国情报为目的的间谍机构。这家杂志社所出版的《亚细亚写真大观》被当时的天皇钦定为"供奉天皇陛下和皇后陛下睿览"的特别刊物。这样一个以拍摄中国题材为主业的杂志社，以他们灵敏的侵华嗅觉和视觉，对中国全境的资源、人物、文化进行了无孔不入的掠影。这些照片的出现为那场惨绝人寰的侵华战争重新做了注解，并把人们带回到了那段不堪回首的岁月里。

在这几千张照片中，中国的城镇、乡村占据了相当大的比重。岛崎役治们所感兴趣的主要是具有特殊意义的客货站、海港码头、桥梁、粮仓、市内交通和公路设施、中心广场、名胜古迹、商业街、重要厂矿等。对城镇，几乎千篇一律地拍摄城墙、城门或鸟瞰式的城镇全景。对一些重要的军事要地，更是不厌其烦地反复拍摄，如被日本人认为"挟武汉而治中国"的武汉三镇，岛崎役治们就不仅拍摄了全景、近景、重要的小路、交通要道、商业中心等，而且还对三镇及郊外的一些标志性建筑进行了拍摄。相对而言，这些照片并没有多少审美价值，然而作为侵略者攻占一城一池的需求，却具有重要的军事价值。

岛崎役治们在拍摄大量城镇乡村景观照片的同时，还对居住在此地的中国百姓"情"有独钟。在岛崎役治镜头里，既有中国上层社会的达官显贵，也有满、汉、蒙各族的平民百姓；既有深居寺庙的喇嘛僧众，也有四处漂泊的穷汉乞婆；既有守卫城乡边防的中国军警，也有反满抗日的义勇军官兵。可以说，这些照片基本上包括了当时中国社会的各阶层人物。

在拍摄商业、交通等方面的照片时，岛崎役治也并不仅仅局限于照片本身的内容，而是把照片所代表地区的物质、贸易等内容统计得一清二楚。面对中国丰富的自然资源，身为岛国之民的岛崎役治，在大开眼界之余，时时流露出贪婪之心。从照片上我们看到，出于为日本帝国主义侵略中国做准备的目的，中国的各行各业，如商业、手工业、服务业、工业、林业、渔业，以及中国百姓的民俗习惯、宗教信仰等，完全进入日本摄影者的视线。更有甚者，岛崎役治将中国的一些抗日武装也收入了镜头之中。

1928年5月，侵华日军在济南屠杀中国平民，制造了震惊中外的"济南惨案"。岛崎役治也跟随日军进入济南拍摄了惨案发生的整个经过，并且沿途受到"国民政府"高官的保护和款待，以至岛崎役治本人都感到吃惊。他曾写道："承蒙以贵客身份待遇，受到护兵向导，所到之处都盛大欢迎和款待，平安无事，完成了预定的拍摄计划，返回本社。"[1]岛崎役治不仅拍摄了大量山东各地的景物与人物，而且发表了《济南摄影行》，将这一时期拍摄照片的经过记述其中。

回顾历史，看一看当年日本情报人员岛崎役治们"出生入死""费尽心机"拍摄的这些老照片，重新温习一下中华民族那段被侵略的历史，每一位中国人都会产生强烈的心灵震撼。"落后就要挨打"，这是被历史反复证明了的。这批被打上"严禁复制"字样的近百年的老照片，不仅具有文化史、国际关系史、抗日战争史的研究价值，而且能使人们从深层次上透析历史、回顾过去，并总结出深刻的历史教训，为进一步富国强民积蓄力量。

---

1. 乌丙安、李家魏：《窥伺中国——20世纪初日本间谍的镜头》，沈阳：辽海出版社，2000年1月第1版，题记第6页。

山东百姓在河边洗衣服。20
世纪初。

山东芝罘的百姓出售白菜。
20世纪初。

日露实战中东鸡冠山炮台。
旅顺，20世纪初。

海伦·福斯特：
"续西行漫记"的拍摄者

美国女作家、记者海伦·福斯特 [Helen Foster，笔名尼姆·威尔斯(Nym Wales)] 在华考察期间，对中国革命做出了一定的贡献。

1981 年，74 岁高龄的美国女作家、记者海伦·福斯特在她的回忆录《我在中国的岁月》（ *My China Years* ）一书中写道："无论是现在还是过去，中国搞资本主义是不可能的。中国仍在摸索着前进……她能够发展成为一种社会主义的混合经济，可是永远不会发展成为其他的历史上的西方制度。"一个美国人，在中国改革开放之初即预见到中国将发展"混合经济"，不得不令我们钦佩。当然，海伦的预见绝非偶然，这是她与丈夫埃德加·斯诺曾经一道深入中国革命浪潮，对中国国情洞察于心的结果。

海伦·福斯特，1907 年出生在美国犹他州的一个律师家庭。她很早就渴望去国外旅行，并对斯诺发表在美国的有关中国的报道偏爱至极。1931 年，海伦·福斯特来到中国上海，经美国总领事馆的一位副领事引见，与斯诺相识并结婚。之后，他们从上海搬到北平煤渣胡同 21 号定居，而后一起报道中国人民的民族解放斗争及远东形势，并第一次向西方世界介绍中国左翼作家的作品。

1937 年，海伦·福斯特继其丈夫埃德加·斯诺之后，访问了当时中国革命的中心延安，并与中共领导人进行了广泛接触。之后，创作了《续西行漫记》（ *Inside Red China* ），该书反映了边区的艰苦生活和红军领导人与普通军民同甘共苦的作风，着重赞颂了边区妇女的地位和解放。由于中国在抗日战争时期军用和民用物品都十分匮乏，海伦·福斯特和丈夫斯诺、友人路易·艾黎（Rewi Alley）一道在宋

红军战士与群众在一起。延安，1937 年。

庆龄的帮助下筹建了"中国工业合作社"发展经济，这对中国贫苦百姓在战时的生活改善起到了积极作用。1940 年，海伦回到美国。1949 年，她与斯诺的婚姻破裂。1997 年，海伦·福斯特去世。

　　作为一名新闻记者，海伦在延安工作了 4 个月，期间拍摄了大量照片。其中，有红军领导干部的合影、红小鬼的身影，以及反映陕北的百姓生活及贫困地区的百姓生存状况等的照片。

　　海伦在中国工作和生活了 10 年，是见证新中国成立过程的少数西方人之一，也是屈指可数的几位同中国人民有过社会、文化和政治联系的西方女性之一。作为中国人民的老朋友，她对中国革命所做的贡献有目共睹，中国人民不会忘记她。

红军小战士在延安。
1937 年。

村庄里的老人。宁夏，
20 世纪 30 年代。

威廉·史密斯：
拍摄 20 世纪 30 年代的中国的传教士

　　加拿大传教士威廉·史密斯（William A.Smith）60 年前在中国拍摄的照片再现了 20 世纪 30 年代的中国社会，特别是山东鲁西地区百姓生活的真实场景。

　　一位加拿大老人到垂暮之年仍对中国有着深深的眷恋之情——78 岁再次来到山东，这种超越国界的友谊情感打动着我们。面对威廉·史密斯在 80 多年前拍摄的照片，就像看到 80 年前的中国。他不仅透过镜头用眼睛观察着当时山东的方方面面，而且他所摄照片独有的风格同样可以和专业摄影师媲美。

　　威廉·史密斯，1907 年出生于苏格兰佩斯利（Paisley）的一个小康之家。1917 年，他的父亲在第一次世界大战中阵亡。他的母亲杰西（Jesse）是一位富于探险精神的女性，1925 年移居加拿大安大略省后与一位英裔加拿大农民结婚。威廉曾是典型的移民工人，他学过铁匠，在床垫厂当过雇员，干过机床工和制模工。1927 年，他进入渥太华神学院学习神学，并在聆听了两位传教士介绍中国的经历后对中国产生了浓厚的兴趣。中国，作为一个有着悠久历史的东方文明古国，以其独特的魅力吸引着西方教会那些热衷于传教的，富于冒险精神的传教士。1930 年，23 岁的史密斯在"上帝的意志"和冒险精神的鼓舞下决心东渡。1931 年 2 月 28 日，奉教会派遣，史密斯搭乘日本"皇后号"轮船离开温哥华（Vancouver）前往中国，于 3 月 21 日抵达上海。

　　在上海逗留数日后，史密斯乘火车来到北平（北京）。刚到北平，他立即就被这座城市的魅力所吸引。在紧张的中文研习之余，他游历了钟鼓楼、天坛、颐和园、明十三陵、长城等风景名胜及北京胡同，并拍摄了大量照片。1931 年夏末，他被教会派到湖南传教。1933 年，他的女友伊万杰琳（Evangeline）从加拿大来到湖南与他结婚。之后，他们先后在常德、安乡等地传教，并且参与了地方赈灾和卫生保健工作，还学会了湖南话。

1934 年，史密斯夫妇离开湖南到山东担任教职。1935 年 1 月，他们又来到了山东阳谷县，住在一个单独的、设备比较齐全的教会大院内，大院旁边就驻扎着冯玉祥的军队。与在湖南时同中国牧师一道步行走村串户的传教方式不同，在山东，史密斯采用了"帐篷布道"。帐篷很大，可容纳几百人听道。他还经常到邻近的县城如莘县、东阿、寿张、东昌（今聊城）等地的农村布道。同时，他还检查中国牧师的工作情况，并参与了一些当地百姓的民俗庆典活动。

由于日本全面侵华和黄河水灾，1937 年底，史密斯一家回到了加拿大。1946 年，史密斯再度来华并在四川传教。1949 年，他离开中国前往印度，后曾到爪哇和海地从事教务。

在中国，威廉·史密斯先后在湖南、山东、四川等地传教，期间拍摄了大量照片。谈到对中国的第一印象时，他曾感叹："我为受到的优待和看见街上众多的人群而激动。"从一开始，史密斯看到的似乎都是中国最好的景象，或许是出于乐观精神和善良的愿望，或许他从未认真关注过当时中国社会的贫穷、暴力和不公正。一种令人愉快的乐观主义色彩注入了他的摄影作品，这些照片既是当时中国社会真实的写照，又是他个人心态的反映。然而，随着他考察范围的不断扩大，他的拍摄角度也发生了很大变化，特别是 1934 年至 1937 年间，他在山东阳谷、莘县、寿张、东阿、聊城等地拍摄了数千张照片，内容涵盖了集市贸易、城乡旧貌、社会生活、风土人情、农业劳作、交通工具、各阶层的人物特写、婚丧嫁娶、宗教活动、黄河水灾等关乎百姓生活的方方面面。这些反映当时社会状况的摄影作品极具艺术感染力，也再现了 20 世纪 30 年代的中国社会，特别是鲁西地区百姓生活的真实场景，是当今极难寻觅到的珍贵历史资料。

黄河水灾，瓮在街河行。山东，1937年。

集市一角。山东，20世纪30年代中期。

新娘下轿。山东，20世纪30年代中期。

他拍摄的照片，重点在反映中国社会的传统文化和百姓的日常生活。透过照片我们感到，虽然生活贫穷，但中国农民的质朴、勤劳和追求幸福的乐观精神却随处可见。这和史密斯先生热爱中国的山川大地，与他和中国人民凝聚了深厚的情感是分不开的。

1937 年，日本发动了大规模的侵华战争，正在北戴河度假的史密斯只身前往山东阳谷取衣物。此时，正值黄河发大水，天灾人祸、困难重重，但威廉·史密斯手中的相机并没有停歇，他留下的照片再现了当年黄河泛滥时百姓生活的悲惨状况：泛滥的洪水淹没了村庄、房屋及街道，逃生的百姓在大水中艰难地行进，失去了家园的人们只能以乞讨为生。

威廉·史密斯用相机记录下了山东的人民，也正是他们的坦诚、正直、友好激发了史密斯的艺术灵感。他的照片绝大部分拍摄于鲁西地区，只有少数摄于湖南、北平（北京）、天津。他特别喜欢山东，总觉得自己是山东人。

逝去的中国岁月是史密斯一生的眷恋。时隔 30 年后，史密斯于 1978 年、1983 年和 1985 年三次来华访问。他又回到了曾经游历过的中国的每一个地方，看望昔日阳谷的老友，与山东聊城的教友相聚。而他在中国拍摄的黑白照片更成为他永恒的记忆。

威廉·史密斯是上千名加拿大来华传教士中的一位。他用手中的相机为我们留下了数千张黑白照片，将他在鲁西的生活、城乡面貌、风土人情及百姓生活一一记录。这些照片反映了 20 世纪 30 年代中国社会的真实面貌，也较为完整地记录了山东地区的社会状况。这位在世界各地"传播福音"近 60 年的传教士用相机所记录的画面，为我们保存了一份难能可贵的历史资料。

瓦尔特·博萨特：
第一个来到延安的欧洲记者

　　1931 年，为多家欧洲媒体供稿的独立记者瓦尔特·博萨特（Walter Bosshard）来到中国，开始记录和报道中国。他用相机记录了当时中国的社会状况，他所拍摄的照片内容涉及当时中国的多个层面。博萨特留下的影像为我们研究民国时期的社会百态提供了十分有用的资料。

　　瓦尔特·博萨特，1892 年出生于瑞士，曾当过 5 年小学老师，后到远东做生意，摄影只是他的个人爱好。1927 年，他加入了德国的一支探险队，到克什米尔和中亚地区探险。从那时起，博萨特以探险家的身份开始拍照，照片也开始被德国的一些新闻杂志使用。1929 年，博萨特采访了阿富汗国王穆罕默德·纳第尔（Mohammed Nadir）的加冕典礼，是记录该仪式的 3 名外国记者之一。1930 年，他曾到印度采访报道了圣雄甘地及其领导的印度民族解放运动。

　　1931 年，作为为多家欧洲媒体供稿的独立记者，瓦尔特·博萨特来到中国。从 1933 年至 1939 年，作为美国黑星图片库的摄影师和瑞士新苏黎世新闻社的记者，他常驻北京，开始记录和报道中国。美国《生活》（Life）杂志也通过购买美国黑星图片库的照片刊登了很多博萨特的影像。通过《生活》杂志及西方其他媒体，博萨特赢得了很高的声誉。

　　值得我们关注的是，博萨特用相机记录了当时中国的社会状况，诸如国共合作时期的抗战情况、国民政府、宋氏家族等特有的历史场景。此外，他还远涉偏僻的内蒙古、青海等少数民族地区考察。

　　特别是美国摄影记者埃德加·斯诺到陕北的采访报道发表后，引起了在华境外媒体记者对共产党领导的抗日根据地的极大兴趣。他们想方设法疏通渠道，希望能够获准进入神秘的革命圣地——延安去实

坐在黄包车里的母子。北京，1930 年。　　　　　北京附近中国富裕农民的土房。1933 年。

地采访。1938 年初，博萨特从北平到武汉，在周恩来、林伯渠等人的安排下，于 1938 年春与美国《芝加哥每日新闻报》（*The Chicago Daily News*）记者阿·斯蒂尔（A Steele）一起，随八路军运输物资的车队前往延安。经过 6 天的颠簸，博萨特到达了延安。博萨特曾描述去延安时的艰辛："路况之差，使得我们只好缓慢前行。即使轮子上缠着铁链，也无法阻止汽车顺着陡峭的山坡向后滑。好几次，车队还得从万丈深渊上晃晃悠悠地经过，让人直捏一把冷汗。"博萨特真实记录了沿途经过的陕北小镇的建筑风貌和人情世态。行程中，越是接近延安，博萨特看到越来越多的青年学生徒步奔赴延安。每当车队经过他们身旁，都会彼此招手致意。此情此景，让这些外国记者感触良多。

慈禧的御前女官容龄公主。约 1934 年。　　蒙古族贵族妇女。1934—1936 年。

　　经过采访，博萨特得知这些年轻人到延安后，大都去鲁迅艺术学院和抗日军政大学接受政治学习和军事训练，然后再从这里出发奔赴抗战前线。在延安，博萨特采访了毛泽东。此时，毛泽东正在写《论持久战》。博萨特记忆里的毛泽东说话简洁有力，看问题深刻透彻。最终，他不仅拍摄到了延安的许多景象，包括延安城内的标语、孩子们用书本做球拍打乒乓球、百姓居住的窑洞等；还拍摄了一部 22 分钟的电影纪录片，其中有毛泽东的活动，这也是目前发现的最早的关于延安的电影记录。博萨特是第一个来到延安的欧洲记者，并且是第一个为延安留下电影记录的人。他对延安的报道发表在《生活》杂志上，成为继埃德加·斯诺之后又一位向世界介绍延安红色政权的记者。

1938 年，博萨特的好友卡帕（Kappa）也在中国。据说，卡帕也想到延安采访，但最终没有成行。

瓦尔特·博萨特凭着记者敏锐的嗅觉和超强的沟通能力，使他的社交面上到国民政府第一家庭、达官显贵、文化名流，下到贩夫走卒。他的照片内容涉及当时整个中国的政治、经济、民生、风俗、文化等多个层面。特别是在中国的抗日战争时期，博萨特作为第一个接触红色政权的欧洲记者，在探访延安之外，更多的时间是在和国民政府打交道，接近国民政府权力中心，记录达官显贵们的日常生活。比如，1935 年，斯文·赫定（Sven Hedin）率领由来自 6 个国家的 37 位科学家组成的考察队完成了国际性跨学科的科学调查，他与蒋介石进行了面对面的交流，博萨特则不失时机地在蒋介石和宋美龄听取斯文·赫定关于新疆之行的汇报时拍摄了照片。作为欧洲多家新闻机构的驻华记者，博萨特见证了国民政府很多重大事件和会议。另外，博萨特跟很多名流有交往。在他的镜头里，不乏冯玉祥、吴佩孚、龙云及慈禧的御前女官容龄公主等人物的肖像。

1937 年"七七事变"时，博萨特正在北平（北京），他记录了当时北平城内学生、市民和伤兵的状况。更重要的是，他记录了北平南苑保卫战，记录了被日军飞机轰炸的 29 军士兵、29 军战士悲壮牺牲的场景，以及日军侵华的暴行。作为中立国的摄影记者，博萨特可以凭借此身份近距离接近日军。在中国东北，他拍摄了日军士兵洗热水澡的照片。此外，日军的随军记者也被博萨特摄入镜头。

对于抗战中的中国军人，博萨特给予了极大关注。在博萨特的镜头中，很多都是正在接受训练的学生兵。他们装备整齐，目光坚定，充满自信。这些军人的肖像大多拍摄于 1938 年。

作为西方的摄影师，博萨特对神秘的东方古国充满了好奇。他除了关注中国发生的重要事件、重要人物外，更感兴趣的是中国文化。20 世纪 30 年代，博萨特将镜头更多地对准了中国的普通人，如他拍摄的村民迎接客人的照片，可以看出当时中国百姓讲究的待客礼节；《坐在黄包车里的母子》，反映了当时中国中产阶级的生活状态；《北京附近中国富裕农民的土房》，则表现了富裕农民安逸的生活场景。另外，博萨特也拍摄了不少反映中国战乱时期百姓生活的场景。

作为探险家，博萨特到过新疆、西藏、内蒙古、青海等少数民族地区，拍摄了大量关于少数民族的照片。比如，蒙古族贵族妇女、内蒙古的德王与大臣们、驾车的蒙古公主等。在青海，博萨特拍摄了盛装的藏民，由于丰富的养殖业，这些牲畜给他们带来了很好的经济收入。

从 1939 年起，博萨特定期为瑞士的《新苏黎世报》（*Neue Zürcher Zeitung*）供稿。第二次世界大战时期，他被该报任命为特派记者。从那时起，他追随盟军的征战步伐，报道范围不再局限于亚洲地区，而是从世界各地的盟军基地把报道信息发送回瑞士总部。渐渐地，博萨特的名字被缩写为 WB。1946 年至 1949 年，博萨特再次回到中国，报道了中国共产党领导的人民解放战争。

1975 年，博萨特在西班牙去世。他的侄子将博萨特生前留下的书面文件和摄影档案捐赠给位于温特图尔（Winterthur）的瑞士摄影基金会收藏，保管于苏黎世联邦理工学院的当代历史档案馆内。

瓦尔特·博萨特是现代新闻摄影的先行者。在他拍摄的中国影像中，有惨烈的抗日战场，也有平淡的社会日常生活。他拍摄过蒋介石、宋美龄，也拍摄过毛泽东；他拍摄过国民党军队，也拍摄过八路军。由于博萨特个人良好的文化素养，他对中国的视觉观察不同于其他外国人。他留下的这些蔚为大观的中国影像，为我们研究民国时期的社会百态提供了十分有用的资料。

日军士兵坐在一列运输军队
的火车顶上。1937 年 10 月。

抗大的学生进行军事训练。
延安，1938 年 5 月。

戴防毒面具和钢盔的中国军
医。约 1938 年。

乔治·海德姆:
新中国第一个加入中国国籍的外国人

> 乔治·海德姆（George Hatem，中文名"马海德"）是新中国第一个加入中国国籍的外国人。他为发展中国的医疗事业倾注了毕生的精力。

乔治·海德姆，性病和麻风病专家，早年即投身于中国的革命事业，毕生为中国消灭性病和基本消灭麻风病做出了贡献。1910年9月26日，乔治出生在美国，父亲是黎巴嫩移民，在美国布法罗（Buffalo）一家钢铁厂当工人。乔治在该市读完小学，后举家迁往北卡罗来纳州的格林维尔（Greenville），并在当地上了中学。1927年，他进入北卡罗来纳大学医学预科班，获得奖学金后，又去黎巴嫩的贝鲁特美国大学继续学医。1931年，他到瑞士日内瓦大学攻读临床诊断；1933年毕业，获医学博士学位。

早在求学期间，乔治就对中国充满了好奇，强烈的治病救人责任感使他决心到中国去行医。1933年11月，他子然一身来到中国。1936年初，乔治应邀来到宋庆龄家，得知中共中央准备邀请一位外国医生和一位外国记者到边区进行实地考察，了解共产党的抗日主张。经宋庆龄推荐，他和斯诺一起奔赴延安。在陕北的实地考察，使他决心献身中国的医疗事业。他将自己的名字改为马海德，并请求参加红军。毛泽东非常赞许他的行为，委任他为卫生部顾问，这也充分体现了中国共产党对他的信任和厚望。由于他工作成绩突出，1937年，马海德加入了中国共产党。

在延安，马海德除了担任卫生部顾问之职外，更重要的是保证中共中央领导人的身体健康。绝大部分中共中央领导人都接受过他的检

延安的街道。1947年。

延安大学。陕西，1947年。

纺棉花的村民。延安，1947 年。

陕西裹脚妇女。1947 年。

百姓制砖。陕西，1948 年。

查或治疗，这也是马海德在抗战时期的一大贡献。

1940 年 3 月 1 日，马海德和中国姑娘周苏菲结婚。苏菲曾因积极宣传反内战而上了国民党的黑名单，为了安全，中共地下党组织将她送到了延安，进入鲁艺学习。马海德和苏菲相遇而结缘，相伴终生。

新中国成立后，马海德提出了加入中国国籍的申请，周恩来总理亲自批准了他的请求，使他有幸成为新中国第一个加入中国国籍的外国人。他协助组织中华人民共和国卫生部，并将主要精力放在解决性病和控制麻风病领域，后取得重大成果。1956 年，中共中央把"积极防治麻风病"写进《全国农业发展纲要》。曾经为防治性病跑遍中国边远地区的马海德，又开始率领医疗队深入基层展开调查。马海德从新中国成立直到去世，把全部的心血都投入到防治麻风病的工作上。现在，中国基本上控制了麻风病，此类病人数量也从近 50 万人下降到每年发现病例不足两千，治愈病人 21 万人。

1988 年 10 月 3 日，马海德与世长辞。临终前，他嘱咐将他的骨灰一部分撒在中国的延河，另一部分带回他离开了 55 年的家乡。

马海德在陕北期间，利用工作之余拍摄了大量照片。他将镜头直接对准普通百姓，拍摄的视角往往是最能反映边区百姓生产、生活的场景，如纺棉花的村民、做鞋的妇女、制砖的农民、延安的街道等等。从照片上，我们看到朴实的村民用传统纺车纺线的身影；街道上，依然可以看见百姓的日常生活；延安的生活虽然清苦，但军民的学习、生活充满了积极向上的乐观精神。

作为一名外国人，终生割舍不下对中国这块土地的深情，自愿成了一个地道的中国人，并为发展中国的医疗事业倾注了毕生的精力。中国人民会永远记住他的名字，乔治·海德姆——马海德。

露天大会。陕西，1948 年。

延安宝塔。陕西，1947—
1948 年。

马海德工作过的延安国际
和平医院。陕西，20 世纪
三四十年代。

马海德（前排右一）等在陕西医学会议时的合影。陕西，1948年。

制鞋。石家庄，1948年。

赫达·莫里循:
拍摄北平风物的德国女摄影师

> 德国摄影师赫达·莫里循（Hedda Morrison）从 1933 年至 1946 年在北平（北京）度过了 13 年的岁月。当年她在北平（北京）的大街小巷拍摄的景物如今大多已经荡然无存。她以京城民俗为摄影题材，留给后人众多极其珍贵的照片。

提到哈同照相馆，许多读者也许并不陌生。20 世纪 30 年代，它位于北平（北京）东交民巷 3 号，是一家有较高专业水准的洋商开办的照相馆。据《中国摄影史》记载："辛丑条约后，洋商照相馆乘机向中国索取赔款，扩大营业规模，与中国民族照相业展开激烈的竞争。"[1] "五四运动"前，北京的照相馆已发展到 80 余家，其中不少是由外资创办的。哈同照相馆就是由德国人经营的，当时的女经理为赫达·莫里循。

赫达·莫里循，1908 年生于德国斯图加特（Stuttgart），母亲姓哈莫（Hammer），父亲是一位出版商。或许是出版业务与摄影有些瓜葛的缘故，赫达在 10 岁的时候就有机会开始摆弄相机，由此与摄影结下了一生的缘分。她曾被送到奥地利的大学学药物。1929 年至 1931 年，赫达说服家人，到德国最老牌的慕尼黑巴伐利亚州立摄影学院学习，毕业后曾在斯图加特和汉堡（Hamburger）担任照相馆的摄影助理。最终，她成了一名专业摄影师。

1933 年，赫达偶然在一份摄影杂志的广告上发现，中国北平（北京）的一家德资哈同照相馆正在征召一名会讲英、法、德语的德国女

---

1. 陈申、胡志川、马运增、钱章表、彭永祥：《中国摄影史 1840—1937》，北京：中国摄影出版社，1990 年 2 月第 1 版，第 88 页。

天桥杂耍。北京，20 世
纪三四十年代。

摄影师出任经理。她认为，这个职位几乎是为自己准备的，非己莫属。
结果不出她的所料，北平的哈同照相馆果然相中了她。1933 年 8 月，
赫达抵达北平，接管哈同照相馆，就此成了这个商业性质的摄影工作
室的经理。哈同照相馆有 17 名中国员工，顾客主要是使馆区人员及周
边居民。当时的中国，对于一个年轻的德国单身女性来说，实在是个
遥不可及的地方。开始，赫达对中国只是初步了解，但随着时间的推移，
她逐渐爱上了这座古色古香的东方城市，并与手下的职员关系融洽。
个性崇尚自然的她，早年就将民俗摄影作为自己的重要选题。京城和
中国各地的人文风景及风土民情不仅深深吸引着她，更能发挥她的摄
影潜质，体现她的创作风格。1938 年 6 月，在与哈同照相馆合同期满后，

冰上健叟。北京，20 世纪三四十年代。

卖糖葫芦的男子。北京，20 世纪三四十年代。

前门大栅栏。北京，20 世纪三四十年代。

粉坊师傅。北京，20 世纪三四十年代。

赫达拒绝回国。她选择留在北平当一名自由摄影师，用自己所学的专业、用自己手中的相机记录中国，尤其是老北京的风土民情。

1940年，她遇到了英国鸟类学者阿拉斯泰尔·莫里循（Alastair Morrison）。阿拉斯泰尔的父亲就是大名鼎鼎的英国《泰晤士报》首席驻华记者乔治·欧内斯特·莫里循，中文名字是莫理循。阿拉斯泰尔就出生在北平（北京），曾经是地道的北京人。两人一见钟情，那年赫达32岁，阿拉斯泰尔26岁。第二次世界大战期间，阿拉斯泰尔以情报军官的身份在驻加尔各答与重庆等地的英国使馆服役，到战争结束时仍是一名上尉。1946年，阿拉斯泰尔重返北平，与赫达结婚。一个月后，赫达夫妇离开北平前往上海。1948年，赫达回到北平，取走她曾留存的物品后，随丈夫来到沙捞越（Sarawak），并在此生活了很多年。阿拉斯泰尔退休后，他们定居在澳大利亚的堪培拉（Canberra）。当他们再度踏上北京的土地，已经是30多年之后了。1991年，赫达去世。

从1933年至1946年，赫达在北平（北京）度过了13年的岁月。在这13年中，赫达拿着一架相机，骑着一辆自行车跑遍了北平（北京）的大街小巷、名胜古迹，拍摄了如今大多已经荡然无存的旧日景物，留给后人众多极其珍贵的照片。此外，她还曾到过云冈石窟，河北正定、保定和承德，陕西华山，山东曲阜、泰山、青岛和威海卫，以及南京等地拍摄。

赫达的摄影风格，既受到她喜爱民俗这一题材的影响，又与德国主流摄影师喜好选择拍摄欧洲以外的题材有关。她被那些与自身文化背景截然不同的事物所吸引，用镜头着力记录她认为最能体现中国文化的事物。赫达的拍摄题材是有选择的。在中国拍摄的一万多张照片中，她基本不涉及时事和政治方面的题材，也极少拍摄战乱、灾难及贫苦百姓的悲惨生活。她以记录中国的风土人情为自己人生的最大乐趣，拍摄重点多于普通百姓的日常生活及民风民俗。比如，北京的宫殿、城墙、庙宇、牌楼等建筑类；店铺、市场、饮食、街景等民俗类；艺术、工艺等文化类；各行各业的人物等。总的说来，赫达拍摄的照片给人一种平和宁静的氛围。通过她拍摄的燕京旧景——齐化门的冬雪、大栅栏的繁华、故宫角楼的秀美、西四牌楼的高大，使这些曾经存在的景象又一一呈现在我们眼前；在冰上锻炼的老人、进香的香客、在食摊上品尝美味的年轻妇人、掏姐姐荷包的小孩、抽大烟袋的女居士、尼姑、修女、老绅士，老北京的男女老少、各色人物都纳入了赫达的镜头；卖千层底儿的布鞋摊、做粉条的粉坊、卖香饽饽的小摊、铁匠铺的打铁情景、古董商店、裱糊作坊、天桥杂耍、皮影表演，老北京百姓生活的方方面面及传统的价值观等信息，都通过赫达的照片留存、传递给了我们。在赫达这位西方人的眼中，这些古老的建筑、街景摊贩、宗教仪式、民间习俗、手工艺人等等，最能反映普通百姓的生活状况和中国传统的礼仪风俗，这才是老北京的灵魂。如今，大片的四合院被拆了，雄伟的城墙没有了，美丽的城门楼只剩下两三座，而赫达留下的老北京照片却可以慰藉我们那份怀旧的心，这也正是这批照片资料的珍贵之处。

1985 年，英国牛津大学出版社为其出版了《洋镜头里的老北京》(*A photographer In Old Peking*) 摄影集，将她在北京拍摄的部分摄影作品公布于世。除了《洋镜头里的老北京》之外，1987 年，牛津大学出版社还出版过赫达的《摄影师的中华之旅 1933—1946》(*Travels of a Photographer in China 1933–1946*)，这本书是《洋镜头里的老北京》的姊妹篇，收录了赫达除北京外在中国其他地方拍摄的摄影作品。

赫达·莫里循在人生最后的 20 多年里一直居住在澳大利亚。1991 年，赫达·莫里循去世，其夫遵照她的遗嘱，将许多珍贵的南亚青铜器、藏书等捐赠给澳大利亚博物馆；将 1933 年至 1946 年这 13 年里她在中国北京所拍摄的一万多张底片，则全部赠予美国哈佛大学的哈佛燕京图书馆；将 1950 年至 1985 年她在南洋各地拍摄的照片赠予了美国康奈尔大学，如今收藏在大学的克劳赫图书馆的善本及手稿部。

颐和园。北京，20 世纪三四十年代。

天坛。北京，20 世纪三四十年代。

东便门。北京，20 世纪三四十年代。

查普曼·斯潘塞:
英国使团在西藏的记录者

1936 年，英国外交使团成员查普曼·斯潘塞（Chapman F.S.）在西藏拉萨进行拍摄考察及外交活动。斯潘塞的影像为今天人们了解西藏，提供了具有积极意义的史料。

自辛亥革命以来，帝国主义多次阴谋侵略西藏，并挑拨西藏和祖国的关系。1933 年，第十三世达赖喇嘛在拉萨圆寂，国民党政府追封其为"护国弘化普慈圆觉大师"。英国政府十分担心国民政府和西藏进一步增进联系，威胁到他们经营多年的殖民事业，所以处心积虑地加以破坏。1936 年的英国外交使团就是在这个背景下产生的，使团成员共 7 人，是当时曾经访问过拉萨的最大的外交使团。

英国人查普曼·斯潘塞作为使团成员，于 1936 年 7 月至 1937 年 2 月在中国西藏，对西藏的寺院及僧侣制度、风俗习惯等方面进行了较为细致的观察描写，并采集了西藏的植物标本进行研究。同时，斯潘塞还记录了英国使团在西藏的活动过程及其与西藏政教上层的交往。

为了到达向往已久的西藏，斯潘塞等人做了充分的准备——整理行装，并细致地将其分类。斯潘塞在他的《圣城拉萨》（*lhasa the holy city*）中曾描述："我携带着照相器材以便到时使用，但照相器材，特别是笨重器材在搬运中遇到了不少麻烦。"[1] 斯潘塞感到："精心安排的这次远征总会令人产生一种无法抗拒的自由之感。这种感觉可能会萦绕在你的脑海中达数年之久。"[2]

1．[英]斯潘塞·查普曼：《圣城拉萨》，向红笳、凌小菲译，北京：中国藏学出版社，2004 年 9 月第 1 版，第 14 页。
2．[英]斯潘塞·查普曼：《圣城拉萨》，向红笳、凌小菲译，北京：中国藏学出版社，2004 年 9 月第 1 版，第 16 页。

甘丹寺屋顶上的法号。
拉萨，1936 年。

走在转经路上的牧民
奔向布达拉宫。拉萨，
1936 年。

身披古代盔甲的士兵
在翩翩起舞。拉萨，
1936 年。

身着新旧制服的藏族路易斯机枪班。西藏，1936年。

罗布林卡的马厩。拉萨，1936年。

　　1936年8月24日，英国人斯潘塞一行抵达圣城拉萨。在斯潘塞眼中，布达拉宫就是拉萨的象征，它屹立在一座山上，是一座"带有熠熠生辉顶阁的白色建筑"。斯潘塞曾叙述，布达拉宫恰到好处地将人们的目光和心灵都牵去了。在布达拉宫广场仰望这一大体量的建筑，各位达赖喇嘛的肉身就在这金亭之下的灵塔之中。斯潘塞还曾在他的游记里记载："拉萨的乞丐非常多，他们并不认为乞讨是不好的行为。其实，在西藏，布施者和乞讨者都是相信轮回的佛教徒。他们布施时想的是，今天我给你，明天就是你给我，所以双方都坦然。"

在拉萨，斯潘塞对当地的大昭寺、哲蚌寺等寺院及当地藏民的生活情况进行了细致考察，并有机会拍摄了一些照片。他不仅拍摄了僧人、官员、普通百姓等人物照片，还与队友为羚羊、野驴等动物拍照。斯潘塞形容："野驴的优雅动作几乎使我忘记了如何按快门。"[3]

在拉萨，英国外交使团对当地的摄政王及官员进行了礼节性的拜访。斯潘塞同样抓住机会，对这些场景进行了拍摄。根据斯潘塞的记录："8月27日，在抵达拉萨的两天之后，我们一行人庄严肃穆地骑马来到布达拉宫，对摄政王和司伦进行礼节性的拜访。"斯潘塞描述："礼节极为严格，安排精细。"在摄政王的宝座室，斯潘塞一行受到了接见。斯潘塞对摄政王的印象是："他是一个弱不禁风、身材矮小，看起来瘦弱憔悴的僧人，年约23岁。"[4]

在摄政王的夏宫罗布林卡，斯潘塞一行再次拜访了他。"摄政王并不反对我们为他拍照。当我想拍摄一些电影镜头时，我所要做的就是劝摄政王旁边那位身材魁梧的侍从挪开一点。他想的是如何保持他那威严的姿态，因而断然拒绝。"[5]事实上，罗布林卡在1904年时是拒绝外国使团人员进入的。后来，西藏人的态度有了很大改变，这就给斯潘塞的拍摄提供了方便的条件。

幸运的是，斯潘塞一行在拉萨正好赶上了1937年的藏历新年。虽然，斯潘塞一行于2月17日，即节日的后一半庆祝活动开始之前就要离开拉萨，但终究还是很幸运地参加了藏历新年的许多盛大活动，并有幸拍摄了一些人物和活动照片。

作为英国外交使团人员的查普曼·斯潘塞，他对西藏的看法和观点往往是站在殖民者的立场上，有着极大的局限性和倾向性。但他在1936年对西藏的考察活动和拍摄的影像，真实地反映了当时西藏社会各个层面的生存状况，为今天的人们了解这块神秘的土地提供了具有一定意义的史料。

---

3. ［英］斯潘塞·查普曼：《圣城拉萨》，向红笳、凌小菲译，北京：中国藏学出版社，2004年9月第1版，第41页。
4. ［英］斯潘塞·查普曼：《圣城拉萨》，向红笳、凌小菲译，北京：中国藏学出版社，2004年9月第1版，第98页。
5. ［英］斯潘塞·查普曼：《圣城拉萨》，向红笳、凌小菲译，北京：中国藏学出版社，2004年9月第1版，第100页。

莱瑟姆夫人：
法海禅寺壁画的发现者

　　1937 年，英国《伦敦新闻画报》的摄影记者莱瑟姆夫人在北平（北京）西山的法海禅寺看到了法海禅寺壁画，并拍摄了照片。她是较早看到法海禅寺壁画的外国人，也是首位拍摄法海禅寺壁画原貌的外国人。

　　莱瑟姆夫人，英国《伦敦新闻画报》摄影记者，1937 年在北平（北京）西山的法海禅寺发现了殿内精美绝伦的壁画，并将其拍摄下来，为我们留下了法海禅寺壁画原貌的影像资料。

　　法海禅寺位于北京西郊翠微山南麓，原名龙泉寺，是明英宗的近侍太监李童"为报皇恩"于明正统四年至八年（1439—1443）修建的。整座寺庙使用宫廷工部修缮所的能工巧匠，大兴土木，耗费无数金银，历时 5 年才得以修成。法海禅寺取意"佛法无边，宛若大海"之意，殿内绘有 10 幅壁画。这些明代壁画已经静静地存在了 700 余年。据有关专家评价，法海禅寺壁画与甘肃敦煌壁画、山西永乐宫壁画并称中国三大古壁画，并可与欧洲文艺复兴时期的壁画相媲美。10 幅壁画共绘有 77 个人物，姿态各异、栩栩如生。笔者于 2010 年前后曾探访过该寺，看到壁画虽是 700 余年前的作品，至今仍保持着鲜艳的色彩，堪称佛教艺术的瑰宝。

　　莱瑟姆夫人游览法海禅寺时，寺庙的建筑和装饰均是建造之初的模样："从那时起就再也没人动过它们。幸亏人们没有在墙上涂那些毁掉了世上那么多壁画的有害清漆，因而除了一些并不影响构图的裂缝和第二个门楼内的潮湿之处外，这里的壁画并不需要修缮和保护。"[1]

---

1. 沈弘：《晚清映像——西方人眼中的近代中国》，北京：中国社会科学出版社，2005 年 6 月第 1 版，第 175 页。

当莱瑟姆夫人进入法海禅寺，虽然光线微弱，但一幕幕海天佛国的景物仍然显现在她面前：十方佛众、菩萨诸天、飞天侍女、祥云山水、动物花卉各具其妙；工笔重彩、沥粉堆金的画法也使法海禅寺壁画的精细程度令人叹为观止。而且这些壁画的内容虽然异常丰富，但又总是能服从于绘画的内在节奏。

莱瑟姆夫人认为，这些壁画是她从未见过的，具有任何其他绘画所没有的迷人的风格，堪称世界上最伟大的绘画作品之一。在兴奋之余，莱瑟姆夫人将一幅幅美妙的壁画收入镜头。"在拍照之前，我先用一个羽毛掸子掸去了墙上的尘土。毫无疑问，假如能用海绵把潮湿的墙壁吸干的话，壁画上的一些细节将会拍得更加清楚……但愿这些壁画至少还能完好地存在，以便可以跟卢克索、佛罗伦萨和阿旃陀的同类壁画相媲美。"[2]

在莱瑟姆夫人当年拍摄的照片中我们发现，其中最美妙、最精湛的是一幅《水月观音》。这幅水月观音是观世音菩萨的三十三身之一，也是画在正殿佛像背后的三幅菩萨壁画之一。该画笔触如行云流水，画工细腻。观音面容生动传神，给人以清新明静之感。法海禅寺中有关四大天王的壁画，整体给人的感觉是威武雄壮，天王双目炯炯，神色飞扬，具有王者风范。大梵天及其三仕女壁画，构图优美，线条流畅。天神形象各不相同，具有不同身份、性格，但在同一行进活动中又有统一的布局。由于殿内光线极暗，所以在莱瑟姆夫人发现这几幅壁画之前，它还鲜为人知。

作为 15 世纪的中国壁画，法海禅寺壁画中人物的形象具有鲜明的时代特征，而整体构图又凝聚着唐、宋以来传统的风格，是明代壁画的最高典范，尤其是那优美的线条及细致的绘画技巧。画面上的人物神态优雅、端庄，衣着华丽、高贵。法海禅寺壁画材质之珍贵、制作

2. 沈弘：《晚清映像——西方人眼中的近代中国》，北京：中国社会科学出版社，2005 年 6 月第 1 版，第 175—176 页。

水月观音。北京，1937 年。

之精美，都充分体现了皇家官造的气派；而画士技艺的专精，也创造
出美术史上这一杰出的成就。从莱瑟姆夫人当年拍摄的照片上，我们
感受到这些壁画带给人的宁静、空灵之美感。这虽和当时的社会状况
似乎有些不太协调，但却表达了人们向往福祉的美好愿望。

《帝释梵天图》的一部分。北京，1937 年。

释迦佛的护法天神大梵天
及其三位仕女。北京，
1937 年。

罗伯特·卡帕：
揭露战争罪恶的战地记者

伟大的战争摄影家罗伯特·卡帕（Robert Capa）曾在抗战期间来到中国采访拍摄，他在中国拍摄的影像揭露了战争的罪恶。

"如果你的照片拍得不够好，那是因为你离得不够近"，这是被誉为世界上最伟大的战争摄影家罗伯特·卡帕的一句名言。他的摄影生涯就如同赌徒一样用生命作为赌注，来换取相机里一格格底片。他目睹并采访了西班牙内战、北非战争、中国抗日战争，以及诺曼底登陆、意大利战役、解放巴黎等众多战役，他的名字几乎成了战地记者的代名词。

罗伯特·卡帕，美国摄影家，1913 年出生于匈牙利的布达佩斯（Budapest）。罗伯特·卡帕原名安德烈·弗里德曼（Andre Friedmann），是一个犹太人的儿子。罗伯特·卡帕于 1930 年开始自学摄影，1931 年至 1933 年在柏林大学攻读政治，1932 年至 1933 年在一家出版社任摄影助理。安德烈·弗里德曼在 1933 年到达巴黎，改名为罗伯特·卡帕。在巴黎，他结识了卡蒂埃·布列松（Cartier Bresson）和戴维·西蒙（David Simon）。1936 年，他采访了西班牙内战；1939 年，移居美国；1941 年至 1946 年于第二次世界大战期间，应聘为美国《生活》杂志战地摄影记者，随美军到欧洲采访；1947 年，获得美国政府颁发的自由奖章，并加入美国国籍；同年，他与布列松、西蒙、罗杰等共同创办马格南图片社，任总经理直至 1954 年。

1954 年，当罗伯特·卡帕代替别的记者为《生活》杂志到越南采访时，不慎踩中地雷，被炸身亡，年仅 40 岁。1955 年，《生活》杂志和美国海外记者俱乐部共同建立了"罗伯特·卡帕金质奖"，每年

国民党在郑州试图用黄河的决堤来阻止日军，结果使贫民遭受巨大损失。河南，1938 年。

战争时期汉口抢米的居民。1938 年。

颁奖给最优秀的青年摄影记者。

　　卡帕去世后，他的作品曾多次在美国、德国和匈牙利展出。罗伯特·卡帕以对战争的摄影采访闻名于世。1936 年，西班牙内战爆发，卡帕加入了前线的阿尔科依民兵小组。9 月 5 日，卡帕奇迹般地拍摄到了整个西班牙内战中最著名的一张照片《西班牙战士之死》。该照片将战士费德里柯·波莱尔（Federico Borel）在西班牙木里亚诺山丘（Cerro Muriano）前线跃出战壕冲锋的瞬间，被子弹击中头部的一刹那定格在镜头里。这张照片使卡帕一举成名。1944 年 6 月 6 日凌晨，卡帕又参加了盟军对诺曼底登陆战的采访，拍摄了盟军诺曼底登陆的情景。虽然照片画面模糊不清，但它却是独一无二的，是无法代替的，当人们要看到当年诺曼底登陆战的场景时，只有卡帕的镜头里留下几个虚动的士兵身影。他和登陆的盟军一样冒着枪林弹雨冲上海滩，再背对疯狂抵抗的德军拍下这张照片。我们相信这是真实的，这张照片定会成为不朽的历史见证。

在卡帕的摄影生涯中，特别引起我们关注的是，1938年卡帕曾到中国采访抗战初期的情况。在台儿庄，卡帕拍摄了中国士兵夺回这一村庄后的情景。这次胜利使台儿庄成为中国著名的村庄。同时，卡帕拍摄的中国士兵的肖像也成为当年《生活》杂志的封面人物，让美国及世界了解了中国抗战的决心，赢得了民众的广泛支持。7月，卡帕前往黄河花园口，拍摄了黄河决堤时的照片。这次黄河决堤，是国民党为了阻止日军进攻而制造的。大堤决口造成中国数百万农民无家可归、流离失所，但日军的进程仅仅停顿了两个星期。从卡帕拍摄的照片上我们看到，穷苦百姓在水中苦苦挣扎，拼命向陆地上靠近。大量的难民沿途乞讨，家园被毁，无以为生。

在汉口，日本军队制造了大轰炸，而且使众多贫民受到伤害。卡帕目击了这座城市遭受重创时的情景，亲历了中国重要城市被炸毁的惨状，看到贫民窟火焰万丈，到处浓烟滚滚。卡帕在烈日下四处奔走，拍摄被烈火包围、满目疮痍的城市，也用镜头记录下了百姓在家园变成一片瓦砾后，无望地守护家中杂物时的痛苦。1938年7月4日，蒋介石在汉口召开最高军事委员会会议，卡帕与伊文思（Evans）等外国记者被获准参加。卡帕因此有机会拍摄了蒋介石的照片，并将这一画面呈现给全世界。此外，卡帕还在中国拍摄了大量揭露日本侵华罪行的新闻照片，并将它们公布于世。

卡帕是一座丰碑。这位出生入死的战地记者，将他的经典摄影作品永远烙在了人们心中。他拍摄的每一张照片都是揭露战争罪恶最好的佐证，是视觉上的一份证词，是对人类愚蠢行为的真实反映。

为避免日军轰炸，汉口出入的火车罩上了一面巨大的德国纳粹旗帜。1938 年。

一位准备上战场的国民党士兵，他的德式头盔显示了中国军队在 20 世纪 30 年代受到德国的影响。武汉，1938 年。

台儿庄战役中的中国士兵。1938 年 4 月 7 日。

罗曼·卡尔曼：
记录战时中国的纪录片制作人

苏联杰出的时事纪录片制作人罗曼·卡尔曼（Roman Karmen）曾在抗日战争时期来华拍摄，还曾在延安采访过毛泽东。

罗曼·卡尔曼，苏联杰出时事纪录片制作人，1906 年 11 月 26 日出生于乌克兰南部城市敖德萨（Odessa）一个犹太知识分子家庭。他的父亲拉扎尔·卡尔勒曼（Lazar Kaerleman）是一名作家，笔名拉扎尔·卡尔曼（Lazar Calman），由于同情布尔什维克，被白军关进监狱了，1920 年死于狱中。

1931 年，罗曼·卡尔曼毕业于苏联国立电影学院摄影系。1936 年，西班牙内战爆发，罗曼·卡尔曼以《消息报》（Известия）联络员的身份进入西班牙拍摄内战，在枪林弹雨中工作了两年，拍摄了 20 辑新闻片《西班牙事件》（Испанское событие），使世界人民看到西班牙人民反法西斯的真实情况。

从 1938 年 8 月到 1939 年 9 月间，卡尔曼再次以《消息报》记者身份投身到中国的抗战前线。"卢沟桥事变"爆发后，苏联是第一个给中国政府提供军事及经济援助的国家，不仅运来不少武器，同时也派遣了军事顾问、技术人员和新闻记者。2016 年，中国首批战地女记者张郁廉的亲属，向中国国家博物馆捐赠了一批当年张郁廉陪同卡尔曼亲临前线的原版照片。根据张郁廉的记录，当年作为在汉口的苏联塔斯社职员，她曾担任罗曼·卡尔曼的翻译，陪同卡尔曼亲临前线采访。据张郁廉回忆：1938 年七八月间，她奉调四川重庆塔斯社工作，"就在这个时候，另一批苏联塔斯社记者和《消息报》摄影记者卡尔曼来到重庆。社长罗果夫又派我随同，取道武汉，赴湘鄂（湖南、湖北）

的战地采访，我毅然答应前往。"[1] 在张郁廉眼中，卡尔曼"气质高雅，文采超群，是谦谦君子。他不但拍照，也撰写新闻和文学作品"[2]。他们从重庆出发飞抵汉口，沿途经过了丰都、万县、巴东、宜昌等地，再由汉口乘车奔赴湘鄂前线。他们奔走于湖南的长沙、衡阳，以及湖北、广西，终于在 1938 年末回到重庆。采访中，卡尔曼手持摄像机出现在前线的各个角落，拍摄了日寇的疯狂轰炸，也拍下了中国士兵英勇抗敌的情景。

　　1939 年 5 月，卡尔曼在张郁廉的陪同下到达延安采访。据张郁廉的文字记录：卡尔曼一行被安排在一孔面积不大的窑洞，有数间卧室和客厅，墙壁是石灰粉刷过的。抗日军政大学副校长罗瑞卿接见了卡尔曼与张郁廉一行。他们在延安停留了三四日，期间，卡尔曼拍下了不少珍贵的影片素材，并受到毛泽东的亲自接见。据卡尔曼发表于 1939 年 8 月 28 日《新华日报》上的《毛泽东会见记》一文中所提到的可知：虽然他到延安的初期还没能见到毛主席，但是在他参观过的所有地方，在大学、在学校、在儿童保育院，在每一个场所，都能感觉到这个天才组织者的精神。卡尔曼和毛泽东在简陋的窑洞中深入交谈，毛泽东向卡尔曼全面、精辟地分析了中国抗日战争的形势和前途。在离开延安前的一天，卡尔曼特意到杨家岭拍摄了毛泽东一天的活动情况。他不仅记录了毛泽东看文件、写文章等工作情形及工作之余的散步、休息情形，还拍摄了毛泽东在抗大讲演的情形。这些珍贵的电影文献资料，其中很多场景至今仍被广为流传。在延安短短的时间里，卡尔曼拍摄了延安的方方面面。他十分珍视他在中国拍摄的纪录片，希望有朝一日，胜利了的中国人民会在将来的国家档案中找出这些影片来。

　　卡尔曼在中国行走 10 余省，谈及在中国的经历时他认为，这是他

---

1. 张郁廉：《白云飞渡——中国首位战地女记者张郁廉传奇》，广州：广东人民出版社，2015 年 10 月第 1 版，第 78 页。
2. 张郁廉：《白云飞渡——中国首位战地女记者张郁廉传奇》，广州：广东人民出版社，2015 年 10 月第 1 版，第 80 页。

中国八路军。1938—1939 年。

近几年的采访拍摄中最艰巨、最复杂的一次。战火烧遍他不熟悉的国家的广袤土地，拍摄同时也得研究这个国家，学习艰难拗口的语言。但这些没有难倒卡尔曼。他精力旺盛、观察敏锐，日夜不停地拍摄与写作，回国后出版了一本电影记者笔记——《在中国》（*in China*）。他在中国共拍摄了 1 万多米的影片资料。回国后剪辑成《战斗中的中国》（*Fighting in China*）一片。可惜这部影片只放映了一次，因为 5 天后法西斯德国入侵，苏联人民开始了伟大的卫国战争。一切转入战争状态，卡尔曼立即奔赴保卫祖国的前线。

新中国成立后，年近半百的卡尔曼与荷兰纪录片摄影大师伊文思又来到中国，他感受到了新中国清新的空气，看到了获得解放的中国人民，他也一定会想起他 32 岁时在中国抗日战场上的峥嵘岁月。

1978 年，罗曼·卡尔曼去世。到今天，他离开这个世界已近 40 年。罗曼·卡尔曼被安葬在莫斯科新圣母公墓第九区，他的石头墓碑用一座形状不规整的石头打造，摆在高出地面的一块长方形大理石底座上；石头上镶嵌着凸起的铜字"罗曼·卡尔曼"和"1906—1978"；在姓名的左方刻有浅浅的影片画格，使人一眼便可知这里安葬的是一位电影人。

苏联摄影记者卡尔曼与张郁廉（右）在湖北。1938 年11 月，佚名摄。

延安抗日军政大学副校长罗瑞卿（左三）接待卡尔曼（左二）一行。延安，1939 年5 月，佚名摄。

苏联《消息报》记者卡尔曼（右站立者）由前线返回重庆，图为举行记者招待会的场景，左站立者为翻译张郁廉。1939 年，佚名摄。

卡尔·迈当斯：
战时重庆的记录者

1940 年夏天，美国《生活》杂志摄影师卡尔·迈当斯（Carl Mydans）来到中国重庆，为抗战时期的陪都拍摄了大量照片。2009 年，中国国家博物馆征集到一批卡尔·迈当斯于 1940—1941 年在中国拍摄的影像。这批照片内容涵盖较广，大致包括国民党政界要员、日军空袭重庆场景、重庆市井百态几个部分。

卡尔·迈当斯，美国摄影师，1907 年出生。卡尔·迈当斯大学时即开始摄影创作，毕业后进入报社工作。1935 年，参与美国农业安全局的纪实摄影计划，赴美国南部记录棉花生产及民众生活情况，拍摄的作品曾产生一定反响。1936 年，美国《生活》杂志雇用他为摄影师，卡尔·迈当斯随即成为该社最早的一批摄影记者。1940 年夏，他与妻子——同为《生活》杂志记者的谢莉·迈当斯（Shelley Mydans）及其他美国记者一起开始亚洲之行，第一站便是中国重庆。

当时，中国的全面抗日战争已进行了 3 年。作为当时重庆这座陪都整日被大雾笼罩，充满了遭受日机轰炸的避难者。城市拥挤，街道上到处都是衣衫褴褛的苦力和饥饿的中国人。刚到重庆时，卡尔·迈当斯和妻子的工作条件非常简陋：一间灰暗的小屋，地上是褐色的泥土，顶上是一个已经变色的茅草棚，还有一扇没有玻璃的窗户。房间内只有一张小桌子、一张床和一把椅子，十分简陋。卡尔·迈当斯在日记中曾记录下了第一天到达重庆时的所见所闻。他形容重庆是这样一座城市：大雾笼罩着黑色的砂岩土地，长江和嘉陵江交汇处耸立着不同形状的小山……许多人只能在山中挖些大大小小的地道，以便人们在山里蜂窝状的地道进进出出。

在重庆，卡尔·迈当斯为抗战时期的陪都拍摄了大量照片。在用镜头记录下许多重大场景、国民政府要员的同时，卡尔还拍摄了大量反映中国人战时生活场景和人物肖像的照片。这些照片流传至今，非常珍贵。2009 年，中国国家博物馆征集到一批卡尔·迈当斯于 1940—1941 年在中国拍摄的照片，其中大部分是 1941 年在重庆拍摄的。这批照片内容涵盖较广，大致包括国民党政界要员、日军空袭重庆场景、重庆市井百态几个部分。

在卡尔·迈当斯拍摄的国民党政界要员中，有身着军装的蒋介石，有面带微笑的蒋夫人宋美龄，当然，还有孙科博士的脸部特写照。孙科，孙中山之子，其母是孙中山的原配夫人卢慕贞，曾任考试、行政、立法院院长等职。

卡尔·迈当斯镜头中的教育部长陈立夫正值不惑之年，两鬓斑白，带着浅浅的微笑，神情有些许忧郁。他曾这样评价自己的功过："我献身党国数十年，于党政工作，多所参与，成败得失，有待公论，唯有战时这一段教育行政工作，虽然未必能达到理想，总算对于国家，竭尽绵薄。"

蒋夫人宋美龄为美国总统罗斯福内阁高级幕僚劳奇林·伯纳德·居里（Lauchlin Bernard Currie）茶里加一片柠檬的照片，颇有生活情趣。作为抗战时期首位访华的美国总统特使，劳奇林·伯纳德·居里受到了国民政府的热情款待。卡尔还拍摄了蒋介石与宋美龄一起用午餐的照片，虽然蒋介石习惯吃中餐，宋美龄偏爱西餐，但经过多年的磨合相处，两人的饮食习惯渐趋一致。

此外，在办公桌前书写的冯玉祥将军、正在品酒的国民政府考试院院长戴季陶、面带微笑的李宗仁将军、国民党桂系首领白崇禧，以及反映"新生活运动"的国民党政要一起在长桌素席上简朴用餐的场景，均被摄入卡尔·迈当斯的镜头。

特别是卡尔·迈当斯于 1941 年 2 月拍摄了周恩来在重庆寓所办公桌前书写诗句的照片。画面上的周恩来神情悲愤，面色沉重而憔悴，桌面铺着白纸，书写的"千古奇冤"字样清晰可辨。

防空洞中的市民。重庆，
1941 年。

弥漫着烟尘、到处可见断壁残垣的重庆城。1941 年。

抗日战争时期，日本飞机对重庆频繁轰炸。曾有资料记载，从1938年10月日机首次袭击重庆到1943年8月止，日机共轰炸重庆达200余次，万余市民被炸死，炸毁房屋近2万栋。

为应对日机的狂轰滥炸，重庆开展了积极的反空袭斗争，先后挖掘了1000余个防空洞，使战时陪都重庆拥有了全世界最先进的防空系统。大多数的防空洞都是山洞型，在城市陡峭的岩石山丘内挖隧道，有时用松树梁做出窄窄的长椅放在洞穴两边。虽然洞中很潮湿，空气不流通，并且拥挤黑暗，却十分安全。卡尔·迈当斯认为，防空洞是纯粹由中国建立的系统。重庆人对警报和防空洞十分信任，每次飞机来袭时，从未有过避难所塌陷或警报未响的情况。

卡尔·迈当斯拍摄的关于重庆大轰炸的众多照片上显示出，在一次日机大规模空袭时，因恐慌造成几千人伤亡。这些人或被踩踏，或在试图逃往掩体的途中死亡，石阶上堆满血淋淋的尸体。空袭后，工人们正在喊着号子抬大梁，清理被轰炸后的废墟。在秘密的防空洞里，中国的军方人员从防空总部打电话指挥着各个防空洞。另外，防空洞里还放置着印刷机。在公共防空洞中，市民有序地站在里面，他们的面部表情都很淡定，同时又很无奈。此外，卡尔·迈当斯还拍摄了德国官员站在德国大使馆外，一巨幅"卍"字旗在庭院中摊开以警示日机不许轰炸城内的这方土地。

战争年代虽然血腥恐怖，但重庆老百姓仍把生活打理得井井有条。大部分重庆人勤劳顽强地生存着，哪怕是生活在最底层的人。虽然他们的日子过得很苦、很累，但他们很平和。在他们的脸上看到的不仅是苦难，也有热情、坚强和乐观。比如，卡尔·迈当斯拍摄的《背婴儿的小男孩》，照片上的男孩笑的是那样自信、乐观，很难让人相信他们生活在每天都会有生命危险的战争中。还有一张照片，表现的是一名正在为顾客挖耳的中国挖耳匠。这位挖耳师傅左手扒着客人的耳朵，右手捏着几把小工具，仔细地为其除耳垢。卡尔·迈当斯看到，这位挖耳匠用十余种不同的工具掏、挖、刮、搔等，尽一切可能使顾客进入难以言喻的舒服境界。另外，肩挑扁担的苦力、手撑遮阳伞的妇女、重庆市的商业街、废墟前的小贩、卖糖果点心和日用杂货的商店等场景，都一一被卡尔·迈当斯定格在镜头中。

除此之外，卡尔·迈当斯还拍摄有一组以成都龙泉驿为背景的照片。他所拍摄的内容极富生活情趣，使得我们依然可以清晰地看见当年四川农村人们的真实生活。

1945 年，卡尔·迈当斯拍摄了日军在密苏里军舰上的投降签字仪式。2004 年 8 月，97 岁高龄的卡尔·迈当斯因心脏病在美国纽约去世。

抗战时期，美国摄影师卡尔·迈当斯正是在重庆人民的帮助下，用珍贵的镜头记录了重庆的抗战历史。他拍摄的有关重庆遭受日机大轰炸内容的纪实照片和渝中地区民居生活的惨况触目惊心，至今令人难忘。这些图片使我们对战时陪都百姓的生活状态有了一定的了解，同时，对日本侵略中国时对中国人民犯下的不可饶恕的罪行也有了更深刻的认识。

大轰炸后的人们在清理尸体。重庆，1941 年。

背婴儿的小男孩。重庆，1941 年。

挖耳匠。重庆，1941 年。

玛格丽特·伯克－怀特:
在重庆的战地女记者

作为第一位美国战地女记者，玛格丽特·伯克－怀特（Margaret Bourke-White）在中国抗战时期的重庆拍摄了大量的新闻与人物照片，这些照片为纪实摄影添上了亮丽的一笔。

玛格丽特·伯克－怀特，美国《生活》杂志的女摄影记者，生于1904年6月，是第一位美国战地女记者。

玛格丽特·伯克－怀特在第二次世界大战中曾被委任为美国空军官方摄影师。她几经出生入死，拍摄了印度和巴基斯坦两国间的教徒大迁移，拍摄了圣雄甘地，并且在甘地被刺之前曾采访过他几个小时。此外，她还经历过著名的莫斯科保卫战。

在中国抗战时期的重庆，她拍摄了大量的新闻与人物照片，如1941年孔祥熙博士的夫人宋蔼龄与孙中山先生的遗孀宋庆龄姐妹合影的照片。这是在日本轰炸珍珠港的第二天，宋子文给宋美龄拍电报，请宋美龄赶快派飞机到香港接宋庆龄和宋蔼龄到重庆。这也使得宋氏三姐妹有机会在重庆相聚。"二战"时的中国孤儿的照片，表现的是孤儿们一边唱着《轰炸机》中的一段歌曲，一边模仿空袭时他们应该如何进行防范的动作。

玛格丽特·伯克－怀特是一位杰出的新闻摄影师。她拍的照片由美国空军和《生活》杂志共同使用，具有很高的社会学价值，为纪实摄影添上了亮丽的一笔。

"二战"时的中国孤儿一边唱《轰炸机》中的一段歌曲，一边指着
天空想象空中的轰炸机。重庆，1941年。

"二战"时的中国孤儿一边唱着《轰炸机》中的一段歌曲，一边蹲
下为预防空袭做准备。重庆，1941年。

克林顿·米勒特：
70多年前昆明彩色影像的拍摄者

70年前，美国医学博士克林顿·米勒特（Clinton Millett）作为援华美军来到中国，他用世界上第一代柯达彩色反转片拍摄了200余张昆明的照片，将美丽昆明的风土民情呈现给世人。

70年前，在中国人民浴血奋战抗击日本侵略者的岁月里，一名美国军医来到了中国昆明，目睹了那段历史，并用镜头记录了中国西南地区这座美丽、纯朴的城市。

克林顿·米勒特，医学博士，1910年出生于美国。1945年，作为抗日战争时期援华美军中的一员，米勒特曾在中国昆明担任美国陆军第172医院的副院长。当时正值中国人民浴血奋战最关键的时刻，成千上万的援华美军来到中国，在云南和缅甸的战场上与中国军队并肩作战，克林顿·米勒特就是在这样的社会背景下来到中国支援抗战的。

当时，美国陆军第172医院的人员编制大致如下：士兵约500人，其中含85名护士，5名红十字会工作人员，36名军官，领导班子由8人组成，床位约有1000张。1945年4月，医院由利多公路，也就是著名的史迪威公路边移师到昆明西山脚下的卢汉公馆，并以卢汉公馆作为基地，开展了大量的医疗救助工作。1945年9月，抗日战争胜利后，医院迁往上海。10月，克林顿·米勒特接到命令回到了美国。返乡后，米勒特终于圆了他的梦想，在他的家乡建设了自己的新家和农场，并在内布拉斯加州的奥马哈（Omaha）开设了一家私人医院。1964年，米勒特死于心脏病，终年54岁。

在昆明期间，克林顿·米勒特博士用世界上第一代柯达彩色反转片拍摄了大量珍贵的，反映昆明风土民情的照片。照片将70年前昆明这座美丽城市的色彩，真实地呈现在人们面前。在米勒特博士眼中，昆明是美丽的。他认为，昆明是他所见过的最漂亮的地方——群山环抱，湖边的落日余晖蔚为壮观，成百上千的小渔船张开白帆在湖中游戈，真是风景如画；城里有漂亮的建筑，有石头铺就的街道，有土房、小商店，每一条街上都挤满了人，时不时还会碰到送葬的队伍。抗战期间，许多美国人在昆明及中国其他省份拍摄了大量照片，但这些照片大都是表现战争和他们自己的生活的，而克林顿·米勒特博士却把镜头专门对准昆明的普通百姓。在他的镜头里，各行各业的人物都有体现。从米勒特拍摄的照片中我们看到，他通过不同百姓的形象准确地将抗战时期中国人任劳任怨的性格和不屈不挠的精神表现了出来。他镜头里的人物，虽然处在战争年代，但丝毫没有显示对战争的恐惧，乐观、忙碌而安详的表情，体现出战时生活在大后方的昆明人的整体形象。

在米勒特拍摄的照片中，狭窄破旧的街道、饱经沧桑的城门、金碧辉煌的牌坊、鳞次栉比的店铺、五百里的高原明珠滇池、红白喜事的行进队伍、黄包车、小帆船等等，所有这些景象，都通过他的镜头保留了下来。

2004年，克林顿·米勒特的儿子葛瑞格·米勒特（Greg Millett）将他父亲拍摄的照片带回了昆明，并在昆明举办了"华夏·1944·彩色昆明"展览。当年的景象，在如今老昆明人的记忆中还是那样的亲切和熟悉。他拍摄的照片不仅使我们看到20世纪40年代彩色的昆明，而且将老昆明人的记忆重新拉回到从前，并寻找到自己过去的家园，甚至是亲人。

70年前，米勒特博士曾拍摄了这样一张照片：一位留有白胡须的老人，目光安详、善良，略带一丝忧伤，饱经风霜的脸显露出一种含蓄而坚韧的神情。当这张照片重新回到昆明后，现年80余岁高龄的吴桂珍老太太一眼便认出照片上的老人竟然是自己的父亲吴雁山。当年，吴老先生经营着一家中药铺，克林顿·米勒特经常来买

昆明街市上的赶集大队。云南，1945 年。

卢汉公馆美军陆军第 172 医院。云南，1945 年。

中药，两人私交甚好。1945年克林顿回国前，专门为他拍摄了这张照片，并带回了美国。5年后，61岁的吴老先生过世，这张照片成了他留在世上唯一的影像，吴桂珍老人做梦都没想到她会以这种方式再次见到自己的父亲。而永芳园烤鸭店、文明新街的东方书店等一些店铺的后人，都从米勒特博士当年拍摄的照片中寻找到了他们过去的家园。

在米勒特拍摄的照片中，有很多反映昆明市井生活的场景。关注百姓生活，对中国人民深切的同情及对中国百姓生存状态的好奇，使他将镜头始终对准普通百姓。反映滇池边上船家的照片，将祖祖辈辈生活在船上的船夫一家的生活情景呈现在我们面前。尽管生活艰难，船棚上的一盆花却将主人热爱生活的乐观态度表现了出来。昆明的街市，每天熙熙攘攘，街道两边店铺林立，各色人物穿行其间，一片繁华热闹的景象。抗战期间，昆明作为大后方，世界各主要国家都在昆明设立了领事馆，外国洋行、公司、商店、酒吧等比比皆是。而昆明的普通百姓仍然延续着传统的、悠闲的、安静的生活方式，拿着茶壶，抽着烟袋，在小吃摊前满足地享用美味。这些情景在米勒特的镜头里都得到了体现。

昆明有一条著名的花街，这里四季常春，鲜花不断。外来人口的增加，特别是欧美人的增多，给春城昆明的鲜花市场带来更多的生机。通过克林顿·米勒特拍摄的照片，我们感受到昔日花街的繁荣。而对于滇池，米勒特更是情有独钟。他在给家人的信中这样描述滇池："游滇池真是人生一大乐事，正如我以前告诉过你的。我们在群山环抱之中，日落时这里真是色彩斑斓——什么颜色都有，可以说是我所见过的最美的景色。"滇池是昆明的守护神，是圣地。当年，米勒特博士登上西山龙门，俯瞰滇池，并将这一美景收入镜头。从照片中，我们看到的是五百里滇池奔来眼底，四周绿油油的稻田围绕着一池碧水，如万顷晴沙；蔚蓝的天空一望无际，水天一色，滇池似一颗高原明珠镶嵌在中国的西南边疆。

今天，当我们面对克林顿·米勒特拍摄的照片，除了感叹 70 年前的彩色昆明是如此之美外，更多感受到的则是这位美国人用他手中的相机，将处于战火中的中国最普通民众的坚韧、乐观、豁达、向上的生活态度记录了下来。2005 年，在克林顿·米勒特博士的家人及昆明的金飞豹先生和各界人士的大力支持下，200 余张用世界上第一代柯达彩色反转片拍摄的，反映老昆明风土民情的珍贵原版反转片入藏中国国家博物馆，这是当时中国发现的第一批数量众多的彩色反转片。

卖豌豆粉的农民和他的孩子们。云南，1945 年。

卖豌豆粉的小摊。云南，1945 年。

滇池边悠然的船家。云南，1945年。

洗衣服的村民。云南，1945年。

老中医吴雁山。云南，1945 年。

俯瞰滇池。云南，1945 年。

保罗·伯彻:
1945 年美丽昆明的记录者

美国记者保罗·伯彻（Paul Bochel）也是一位用第一批柯达彩色反转片拍摄了 70 年前美丽昆明的摄影师，他的照片令今天的人得到了美的享受。

保罗·伯彻，1915 年 6 月 2 日生于美国密歇根州，曾在印第安纳州的福特威那读中学，后在俄亥俄州的商学院学习。毕业后，22 岁的他来到底特律（Detroit），进入克莱斯勒公司工作，任《克莱斯勒汽车新闻》（Chrysler Motor News）的助理编辑。这是一份内部刊物，面向公司的 8 万名员工发行。

当时，克莱斯勒是美国三大汽车制造商之一，在美国卷入第二次世界大战之前，克莱斯勒接到了国防部的订单，为美国陆军生产坦克。随着时间的推移，尤其是珍珠港事件之后，克莱斯勒的坦克产量逐渐增加到了每 3 个月生产 2000 辆的规模。1942 年至 1945 年间，克莱斯勒公司停止了传统的汽车制造，全力投入军工生产。从此，自欧洲到太平洋，包括中印战场，克莱斯勒致力于成为中国军用卡车的主要供货商。在滇缅公路上，克莱斯勒生产的道奇 T234 型卡车随处可见。

由于调动了所有资源为战争服务，克莱斯勒又创办了另一份刊物《战争工作》（War Work），以此来全面报道该公司在各个战场的动态。保罗·伯彻的工作也从《克莱斯勒汽车新闻》转移到了它的姊妹刊物《战争工作》上。他既要编辑从前线发回来的消息，又要报道底特律本地的公司新闻，包括新建的坦克分厂的新闻。保罗工作时经常需要采访公司的一些员工。在采访中，保罗认识了莉莲·富尔（Lillian

庆丰街的集市。昆明，1945 年。

乡村景色。昆明，1945 年。

威远街口天开云瑞坊。昆明，1945 年。

从山里归来的中国士兵。昆明，1945 年。

Faure）——一位小提琴师。1945 年 4 月 21 日，他们结婚。

新婚才刚刚两个月，保罗就被克莱斯勒公司派往中国，报道关于道奇卡车的新闻，同时也兼做一些技术员的工作。保罗惜别新婚的妻子，途经加尔各答来到了中国的昆明。他被安排在昆明的海外卡车维修部门，该部门负责为运送战争物资的数千辆卡车服务。作为一名记者，保罗的工作除了继续从昆明前线给《战争工作》发回报道外，还包括为运抵昆明的物资登记造册。1945 年 12 月 21 日，保罗返回底特律。在家度过了几个星期的圣诞节假期后，他又重返昆明，并在那里工作了 4 个月。

保罗返回美国后，他从底特律搬回老家冷水镇附近，住在母亲家族的田庄里，和莉莲共同养育着 6 个孩子。1975 年 8 月 12 日，60 岁的保罗·伯彻因冠心病去世。他的夫人莉莲活到了 84 岁，直到 2003 年 11 月 9 日才离开人世。

在中国期间，由于酷爱摄影，保罗用他的 Argus C3 型相机和柯达彩色反转片，拍摄了大量反映昆明百姓生活和乡间风光的照片，并在 1945 年回家过圣诞节时，把这些胶片拿到了克莱斯勒公司的冲印室冲印。

作为"二战"时期热门刊物《战争工作》的记者，保罗·伯彻以其特有的职业眼光真实地反映出当时昆明的城市建筑、乡村景色及军事设施等场景，并注重画面的完整性。他拍摄的照片构图完美，色彩鲜艳。昆明的乡间美景，是保罗拍摄的重要主题。从他的镜头里我们可以看到，绿油油的田地一马平川，红色的乡间小路蜿蜒伸向村庄，青山环抱的村庄绿树丛生，湛蓝的天空飘着浓密的白云；村边的小河里，一群脸上写满了天真的儿童在戏水，阳光洒在他们光鲜的皮肤上，使人充满愉悦和快乐。《驮满货物去赶集》是保罗最喜欢的一张照片，一对骡马驮着货物在乡间土路上悠闲地行进，边上跟随的农夫头戴斗笠，在微微浮起的尘埃中，一抹斜阳照射其间，给人以安详静谧的感觉。

作为一名美国记者，中国士兵的整体风貌也是他要表现的重要方面。因此，在他拍摄的照片中，有大量反映中国军队形象的影像，这些影像将处于大后方昆明的中国军人积极、乐观的精神风貌表现了出来。

中国西南地区的民风民俗同样是保罗·伯彻关注的主题。他拍摄的《庆丰街的集市》，色彩搭配非常讲究——黄色的街道、蓝色的天空，画面中央是身穿蓝色和黄色服装的赶集百姓，纯朴、平和、毫不张扬的神情挂在他们脸上。而《拓东路上的状元楼》中的状元楼，其青灰色的瓦顶，金碧辉煌的外观给人以古朴的美感。

如今，在日新月异发展中的昆明城里，老昆明特有的建筑已是凤毛麟角，而这批极富真实性与严肃性的彩色照片向我们展示了当年昆明城乡的风景及中国人的风貌，是一份弥足珍贵的人文史料。

2005 年，在昆明的金飞豹先生及各界人士的努力下，保罗·伯彻的儿子罗伯特·伯彻（Robert Bochel）将父亲拍摄的昆明照片，以及当年用于拍摄并作为罗伯特 16 岁生日礼物的 Argus C3 型相机，一同捐献给了中国国家博物馆。正如罗伯特在捐赠仪式上所说："我非常荣幸，今天能在这儿与你们共同分享'二战'末期我父亲在昆明拍摄的照片。今天，我们回顾那段历史，我们记得我们的损失，记得我们的胜利。更重要的是，我们记得那些受苦受难的人……所以，我们、他们的后代，今天才能生活在一个更美好的世界中。希望这份礼物能够给将来的学者，以及对这段中国历史感兴趣的人，带来一些启示。"

驮满货物去赶集。昆明，1945 年。

郊外公路上的中国士兵。昆明，1945 年。

插秧的百姓。昆明，1945 年。

街头小贩。昆明，1945 年。

阿瑟·罗斯坦：
1946 年衡阳饥荒的记录者

美国摄影师阿瑟·罗斯坦（Arthur Rothstein）1946 年在中国的一年时间里，用相机真实记录了湖南衡阳当时的饥荒情景。他以敏锐的洞察力和精炼的视觉语言创作出富有震撼力的作品。

阿瑟·罗斯坦，美国摄影师，1915 年出生，1935 年毕业于哥伦比亚大学，后加入美国农业安全局（FSA）担任纪实摄影项目组的摄影师，这缘于他的大学老师——项目负责人罗伊·思特里克（Roy Stryker）。1935 年，罗斯坦从哥伦比亚大学毕业，当时正值大萧条时期，思特里克邀请他加入农业安全局，协助他为农业安全局历史部建立档案馆，收集影像，并设定项目的美学和技术标准。随后，罗斯坦前往美国南部和西部，拍摄了一批反响巨大的影像，其中包括他最为著名的作品《锡马隆县的沙尘暴》等。

1940 年，农业安全局成为美国战争信息办公室（OWI）的一部分。阿瑟·罗斯坦也成为美国陆军的一名摄影师，随军来到中国—缅甸—印度战区工作。1945 年，罗斯坦退伍后留在中国，担任联合国善后救济总署（UNRRA）的首席摄影师，拍摄在中国的救助工作。在此期间，他记录了湖南等地的大饥荒和上海虹口流离失所的犹太幸存者的困境。

抗战期间，湖南 75 县曾有 50 县沦入日寇之手。抗战胜利后，各地已是十室九空，沿粤汉铁路几百里，两侧不见鸡犬人烟，野草遍地。1945 年，湖南及湘西各县又遭遇大旱，田上龟裂，颗粒无收。滨湖一带则遭受大水，淹没稻田数百万亩。因此，1945 年湖南全省粮食产量锐减，较战前的 1936 年减产 64%。

1946 年春，中国内战一触即发，国民政府在湖南省境内集结了 26

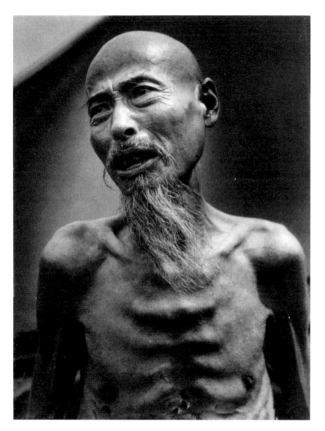

湖南衡阳饥荒。1946 年。

万军队，加之 11 万等待遣送的日本战俘滞留湖南，为了供给这数十万
人的食粮，国民政府火速摊派军粮 160 万石。各地粮商乘机囤积，半
月之间粮价上涨 1—2 倍，连价格最低的长沙也涨至每石 5 万元。4 月
至 7 月，饥荒遍及全省，饥民们始则挖草根、剥树皮为食，甚至以"观
音土"充饥。当时，受灾严重的湖南衡阳地区作为联合国善后救济总
署救灾工作的重点。

在中国的一年时间里，阿瑟·罗斯坦用相机真实记录了湖南衡阳

湖南衡阳饥荒。1946 年。

当时的饥荒情景。他以敏锐的洞察力和精炼的视觉语言创作出这些极为震撼的作品。在这组作品中，既有直面苦难的视觉冲击，也有心怀悲悯的温情注视。而所有这些都以一种视觉化的方式传达出他的人文社会观，也为我们呈现出当时的社会图景。然而，阿瑟·罗斯坦这段在华经历似乎并未受到重视，相关影像也极少为人关注。

1946 年，阿瑟·罗斯坦回到美国，在先前工作过的《看》（*Look*）杂志一直工作到 1971 年。除了杂志社的工作外，他还曾在包括其母校哥伦比亚大学在内的多所大学任教，也曾在美国华盛顿的史密森学会、纽约现代美术馆和巴黎国家艺术中心举办个人展览。此外，他还著有《语词和图像》（*Words and Pictures*）、《新闻摄影》（*Photo Journalism*）等多本专著，而他最为重要的著作《纪实摄影》（*Documentary Photography*）曾被翻译成中文，成为专业人士和摄影爱好者的经典读物。

阿瑟·罗斯坦拍摄的这批摄影作品，"真实地记录了在抗战方止、内战即兴的特殊时期，毫无喘息之际的普通民众挣扎在生死线上的惨状"[1]，让后人得以通过影像回顾那段悲怆的历史。

中国摄影家协会摄影史专业委员会委员曾璜先生认为，罗斯坦这批摄影作品告诉了我们很多不曾了解的资讯。它不仅补白了一段重要的中国影像史，也补白了一段视觉艺术史，还补白了一段中西摄影文化交流史，更补白了一段中西视觉传播史。

---

1. 《影像》拍卖图录——2015 年华辰秋季拍卖会 496 号。

玛格丽特·史丹尼：
拍摄延安的美国国际公益服务会成员

作为美国国际公益服务会的成员，玛格丽特·史丹尼（Margaret Stanley）女士为中国人民的革命事业做过许多有益的工作，并拍摄了不少反映战时延安地区医院、保育院的照片，为我们留下了珍贵的文化史料。

玛格丽特·史丹尼女士，美国爱荷华州人，是中国人民的老朋友，为中国人民的革命事业做过许多有益的工作。1946年至1948年，她参加了美国国际公益服务会并来到中国，在郑州、安阳、南京、延安等地区的医院当护士。1948年1月，她为转移途中的延安洛杉矶保育院的孩子们拍摄了不少珍贵的照片。她回美国后，一直珍藏着这些难忘的记录。1972年后，史丹尼女士曾多次访华，她每次来华都会到延安访问。1991年，她因突发心脏病，病故于北京。

当年，玛格丽特·史丹尼女士是随美国国际公益服务总队援华医疗队来延安的，这一国际公益服务会是由宋庆龄女士支持的。1937年，宋庆龄在香港开始创建保卫中国同盟。她不断地将创办"保盟"的信息与日本法西斯在中国的暴行传到各国去，以便取得各国人民的支持。1940年4月18日，宋庆龄与宋美龄、宋霭龄一起向美国发表了广播讲演。她们的讲演在海内外引起极大反响，不仅仅美国人民知道了中国的抗日实情，中国的各抗日党派和各界人士、海内外广大侨胞都纷纷站出来，表示支持中国的抗战。1941年5月18日，美国援华联合总会联合全美各地的中美联合组织，发动了风行全美的捐款500万美元救济中国伤兵难民的"中国周运动"。洛杉矶人民同样满腔热情地投入了援华大募捐活动。他们的捐款捐物，通过保卫中国同盟主席宋庆龄送往延安中央保育院。为了感谢洛杉矶的国际友人及爱国华侨，

将延安附近村庄里的窑洞布置为医院病房。1947 年。

1942 年冬，延安中央保育院更名为洛杉矶保育院。玛格丽特·史丹尼当年冒着生命危险来到洛杉矶保育院，并跟随孩子们长途行军，转战陕西、山西、河北等地。

在国际和平医院，史丹尼拍摄了大量关于八路军伤病员及医护人员的照片。由于条件艰苦，和平医院就将延安附近当地村庄的窑洞布置成病房。虽然设备简陋，但有百姓的支持、医护人员的精心照顾，

妈妈与孩子。延安，1947 年。

医护人员和伤员。延安，1947 年。

运送伤员。1947—1948 年。

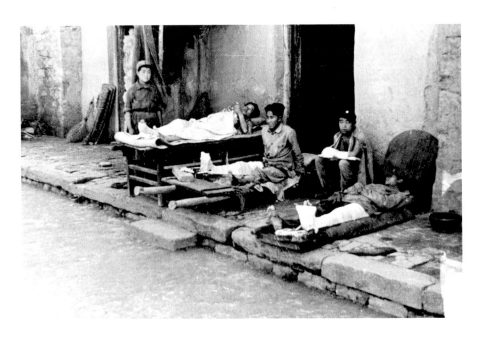

国际和平医院的伤员在窑洞外晒太阳。1947—1948 年。

许多伤病员在这里得到了很好的疗养。特别是在行军转移途中，伤病员同样得到医护人员及延安地区百姓尽心尽力的照顾。这情景，我们依然能从史丹尼当年留下的影像资料中看到。

1946 年，国民党向解放区发动全面进攻。同年 11 月，洛杉矶保育院的孩子们开始转移。这次转移从延安到北平（北京），历时两年多，行程 1500 余公里，途经三省一市 16 个县。史丹尼在孩子们的转移途中来到洛杉矶保育院，并拍摄了许多珍贵的照片。虽然途中经常遭到国民党的袭击和骚扰，但保育院的 40 多名工作人员尽职尽责，守护着 90 多名孩子的安全，直至平安到达目的地。同时，史丹尼对中国百姓的生存状态表现出极大的同情与关注。1947 年在延安，她拍摄了一张《妈妈与孩子》的彩色照片，在照片的说明文字中史丹尼表述道："在战争期间，中国农村的孩子及其家庭的生存状况堪忧，去世的孩子中一半多是由于疾病、贫困。许多问题在战争状态下与日俱增。"

1984 年，中国肿瘤研究所专家李冰访问美国，史丹尼女士得知后赶到李冰的住处，把自己珍藏 36 年的照片亲手交给李冰，托她带回中国。回国后，李冰把玛格丽特·史丹尼赠送给中国人民的珍贵照片送到了全国妇联及总政幼儿园。之后，这批珍贵的影像资料移交给当时的中国革命历史博物馆（现中国国家博物馆）。在给章文晋先生（1978年 1 月至 1982 年 10 月任中华人民共和国外交部副部长）及夫人的信中，史丹尼女士这样写道："谨（志）我们的友谊。作为 40 年代赴华公益服务会的一名成员，我曾目睹中国人民为其伟大事业奋斗的历程，能够在这一事业中贡献自己的绵薄之力乃是我终生殊荣。"史丹尼赠送给中国人民的照片不仅仅是珍贵的文化史料，更是中美两国人民用生命凝成的友谊。

医生、护士、勤杂人员和炊事员在行军途中。1947—1948 年。

洛杉矶保育院的孩子们在战争期间转移。山西，1948 年初。

杰克·伯恩斯：
解放前夜的实录者

20 世纪 40 年代末，美国《生活》杂志的摄影记者杰克·伯恩斯（Jack Birns）用相机记录了中国内战结束前夜的社会巨变。这些照片充分反映了这个历史转折时期社会各阶层的状况，也促使我们深刻认识国民党统治土崩瓦解的深层原因。

近 70 年前，中国正值内战时期，曾经繁华的国际都市上海正处在贫困与混乱的包围之中。美国《生活》杂志的摄影记者杰克·伯恩斯在极其困难和危险的情况下，用相机记录了中国内战结束前夜的上海等城市，从不同侧面反映了中国那场内战所引发的社会巨变。

杰克·伯恩斯，1947 年 2 月与美国《生活》杂志社签约，正式成为该杂志社的摄影师。在此之前，他曾以自由摄影师的身份在洛杉矶工作，为《星期六晚邮报》（The Saturday Evening Post）、《矿工》（miner）、《红书》（The Red Book）、《时代》（Time）、《财富》（Fortune）等报刊拍摄报道一些故事和传闻。与《生活》杂志签约 6 个月后，他创造了在该刊登载 30 个页码的纪录，同时有一张照片还被用作了封面。总编辑威尔逊·希克斯（Wilson Hicks）发现了伯恩斯的才干，将他派往上海，去采访中国正在日益扩大的内战，希望他能快速抓拍到有价值的场景，然后将照片发回美国。对于 28 岁的伯恩斯来说，能否顺利完成这个任务还是未知数。1947 年 12 月，杰克·伯恩斯到达上海，开始拍摄报道中国内战。

从 1947 年 2 月到 1949 年 5 月，伯恩斯采访报道了中国的上海、奉天（沈阳）、徐州、北平（北京）等城市。为了追寻新闻事件，他还把采访范围扩大到东南亚及孟买一带。两年多时间，他向《生活》杂志发回的照片，比其他 37 位同事中的任何一位所发回的照片都多；

而他对突发事件的报道，则经常成为极具震撼力的头条新闻。由于出色地完成了《生活》杂志交给他的亚洲采访任务，他赢得了美国海外记者俱乐部 1948 年的年度奖。

杰克·伯恩斯在 70 年前拍摄的照片将中国历史的一个特殊时期定格在我们眼前。他拍摄的许多照片记录了饱受战争之苦的中国普通百姓及他们艰难度日的场景。他将工人、士兵、难民、妓女、乞丐等统统纳入他的拍摄范围，而这些并不属于《生活》杂志所指定的拍摄范围，因此也就常常不被采用。

这批照片，内容涵盖了 1947 年至 1949 年中国内战期间上海普通百姓的生存状况、城市街景、灯红酒绿的夜生活、民众的抗争、国民党撤退前的混乱及奉天（沈阳）国民党守军的军事行动等，多角度反映了中国社会发生大转折前的种种迹象。在上海这座侨民居住的国际大都市，伯恩斯既拍摄了广告林立、熙熙攘攘的街道，也记录了拥挤破乱的弄堂里贫民的生活及城市难民的生存状况。比如，记录偷棉花者的照片，就反映了从农村逃往城市的难民为了生存，不顾被警察抓捕和殴打的危险，从港口码头驳船卸下的货包中撕扯下棉花，卖给等在一旁的小贩，换几个铜板以维持生计的情景。《穷人的冬天》则反映了那些迫于经济压力，大批涌入城市谋求生路的难民们，在黄浦江边搭建临时窝棚，在停尸房里寻找临时落脚点，以谋求拥挤不堪的生存空间的惨状。

反映城市贫民生活的照片，表现了在社会变革前夜上海百姓在经济极度恶化情况下的生存状况。通过照片，我们既可以看到每日为生计苦苦挣扎的苦力、街头小贩、乞丐，也可以看到受物价飞涨沉重打击的公司小职员和工人们，他们每周的劳动所得，竟是一捆捆不断贬值的法币。而国民党高官贪污腐败，依然过着奢华的生活，租界里的外国人也依然享受着他们的特权生活。一边是贫困，一边是特权，这种极端的反差加速了国民党的灭亡。

防守沈阳的一组照片，则表现了国民党军队企图守住这个控制华

一位退役老兵在美国浸礼会设立的救济站里喝小米粥。奉天（沈阳），1948年1月。

一名警察看守着在纺织厂示威罢工中受伤的工人。上海，1948年2月。

银行发给上海电话公司职工的工资，是一捆捆贬值的法币。上海，
1948 年 3 月。

北局势的枢纽和工业中心所进行的军事行动。一队队士兵在冰天雪地
里进行军事演习，以显示他们已经为守卫沈阳做好了准备。岗哨的严
密探查，显示了国民党军队在沈阳这个生死攸关的战略要地所布下的
军事防线。而仅仅几个月后，这座城市就易主了。中国共产党领导的
人民解放军在辽沈战役中取得全面胜利，之后挺进华北、中原，严重
威胁着蒋介石的南京政府，国民党不得不实行大撤退。垂头丧气的国
民党士兵聚集在铁路沿线，等待转移的命令；惊恐万状的市民纷纷逃

出上海这座城市，以躲避战乱。在表现国民党大撤退的这组照片中，伯恩斯拍摄了一批批可怜的国民党残兵败将即将撤退时的情景，表现了被遗弃的伤兵的悲惨境地，记载了国民党溃败的规模和程度，也记录了不少国民党士兵和市民逃离时的场景。步行的、扒火车的、划舢板的、坐沿海气船的，等等，这些直观的"众生逃难图"被伯恩斯一一收入镜头。在异常混乱喧嚣的大逃难中，一个时代终结了。1949年5月24日，人民解放军开进上海。

作为美国《生活》杂志派往中国且肩负着提供整个东南亚地区新闻报道这一艰巨任务的唯一一位摄影记者，杰克·伯恩斯不顾杂志社反对，我行我素地拍摄了大量反映中国平民百姓日常生活及民间疾苦的照片。从这些照片中，你看不到战火和硝烟，但在战争背后，普通百姓不安定的日常生活折射出一个时代的终结。虽然伯恩斯所拍摄的照片大部分没有被采用，但半个多世纪后，这些照片帮助我们解读了一个民族被贫困、不安定所压抑已久的那种奋起反抗的历史，促使我们深思国民党统治土崩瓦解的深层原因。

70年后，当我们重新审视这批照片，它不仅使我们看到20世纪40年代末中国上海等城市的场景，更为重要的是，让我们明白了腐败、堕落、混乱的社会政治背景，以及百姓的贫困、不安定和贫富差距巨大的社会经济状况是国民党垮台的根本因素。伯恩斯灵活地运用相机的镜头，将当时都市贫民的窘境、天下太平繁荣的假象、外国人的特权及国民党的溃退统统汇聚在我们面前。伯恩斯曾说："我只是深深地同情中国的老百姓。在当时，我尚未意识到有朝一日我的这些有关中国内战的照片会成为对一个历史转折时期的真实记载。"[1]

1.［美］杰克·伯恩斯：《内战结束的前夜——美国《生活》杂志记者镜头下的中国》，吴呵融译，桂林：广西师范大学出版社，2005年1月第1版，第15页。

警察抓住了一位偷棉花的
妇女和她的女儿。上海，
1948年3月。

逃往宁波的难民。1949年
11月。

守卫奉天（沈阳）的国民党军人。1947—1948 年。

塞姆·塔塔:
上海解放的记录者

塞姆·塔塔（Sam Tata）在中国内战结束之际，拍摄了中国新旧时代转型时期的众多照片。他的拍摄和美国摄影记者杰克·伯恩斯有相同之处，不同的是他等到了上海解放的时刻。

同样是近 70 年前的上海，同样是中国内战的末期，一位名叫塞姆·塔塔的外国摄影者和美国《生活》杂志的摄影记者杰克·伯恩斯一样，也拍摄了一批中国内战结束之际、新旧时代转型期的照片。只是伯恩斯拍摄的时间是在 1949 年 5 月之前，而塞姆·塔塔拍摄的时间为 1949 年 5 月至 8 月，正好跨越国民党撤退、中国人民解放军进入上海这个具有历史意义的阶段。

塞姆·塔塔，1911 年出生于上海。1947 年，他在孟买结识了摄影大师亨利·卡蒂埃 – 布列松。这对塞姆·塔塔的摄影风格产生了极大的影响。塞姆·塔塔拍摄的照片，许多都是从纪实角度出发，抓住瞬间场景来表现即将发生的事情。共产党员英勇就义的这组照片就是表现一位共产党员被捕和遭枪杀的整个过程——从被法警绑上名签到押上刑车，塞姆·塔塔在拍摄这组照片时用清晰的画面表现了共产党人面对死亡从容不迫的神情。

《一群在豪门台阶上的乞丐儿童》这张照片向人们显示了上海解放前夕，由于经济压力，大批农民涌入城市沦为难民。他们衣食无着，每天都有冻饿而死的人陈尸路边。塞姆·塔塔拍摄的这张照片是在天热时，乞儿暂时没有被冻死的危险。因此，他们有的嬉戏，有的睡觉，至于明天将发生什么，对他们来讲是个未知数。

1949 年，中国人民解放军进入上海，塞姆·塔塔显然没有急于离开这座城市，因此得以见证新旧政权更迭的巨变。他拍摄的最后一

法警为一名共产党员捆绑
名签，他将被押赴刑场。
上海，1949年。

张国民党兵撤退的照片，表现的是一位年轻的士兵坐在堆满行李的三
轮车上，手持美制卡宾枪，头戴美式钢盔，脚蹬平民的回力球鞋，面
部表情颇为紧张。紧接着，陈毅的马队进入了上海。解放军战士骑在
高头大马上，在庆祝上海解放的市民队伍前昂首通过。解放军的文工
团员组成腰鼓队，也加入到庆祝上海解放的行列中。这一切均发生在

豪门台阶上的一群乞儿。
上海，1949 年。

1949 年 5 月到 8 月间。

　　塞姆·塔塔拍摄的照片，恰好为我们记录了国民党撤退、共产党
领导的人民解放军进入上海前后的一段历史。他将这一政权更迭的社
会巨变，用一个个瞬间的场景定格在他的镜头里，为我们深入细致地
了解当时的情景提供了直观的、可视的、鲜活的影像资料。

最后撤退的国民党兵。上海，1949年。

陈毅的马队进入上海。1949 年。

解放军文工团员在上海街头。1949 年。

亨利·卡蒂埃－布列松：
见证中国新旧交替时期的摄影师

　　法国著名摄影大师亨利·卡蒂埃－布列松（Henri Cartier-Bresson）在中国新旧交替时期拍摄的大量照片，概括地表现了中国大地上两个不同时代人们的生活和精神面貌的变化。

　　2004 年 8 月 3 日，被誉为"新闻摄影之父"的法国著名摄影大师亨利·卡蒂埃－布列松在法国南部去世，享年 96 岁。这位 20 世纪最伟大的摄影师，用他手中的徕卡相机记录了 20 世纪众多历史事件中无数的"决定性瞬间"，被誉为"20 世纪纪实摄影之父"。法国前总统雅克·勒内·希拉克（Jacques René Chirac）曾高度评价布列松：作为时代不可缺少的见证人，他用激情去拍摄 20 世纪，以他博学的目光去记录人类的活动与文明。台湾摄影家阮义忠先生在他的《当代摄影大师——20 位人性见证者》一书中对布列松有过这样的评价：布列松是摄影史上的一道门，不管你喜不喜欢他，只要想走这条路，就会打他的门下经过。因为他集所有摄影流派的精髓创造了"决定性瞬间"的哲学。他赋予摄影的"决定性瞬间"，使摄影与绘画长久的暧昧关系一下子豁然开朗，成为摄影史上最重要的"摄影本体论者"。

　　亨利·卡蒂埃－布列松，1908 年出生于法国塞纳—马恩省（Seine-et-Marne）的一个中产阶级家庭。亨利·卡蒂埃－布列松儿时酷爱美术，曾从师画家戈登奈（Goldener），后入英国剑桥大学师从立体主义画家安德烈·洛特（Andre Lott）学习绘画，同时研修文学。1922 年至 1928 年，在中学期间，他用一架布朗尼相机练习摄影。而布列松真正从事摄影活动是在 1930 年，22 岁的他去非洲

中国末代王朝皇宫中的太监。
北京，1948 年 12 月。

为城里送菜的乡下人。北京，
1948 年 12 月。

解放军进入北京前。1949 年。

新入伍的战士，家长们在这群新兵中焦急地寻找自己的孩子。北京，
1949 年。

解放前夕。北京，1949 年。

象牙海岸，并在那里购买了一台相机进行拍摄。但一年后，当他要回
国时才发现这台相机的镜头已经发霉，所拍底片全部报废。这使他痛
下决心，购买了刚刚开始流行的小型徕卡相机。从此，这台相机不仅
改变了他的摄影轨迹，而且成为他"身体以外的眼睛"和时刻不离的
终身伙伴。

　　1932 年，他在美国纽约的朱利恩·利维画廊举办了自己的第一
个个人摄影作品展，从此奠定了他摄影开拓者的地位。1934 年，他
旅居墨西哥一年，从事摄影创作。此后，直至 1939 年，布列松都在
涉足电影拍摄工作。1940 年，他应征入伍，不久被德国当局逮捕，

经过两次尝试，终于越狱成功。1943 年，布列松参加了法国地下抵抗运动，支援反法西斯斗争。他以摄影为手段，揭露法西斯的罪行，拍摄了巴黎解放的情景，记录了法国人民的欢乐。

1947 年，他同罗伯特·卡帕、戴维·西蒙等创立了 20 世纪世界上第一个，也是最重要的新闻摄影师独立组织——马格南图片社。在这以后的 20 年里，布列松到过苏联、古巴、加拿大、日本、缅甸、巴基斯坦、中国等许多国家，拍摄了大量令人难忘的影像。其中，包括甘地葬礼、中国内战、新中国的成立等重大历史事件，他的镜头中也曾记录无数平凡而动人的生活画面。1966 年，布列松离开马格南图片社，重新拿起画笔开始绘画。1969 年，他用一年时间筹办了于 1970 年在巴黎展出的个人影展，并为哥伦比亚广播公司（CBS）拍摄了两部纪录片。1973 年以后，布列松主要从事绘画，有时也拍摄照片。1975 年，他获得牛津大学荣誉文学博士学位。

在亨利·卡蒂埃 – 布列松的职业摄影生涯中，他的足迹遍及 23 个国家和地区，他用相机记录了不同国家民族的喜怒哀乐和不同的风土人情，也曾经历了过去一个世纪许多重大历史事件的发生。特别值得关注的是，在 1948 年至 1950 年期间，布列松在中国居住了一年多。其中，有 6 个多月是在国民党垮台之前，6 个多月是在新中国诞生之初。

在中国，他用徕卡相机忠实地记录了中国历史的巨变，记录了蒋家王朝的覆灭和中国人民解放战争胜利的历史。特别是 1949 年，他在上海抓拍了"黄金挤兑风潮"这一历史画面。此时，国民党政权已是风雨飘摇，大厦将倾，物价飞涨，纸币形同废纸。1948 年 12 月至 1949 年 1 月，国民党政府决定每人可以兑换 40 克黄金，上海人称之为"轧金子"。12 月，消息传出，数以千计的人们排队等待。为了将纸币兑换成黄金，人们几乎不顾性命地拥挤在银行门前抢购黄金。布列松目击此景，以他纪实摄影家的敏感，立刻领悟到这一画面的象征意义和历史意义。他在第一时间以相当近的距离，抓拍了这一历史性照片，将上海抢购黄金风潮和国民党末日来临的社会背景淋漓尽致地表现出来。事后，布列松回忆道：自己"好比是沸腾的人体海洋中的孤岛"[1]。这张照片以其强烈的现场气氛和时代气息，以及所反映出的历史背景成为旧中国最后的写照，也成为现场纪实摄影的经典作品。

1948 年，布列松在南京拍摄了《苦难的眼睛》这张著名的照片。画面上，一个愁容满面的男孩挤在市民买米的队伍中。社会的动荡给百姓的生活带来巨大灾难，这种悲惨的社会环境已影响到不谙世事的孩子，他那惊恐不安的眼神中流露出对自己处境的恐惧。布列松抓拍下这一场景，揭示了中国人民在黎明前黑暗中的痛苦挣扎及苦难生活。

在北平（北京），布列松拍摄了《中国末代王朝皇宫中的太监》，通过画面上沦落街头的太监的表情，将中国这一特殊人物群体的尴尬处境表现出来；而处在画面阴影中的人物背影似乎在昭示着太监这一行业不为人知的神秘感，光影与人物之间在这里达到了完美的结合。这种巧合是瞬间的、稍纵即逝的。布列松曾说："拍摄照片，是在反映事物本质的所有条件都具备了的时候，去抓取变幻流失的现实。正是在这一时刻，准确地抓住了形象的本质。"[2] 布列松认为，在所有的表现手法中，摄影是唯一能精确地把转瞬即逝的瞬间丝毫不差地固定下来的手段。

布列松曾拍摄过《为城里送菜的乡下人》的照片。这是一张表现贫富悬殊的照片——门里坐着富态的老板，光线洒在脸上，老板脸上的表情充满安逸和富足；而门外为他送菜的乡下人，坐在台阶上，面带愁容，吃着劳动者极普通、极简单的食物，贫穷、饥饿时常困扰着他们。这种瞬间的定格，将当时中国的社会现状、社会阶层的不平等及社会突出的矛盾暴露了出来。当然，在北平（北京）、南京、上海等地，布列松不

1. 李文方：《世界摄影史 1825—2002》，哈尔滨：黑龙江人民出版社，2004 年 1 月第 1 版，第 221—222 页。
2. 李文方：《世界摄影史 1825—2002》，哈尔滨：黑龙江人民出版社，2004 年 1 月第 1 版，第 225 页。

黄金挤兑风潮。上海，1949 年。　　　　　　　　　　　苦难的眼睛。南京，1948 年。

仅忠实地记录了国统区中国人民的苦难、国民党军队的溃退等场景，同时他也热情地记录了中国人民解放军胜利进入大上海和北京城的历史性画面，记录了新中国成立不久，人民大众极度兴奋的精神状态。

　　亨利·卡蒂埃－布列松，不仅以自己丰富的摄影作品为 20 世纪中期的摄影提供了一座精品宝库，更重要的是，布列松开创并成功实践了"决定性瞬间"的摄影理念，并通过自己的著作《决定性瞬间》（The Decisive Moment）使这种观点广为人知。布列松曾说："一个人、一个事物，都具有决定性的瞬间。这一瞬间决定了此事物与他事物的区别，决定其典型意义。而摄影师的使命，就是抓住这一瞬间，再抓住那一瞬间。"[3] 他强调，摄影是一种表达人类思想的艺术。他认

3. 李文方：《世界摄影史 1825—2002》，哈尔滨：黑龙江人民出版社，2004 年 1 月第 1 版，第 223 页。

为，摄影是一种世界性的语言，属于思想领域范畴；而相机是一种表达思想的工具。摄影是摄影师在很短的时间内，敏感地表现出生活中最重要的那一瞬间的艺术。对于摄影师来说，重要的是如何观察生活和怎样把他对生活的感觉表现出来。卡蒂埃 – 布列松总是用尊重客观、尊重事实的手法拍摄，从不摆布，其照片中的人物也总是很好地处于他们自身的环境之中，生活气息十分浓厚。布列松的妻子——比利时摄影家马丁·弗兰克（Martin Frank）在评价丈夫时说："亨利有天生的直觉，总能知道这个世界将要发生什么，而哪些又是最重要的。"马丁·弗兰克还评价布列松："当甘地被刺杀的时候，亨利出现在了印度；而新中国成立的时候，亨利就在北京。同时，亨利还是 1954 年斯大林去世后，第一个被允许进入苏联的西方摄影师。"

1954 年后，布列松出版了《中国在转变》（*China in Transition*）及《两个中国》（*From One China To The Other*）等著作，将在中国所拍的照片传播到世界，并产生了很大的影响，受到了各方面的重视和好评。

1958 年至 1959 年，当中华人民共和国建国十周年之际，卡蒂埃 – 布列松应中国政府邀请访华 3 个月。他拍摄的有关新中国的大量纪实照片广受西方读者的欢迎。这时，在孩子们的脸上，再也找不到苦难的阴影；孩子们的眼睛里，充满着对新鲜事物的好奇。作者通过新旧社会两种不同的面容，概括地表现了中国大地上的两个不同时代人们生活的变化。这就是布列松所要抓取的"决定性瞬间"，也是布列松作为 20 世纪纪实摄影大师的杰出之处。今天，这些有关中国的作品已成为十分珍贵的历史文献。

参考文献

[英]泰瑞·贝内特：《中国摄影史1842—1860》，徐婷婷译，北京：中国摄影出版社，2011年7月第1版。

陈申、胡志川、马运增、钱章表、彭永祥：《中国摄影史1840—1937》，北京：中国摄影出版社，1990年2月第1版。

华辰《影像》拍卖图录，2006—2017。

[英]泰瑞·贝内特：《中国摄影史——西方摄影师1861—1879》，徐婷婷译，北京：中国摄影出版社，2013年6月第1版。

沈弘：《晚清映像——西方人眼中的近代中国》，北京：中国社会科学出版社，2005年6月第1版。

罗哲文、杨永生：《失去的建筑》，北京：中国建筑工业出版社，2002年7月第1版。

方霖、锐明：《城市及其周边——旧日中国影像》，济南：山东画报出版社，2003年9月第1版。

孙京涛：《纪实摄影——风格与探索》，济南：山东画报出版社，2004年6月第1版。

南无哀：《东方照相记——近代以来西方重要摄影家在中国》，北京：生活·读书·新知 三联书店，2016年1月第1版。

仝冰雪：《中国照相馆史》，北京：中国摄影出版社，2016年1月第1版。

[俄]普尔热瓦尔斯基：《走向罗布泊》，黄建民译，乌鲁木齐：新疆人民出版社，1996年8月第1版。

中华世纪坛世界艺术馆、秦风老照片馆编著：《残园惊梦——奥尔末与圆明园历史影像》，桂林：广西师范大学出版社，2010年8月第1版。

《老照片》第四辑，济南：山东画报出版社，1997年10月第1版。

[法]方苏雅：《黑镜头——昆明晚清绝照》，阿夏、肖桐编译，北京：中国文联出版社，1999年5月第1版。

谷长江、沈弘：《老照片中的大清王府》，北京：文化艺术出版社，2006年9月第1版。

[英]阿绮波德·立德：《穿蓝色长袍的国度》，刘云浩、王成东译，北京：中华书局，2006年7月第1版。

[瑞典]斯文·赫定：《我的探险生涯》，乌鲁木齐：新疆人民出版社，1997年10月第1版。

[瑞典]斯文·赫定：《亚洲腹地旅行记》，上海：上海书店印行，1984年3月第1版。

《老照片》第二十一辑，济南：山东画报出版社，2002年2月第1版。

沈嘉蔚、窦坤：《莫理循眼里的近代中国》，福州：福建教育出版社，2007年11月30日第1版.

唐纳德·曼尼摄影，帕特南·威尔撰文：《北洋北京——摄影大师的视界》，张远航译，北京：中央编译出版社，2013年1月第1版。

[美]詹姆斯·利卡尔顿：《1900美国摄影师的中国照片日记》，徐广宇译，福州：福建教育出版社，2008年12月第1版。

《老照片》第一辑，济南：山东画报出版社出版，1996年12月第1版。

林京：《昔日皇宫掠影》，北京：紫禁城出版社，2003年6月第1版。

[日]小川一真：《庚子事变摄影图集》（原名《北清事变写真帖》），北京：学苑出版社，2000年12月第1版。

［德］恩斯特·柏石曼：《寻访1906—1909西人眼中的晚清建筑》，沈弘译，天津：百花文艺出版社，2005年7月第1版。

［美］威廉·埃德加·盖洛：《中国长城》，沈弘等译，济南：山东画报出版社，2006年4月第1版。

［美］威廉·埃德加·盖洛：《中国五岳》，彭萍、巴士杰、沈弘译，济南：山东画报出版社，2006年7月第1版.

［美］威廉·埃德加·董清：《扬子江上的美国人——从上海经华中到缅甸的旅行记录（1903）》，晏奎、孟凡君、孙继成译，沈弘、李宪堂审校，济南：山东画报出版社，2008年2月第1版。

［日］足立喜六：《长安史迹研究》，王双怀等译，西安：三秦出版社，2003年1月第1版。

［芬兰］马达汉：《马达汉西域考察日记——1906—1908》，王家骥译，北京：中国民族摄影艺术出版社，2004年4月第1版。

［法］阿尔贝·肯恩博物馆：《China 中国China 1909—1934》——阿尔贝·肯恩博物馆照片及电影镜头组图录，阿尔贝·肯恩博物馆，2001年。

陈正卿：《尘封的老照片——70年前外国人镜头中的中国》，成都：四川出版集团、四川美术出版社，2005年8月第1版。

《老照片》第二十九辑，济南：山东画报出版社，2003年6月第1版。

《老照片》第三十二辑，济南：山东画报出版社，2003年12月第1版。

《老照片》第四十一辑，济南：山东画报出版社，2005年6月第1版。

《老照片》第四十四辑，济南：山东画报出版社，2005年12月第1版。

［美］罗伊·休厄尔：《天城记忆：美国传教士费佩德清末民初拍摄的杭州西湖老照片》，沈弘译，济南：山东人民出版社，2010年8月第1版。

［英］埃德温·丁格尔：《辛亥革命目击记》，刘风祥、邱从强、杨绍滨、陈书梅译，北京：中国青年出版社，2002年2月第1版。

《老照片》第十一辑，济南：山东画报出版社1999年9月第1版。

云南省民族研究所编印：《民族研究译丛》（5），1983年11月第1版.

［日］青木文教：《西藏——西藏游记，西藏文化的新研究》，东京：芙蓉书房，1969年再版本。

高文德：《中国少数民族史大辞典》，长春：吉林教育出版社，1995年12月第1版。

《老照片》第十三辑，济南：山东画报出版社，2000年3月第1版。

《风雨如磐》——"五四"前后的中国 画德尼·D.甘博1908—1932年在中国摄影展简介。

李欣：《约翰·詹布鲁恩镜头下的北京》，北京：中国摄影出版社，2016年11月第1版。

陈申、徐希景：《中国摄影艺术史》，北京：生活·读书·新知 三联书店，2011年10月第1版。

《老照片》第三十五辑第，济南：山东画报出版社，2004年6月第1版。

乌丙安、李家魏：《窥伺中国——20世纪初日本间谍的镜头》，沈阳：辽海出版社，2000年1月第1版。

［美］埃德加·斯诺：《西行漫记》，北京：生活·读书·新知 三联书店，1979年。

《老照片》第六辑，济南：山东画报出版社，1998年5月第1版。

杰拉尔德·斯帕林（施吉利），宋家珩：《老山东——威廉·史密斯的第二故乡》，济南：山东美术出版社，1996年4月第1版。

［英］斯潘塞·查普曼：《圣城拉萨》，向红笳、凌小菲译，北京：中国藏学出版社，2004年9月第1版。

［美］阿列克斯·凯尔肖：《卡帕传》，李斯译，海口：海南出版社，2003年8月第1版。

张郁廉：《白云飞渡——中国首位战地女记者张郁廉传奇》，广州：广东人民出版社，2015年10月第1版。

［美］杰克·伯恩斯：《内战结束的前夜——美国〈生活〉杂志记者镜头下的中国》，吴呵融译，桂林：广西师范大学出版社，2005年1月第1版。

《老照片》第三十九辑，济南：山东画报出版社，2005年2月第1版。

李文方：《世界摄影史1825—2002》，哈尔滨：黑龙江人民出版社，2004年1月第1版。

后 记

《外国人拍摄的中国影像——1844—1949》一书修订再版了。

该书的第一版是 2008 年 3 月出版发行的，且早已脱销。许多朋友询问哪里还能找到，并不断向我索书，有必要再版。

编著《外国人拍摄的中国影像——1844—1949》一书的初衷，是想将多年积累的资料和大家一起分享。中国摄影史学家陈申先生考虑到这是中国摄影史研究中的薄弱领域，精心帮我制订了出版选题，促成了《外国人拍摄的中国影像——1844—1949》第一版的出版。

由于当年收集历史影像资料的局限性，一些在摄影史上有重要地位的外国摄影师没有收录进来；另，随着新信息的陆续被发现，原书中还有一些问题需要勘正。近几年，我也曾想过重新编著《外国人拍摄的中国影像——1844—1949》，但艰难自知，我缺乏勇气。此时，是研究中国摄影史的曾璜先生和北京华辰拍卖有限公司的李欣女士多次鼓励我，曾璜先生更是亲自为我联系此书的修订再版事宜。也正是他们的鼓励和帮助，使我重拾勇气和信心，将《外国人拍摄的中国影像——1844—1949》一书重新编著。

再次出版的《外国人拍摄的中国影像——1844—1949》中共收录了近 90 位外国摄影师，较之前一版增加了介绍早期来华的外国摄影师的文章。这得益于英国摄影史学家泰瑞·贝内特，他曾赠送过我他撰写的《中国摄影史》专著。《中国摄影史》中收录了他对早期来华西方摄影师的研究成果，这也增加了我寻找早期来华外国摄影师影像作品之途径。

感谢我的工作单位中国国家博物馆的领导和同事们，他们为我的研究工作创造了晴朗宽松的环境，使我在图片征集和研究工作中不断出现新的突破。要感谢的人很多，在收集资料的过程中还得到了沈弘先生、殷晓俊先生、王益群女士、樊建川先生、王琳先生等的大力支持和帮助。罗哲文先生、邢文军先生的相关文章也给了我很大帮助。我还要感谢昆明的金飞豹先生，正是由于 2005 年金飞豹先生帮助我征集到一批使用美国柯达公司生产的世界第一代彩色反转片拍摄昆明的彩色影像，才使我有了写作该书的动议。

最后，我要感谢万能的网络。在互联网发展如此迅猛和发达的今天，我才能有条件搜寻到这么多外国摄影师的资料，这是编著《外国人拍摄的中国影像——1844—1949》第一版时所做不到的。但可以肯定的是，修订再版的书中还会存在着这样、那样的问题和错漏，还有许多拍摄过中国的外国摄影师由于各种原因没有收录进来，望读者斧正、赐教，我将不胜感谢！

张　明

2016 年 9 月 30 日于北京